अन्तिम क्षितिज का प्रदेश

अन्तिम क्षितिज का प्रदेश

डॉ. सुलभा कोरे

वाणी प्रकाशन

वाणी प्रकाशन
4695, 21-ए, दरियागंज, नयी दिल्ली 110 002

फ़ोन : +91 11 23273167 फ़ैक्स : +91 11 23275710

शाखाएँ

अशोक राजपथ, पटना 800 004, बिहार

कॉफ़ी हाउस कैम्पस, महात्मा गाँधी मार्ग, इलाहाबाद 211 001, उत्तर प्रदेश

महात्मा गाँधी अन्तरराष्ट्रीय हिन्दी विश्वविद्यालय, वर्धा 442 001, महाराष्ट्र

सुल्तानिया रोड, मोतिया पार्क, भोपाल 462 001, मध्य प्रदेश

www.vaniprakashan.com
marketing@vaniprakashan.in
sales@vaniprakashan.in

Antim Kshitij Ka Pradesh
by Dr. Sulabha Kore

ISBN : 978-93-5518-334-7
Travelogue/Memoirs

प्रथम संस्करण 2022

मूल्य : ₹ 425

आर. टेक ऑफ़सेट प्रिंटर्स, दिल्ली-110032 में मुद्रित

वाणी प्रकाशन का लोगो मक़बूल फ़िदा हुसेन की कूची से

दो शब्द मेरे भी..।

डॉ. सुलभा कोरे सिक्किम आयी थीं और सद्भावना भेंट के लिए सिक्किम के राजभवन में मुझसे मिलने हेतु आयीं, तब पहली बार उनसे मिलना हुआ था। उच्च विद्या विभूषित इस महिला के हिन्दी और मराठी के लेखन–कार्य के बारे में मैं वाक़िफ़ था, लेकिन प्रत्यक्ष मिलना पहली बार हो रहा था। वह सिक्किम पर हिन्दी में किताब लिख रही हैं, यह बात जब उन्होंने मुझे बतायी, तब उस कल्पना से ही मैं अभिभूत हो गया क्योंकि सिक्किम के गवर्नर के रूप में मैंने पिछले पाँच सालों में सिक्किम को बहुत क़रीब से देखा था, महसूस किया था और सिक्किम अपनी अनेक विशिष्टताओं को लेकर मेरे दिल में गहरे समा गया था।

वर्ष 1984–85 में मैं पहली बार सिक्किम आया था, लेकिन तब सिक्किम में मेरा आना गंगटोक तक ही सीमित रहा। उसके पश्चात् 30 सालों के बाद जब वर्ष 2013 में मैंने सिक्किम के राजभवन में गवर्नर के रूप में प्रवेश किया तब महाराष्ट्र के सातारा से आकर राजभवन में रहने वाला मैं दूसरा व्यक्ति था। भारतीय राजनीतिक अधिकारी के रूप में सातारा के औंध से बैरिस्टर अप्पासाहब पन्त ने इससे पहले राजभवन की सुन्दरता, विशिष्टता तथा पुरानी समृद्ध परम्परा को प्रत्यक्ष जिया था।

राजभवन की सुन्दरता के बारे में क्या कहूँ? यह सुन्दरता इसकी लकड़ी से बनी संरचना के साथ सामने से दिखती कंचनजंघा

की ख़ूबसूरत पर्वत–शृंखलाएँ तो हैं ही, साथ में यहाँ पूर्व का सूरज राजभवन के पीछे से उगता है और सामने की कंचनजंघा की पर्वत–शृंखलाओं को अपनी स्वर्ण आभा देकर डूबता है। सिक्किम को दिशाओं के हिसाब से चार हिस्सों में विभाजित किया गया है। यह एक अद्‌भुत राज्य है जोकि भारत की स्वतन्त्रता के 28 सालों बाद वर्ष 1975 में 22वें राज्य के रूप में भारत में शामिल किया गया है। यहाँ का माहौल, परिवेश तथा हिमालयीन पावनता को आप हर क़दम पर देख सकते है। यह छोटा–सा राज्य अनेक खूबियाँ लेकर चलता है। अपने 5 वर्षों के कार्यकाल के दौरान वहाँ के लोगों से मिलते हुए अनेक स्थानों की यात्रा कर नये सिरे से इस राज्य को मैंने जाना, पहचाना और गहराई से महसूस किया। यह राज्य प्रकृति के बेहद नज़दीक है और अपनी अनुशासनप्रियता, आतिथ्यशीलता, सांस्कृतिक परम्परा, स्वच्छता और पर्यटकों के प्रति विशेष स्नेह के लिए जाना जाता है। यहाँ खेती पूरी तरह से आर्गेनिक होती है और स्त्रियों को यहाँ पूरा सम्मान दिया जाता है। शादी के समय लड़के द्वारा लड़की के घरवालों को पैसा दिया जाता है तथा लड़की के घर रहक़र, काम करते हुए उसे ख़ुद को साबित करना पड़ता है। स्नातक स्तर तक मुफ़्त शिक्षा देने वाला शायद यह भारत का इकलौता राज्य होगा। यहाँ आपको भिखारी दिखायी नहीं देगा और न हीं कचरा। परिणामस्वरूप संस्कारशील, साफ़–सुथरा सिक्किम पर्यटन तथा ट्रेकिंग के लिए लोगों को आकृष्ट करता है।

डॉ. सुलभा कोरे द्वारा सिक्किम पर लिखित 'अन्तिम क्षितिज का प्रदेश' यह पुस्तक सिक्किम की खूबियों को बख़ूबी दिखाती है तथा अपने पोएटिक भाषाई सौन्दर्य को लेकर आपको सिक्किम की हिमालयीन सुन्दरता, विराटता और पावनता का अद्‌भुत एहसास कराती है। हिन्दी भारत की राजभाषा है और 75 प्रतिशत से अधिक लोग हिन्दी पढ़ना, लिखना, बोलना जानते हैं। ऐसे में हिन्दी में लिखी गयी यह किताब भारत के अधिक से अधिक जनमानस तक पहुँचने की क्षमता रखती है। मेरे ख़याल से हिन्दी में सिक्किम पर इस तरह से साहित्यिक रूप से लिखी गयी यह पहली किताब होगी

जो कि सिक्किम की जीवनदायिनी तीस्ता की तरह अपने भाषाई प्रवाह के साथ पाठकों को अपने साथ लेकर चलती है। यह एक दस्तावेज़ीकरण है, सिक्किम की स्थिति, इतिहास, भूगोल, धार्मिकता तथा सिक्किम के जीवन, संस्कृति व परम्परा का! हालाँकि पूर्वोत्तर राज्यों के बारे में बहुत कम जाना जाता है। ये आठों राज्य अपने बारे में एक प्रकार का रहस्य सँजोये रखते हैं, लेकिन अब विकास और मुख्य प्रवाह में शामिल होकर अग्रसर होने के लिए इन राज्यों के बारे में अधिकाधिक जानकारी लोगों तक पहुँचाना ज़रूरी है। सिक्किम की विशिष्टता, ऐतिहासिकता, धार्मिकता, संवेदनशील सीमाओं की वजह से सुरक्षितता को लेकर अनेक बातों को यहाँ लिखा गया है। सिक्किम के फूल, हिमालय और सिक्किमी लोगों को ख़ास जगह देकर यह किताब आपको अपने साथ लेकर चलती है। डॉ. कोरे ने जो देखा, महसूस किया, उन्हें जो भाया, उसे लोगों तक पहुँचाने का उनका यह प्रयास भारतीय जनमानस तथा सिक्किम के पर्यटन को अलग दिशा देगा। प्रकृति के बेहद करीब सिक्किम, हर बार नये क्षितिज के साथ यहाँ प्रस्तुत हुआ है। अपनी भाषाई सुन्दरता तथा अनुभवों में सिक्किम को लपेटकर यह 'अन्तिम क्षितिज का प्रदेश' आपको भी अपनी ख़ूबसूरत वादियों में विचरण करने के लिए आमन्त्रित करेगा तथा एक नयी आत्मानुभूति से आपका साक्षात्कार करवायेगा, इसका मुझे विश्वास है।

यहाँ के लोगों, फूलों तथा संस्कृति ने मेरे दिल में भी अपनी विशिष्ट जगह निर्माण की है तथा ज़िन्दगी के सफर में जिस तरह सिक्किम मेरे साथ है, यह 'अन्तिम क्षितिज का प्रदेश' भी मेरी अनुभूतियों तथा पठन में मेरा साथ देगा और आपको भी साथ लेकर चलेगा, इसका मुझे विश्वास है।

डॉ. सुलभा कोरे को इस दिलचस्प सृजन हेतु अनेकानेक बधाइयाँ तथा सुधी पाठकों को इस सिक्किम यात्रा हेतु शुभकामनाएँ।

–श्रीनिवास पाटील
पूर्व गवर्नर, सिक्किम
आई.ए.एस. / सांसद

अनुक्रम

तीस्ता, कहाँ हो तुम...?

कितनी बदल गयी हो तुम...
अभी अभी की बात है
तुम्हें देखा था मैंने अपने साथ चलते हुए,
सड़क के साथ मुड़ते हुए,
वैली के दरमियाँ झिझकते हुए
कभी शरमाते हुए, छुप जाते हुए
कभी लजाते हुए, पेड़ों के झुरमुट से झाँकते हुए,
कभी निश्चल, गहरे, परिपक्व औरत के रूप में!
तो कभी भागती, इठलाती, कुलाँचें भरती
नव यौवना लड़की की तरह।
तुम्हारे साथ तुम्हारी वह सहेली
नीली, आसमानी साड़ी में लिपटी
दोनों कैसे हाथ में हाथ डालकर चला करती हो
तुम दोनों की अनुपम सुन्दरता से अठखेलियाँ करता वह सूरज
कभी मुस्कराता, कभी अंगार बरसाता।
लेकिन आज देखा, तो तुम कहीं नहीं दिखायी दीं,
बहुत बड़ा रास्ता तय करने पर भी,
दिखायी दिया,
सफ़ेद गोल पत्थरों, रेत से भरा हुआ तुम्हारा पात्र
कहाँ गया वह हरीला हरापन?

कहाँ गया वह पानी ...
ऊपर बहुत दूर आने तक
हिरवाई का अंजुलीभर दर्शन होता रहा
कहीं कहीं ...
बहुत ऊपर आने तक मशीनरी, टॉवरों के साथ सजा
तुम्हारे हराशय का दर्शन हुआ।
धीर गम्भीर परिपक्व माहौल में!
जहाँ ठहर–सा गया है, वक़्त
जहाँ ठहर–सा गया है पानी
वह हरापन, वह प्रवाहीपन, वह लचक
सब कुछ वहीं पर ठहर गया है,
एक असीमित–सा ठहराव लेकर।
मानव के यन्त्रों और आधुनिकता के साथ
वितृष्णा को सहेजकर, साथ लेकर
एक साध्वी बन गयी हो तुम
समय से पहले संन्यासिन बन गयी हो तुम
तुम कहाँ हो? मैं तुम्हें खोज रही हूँ...
कहाँ हो?
कहाँ हो तुम तीस्ता?

कुछ ज़्यादा दिन नहीं हुए तुम्हें देखकर गये हुए! नौ साल बीते होंगे। लेकिन इतने सालों में इतना परिवर्तन? यक़ीन नहीं होता। सच, हमने बहुत प्रगति कर ली है, तीस्ता। उस दिन जब मैंने सिक्किम में प्रवेश किया था, सिलिगुड़ी से होकर और तब तुम मेरे साथ साथ चलने लगी थीं। तुम्हारा वह हरा–सा पानी, वह गहरा, बहता हुआ जलस्रोत और कहीं कहीं, नज़दीक से गुज़रने पर तुम्हारी सुनायी देती वह कलकल। लगता था, एक हरा जीवन्त स्रोत हमारा साथ दे रहा है, लगातार, निरन्तर! उस स्रोत में बहाव था, उस स्रोत में तेज़ी थी, उस स्रोत में इतना हरापन था कि मुझे लगा था कि पूरी सिक्कीमी

क़ायनात हरापन लेकर तीस्ता में छुप गयी है या तीस्ता के प्रवाह के नीचे बैठ गयी है और शायद इसलिए तीस्ता का पानी सफ़ेद या आकाश का नीलापन लिए नहीं होता बल्कि प्रकृति का हरापन लेकर लहराता रहता है। उस वक़्त तीस्ता, तुम ऐसे बहती थीं कि तुम्हारे आवेग और जोश के आगे सब कुछ फ़ीका–फ़ीका–सा लगता था। इतना कोई, कैसे इस तरह से प्रवाहमान हो सकता है? इतना कोई कैसे निरन्तर साथ दे सकता है? लेकिन यह हमारी सोच थी। तीस्ता के लिए यह सोच नहीं बल्कि उसके जीवन का अन्दाज़ था, जीने का अन्दाज़ था। लेकिन आज तुम ऐसी क्यों दिखायी देने लगी हो? मैं जानती हूँ, इन नौ सालों ने तुम्हारे सिक्किम को भी काफ़ी बदल दिया है। लेकिन इतना परिवर्तन, इतना बदलाव तुम्हारे लिए भी क्यों आवश्यक हो गया है?

सिक्किम के उत्तरी इलाक़े में भारत–चीन देशों की सीमा पर हिमालय पर्वत–श्रृंखलाओं में तुम्हारा जन्म, त्सोल्हामो लेक में झेमू ग्लेशियर से (23,189 फीट) होता है। वहाँ से दक्षिण और पूर्व दिशा के बीच बहते हुए–यह बहना काफ़ी लम्बा, काफ़ी तकलीफ़देह रहा होगा, तेरे लिए भी! एक तो हिमालय की ऊँची, ऊँची पहाड़ियाँ, उस पर जमती बर्फ़, वहाँ के पत्थर, वहाँ के प्रस्तर छोटे–बड़े, वहाँ की मिट्टी, इन सबसे बहते हुए, कभी अटकते हुए, कभी रुकते हुए तो कभी अठखेलियाँ करते हुए तुम बहती जाती हो। यह लम्बा रास्ता तय करते हुए कभी तुम तेज़ हो जाती हो, कभी ठहर जाती हो तो कभी रुद्र रूप भी धारण करती हो। तुम्हारा यह बहाव सिक्किम की जान है, सिक्किम की जीवनदायिनी हो तुम तीस्ता! हिमालय के त्सोल्हामो लेक से होकर तकरीबन 393 कि.मी. कर अन्तर तय करते हुए तुम बांग्लादेश के रंगपुर जिले में ब्रह्मपुत्र से मिलती हो। अपने प्रियतम से मिलने के लिए इतना लम्बा रास्ता तय कर उस तक पहुँचना, उसमें समा जाना। कितना समर्पण, कितना अथाह प्यार, तुम्हारा और ब्रह्मपुत्र का! इस प्यार की ख़ातिर इतना लम्बा रास्ता तय कर तुम ब्रह्मपुत्र से मिल लेती हो और साथ में पूरे सिक्किम को जीवन भी

देती हो। जलपाईगुड़ी और कैलिम्पोंग इन दो शहरों को भी तुमने अपने किनारों पर बसाया है। क्या नहीं है तुम्हारे पास? सिक्किम की सुन्दरता, हिमालय की विशालता, माहौल की असीमितता, ब्रह्मपुत्र की रुद्रता और माँ की ममता! इतना सब कुछ होने के अलावा, इतना पानी, इतनी मिट्टी, इतनी उर्वरा भूमि, बावज़ूद इसके, इतना बदलाव, इतना परिवर्तन और वह भी इतने कम समय में? तुम इतनी तेज़ी से, इतने कम समय में, इतनी कैसे बदल सकती हो, तीस्ता?

यह बदलाव तुमने दिल से स्वीकार किया हो, ऐसा मुझे तो नहीं लगता। यह सम्भव भी नहीं है। मुक्त पानी को कैसे रोका जा सकता है और यदि रोकना है, तो उसके बहाव को सम्भालना, अटकाना बड़ा मुश्किल होता है। तुम्हारा तेज़ बहाव, तुम्हारी उन्मुक्तता को हम लोगों ने रोका, तुम्हें अटकाया, उस साफ़–सुथरे हिमालयीन जल के बहाव को हमने अपने स्वार्थवश रोक दिया और तुमने भी उसे मान लिया। तुमने भी उस रोक को सहा, झेला और यही सोचा होगा कि अपने बच्चों के कल्याण को कैसे रोका जाये? अतः हमारे लिए, हम बच्चों के लिए तुमने खुद को ज़ब्त कर लिया और हम इतने स्वार्थी निकले कि हमने तुम्हारे सफ़ेद बालू का अपने घर निर्माण में इस्तेमाल ही नहीं किया बल्कि हम तुम्हारे पानी का भी इस्तेमाल बड़े पैमाने पर करने लगे। हिमालय के झेमू ग्लेशियर से होकर बांग्लादेश में ब्रह्मपुत्र तक आते आते हमने तुम्हारे बहाव को, जलस्रोत को टनल्स के सहारे तुम्हारे पानी को सैकड़ों किलोमीटर तक बहाया, विभाजित किया। रँग्पो शहर और रेलवे पुल (लोह पुल), जहाँ तुम सेवोक की समतल भूमि में प्रवेश करती हो, तुम्हारा जलस्रोत बड़ा मज़बूत और तेज़ रहता है। इस तेज़ बहाव में हमने राफ्टिंग करने की कल्पना बसायी। यहाँ तीस्ता बाज़ार और मेल्ली में तो ग्रुप राफ्टिंग भी की जाती है। तुम्हारा स्रोत यहाँ बहुत ही जोरदार और बहाव वाला होने के बावजूद तुम यहाँ बिलकुल शान्त–शान्त दिखायी देती हो। बच्चों के नटखट क़ारनामों को झेलती सहनशील माँ की तरह! कहा जाता है कि जलपाईगुड़ी से तुम तीन स्रोतों से बहा करती थीं।

पूर्व में करतोय, पश्चिम में पुनर्भागा और मध्य में अत्रेयी! इन तीनों स्रोतों को मिलाकर एक नाम दिया गया, त्रिस्रोता–तीन स्रोतोंवाली! बाद में जिसे छोटा बनाकर तीस्ता कहा गया होगा। इसमें से पुनर्भागा, महानन्दा से जाकर मिली, अत्रेयी चलनबिल को पार करते हुए करतोय से जाकर मिली और ये मिले हुए दोनों जलस्रोतों ने जाफरागंज में जाकर पद्मा (गंगा) से स्वयं को जोड़ समाहित कर लिया। लेकिन 1787 की उस विनाशकारी बाढ़ ने तुम्हें अपने पुराने स्रोतों से नाता तोड़ने के लिए मज़बूर किया और ब्रह्मपुत्र से मिलने हेतु तुम आग्नेय दिशा की ओर अकेली बढ़ चलीं।

हालाँकि इस यात्रा में अनेक नदियों ने तुम्हें अपने जलस्रोतों से बढ़ा दिया। तुमने कई जगहों, स्थानों पर ख़ुद को इतनी ऊँचाई से गिरा दिया कि तुम्हारी उस रुद्र सुन्दरता को भी लोगों ने सराहा। तुम गहरे दरिचों, पहाड़ों से होकर बहती रहीं। थांगु, युमथांग और डोल्खा पहाड़ियों की शृंखलाओं से होकर तुम जब रँग्पो पहुँच जाती हो, तब वहाँ रँग्पो नदी तुम से मिलती है। यहीं पर तीस्ता बाज़ार तक सिक्किम और पं. बंगाल की सीमा भी मौजूद है। या यूँ कहिये तुमसे ही यह सीमा तय होती है। तीस्ता बाज़ार, जहाँ दार्ज़िलिंग और कैलिंगम्पोंग की सीमाएँ भी मिलती हैं और तुम्हारी मुख्य उप नदी रंगीत भी यहाँ आकर तुमसे मिलती है।

तुम्हें बहते रहना है, तीस्ता, अपने उसी जोश और बड़े से जलस्रोत के साथ! लेकिन हमने तुम्हें उतने जो़श और मज़बूती से बहने ही नहीं दिया। हमने तुम पर अनेक बैरेजेस और बाँधों का निर्माण किया। हमने जलविद्युत निर्माण परियोजनाओं की शुरुआत की। हमने अनेक परियोजनाओं का तुम्हारे किनारे निर्माण किया। तुम्हारे जलस्त्रोत्र को अनेक जगह रोक दिया! तुमने भी हमारा कल्याण और हित जानकर, समझकर और स्वयं को ज़ब्त कर, बाँधों को बनाने की शृंखलाओं के बारे में एक भी शब्द नहीं कहा, तुम चुप रहीं। तुमने कभी इस बारे में सो़चा तक नहीं कि हमारी इन ज़्यादतियों के विरोध में तुम हमें तहस--नहस कर सकती हो, हमें सबक सीखा

सकती हो, लेकिन तुमने ऐसा कुछ भी नहीं किया। तुम सिर्फ़ सहती रहीं, चलती रहीं। हमने जहाँ रोका, वहीं रुकती रहीं।

तुम्हारे जलस्रोत का लाभ उठाते हुए तुम्हार जलस्रोत पर अनेक बाँधों का निर्माण किया गया। तीस्ता–1, तीस्ता–2, तीस्ता–3, तीस्ता–4 करके अनेक परियोजनाएँ तुम्हार जलस्रोत को कम करती हुई एक के बाद एक तुम पर निर्मित होती रहीं। तीस्ता–4 बाँध, यह परियोजना तो तुम्हारे बहते पानी को बिल्कुल ही रोककर चल दी। तुम्हारा अन्तिम मुक्त जलस्त्रोत इस परियोजना के तहत बन्द हो गया। तीस्ता–4 बाँध, यह तुम पर निर्मित सबसे बड़ी परियोजना है। इस बड़ी परियोजना को वर्ष 2007 में दिकचू में पूरा किया गया और तीस्ता के पानी का प्रवाह यहीं पर रुक गया। अब तुम–तीस्ता, तुम्हें सिर्फ़ जलाशय अर्थात् बाँधों की वजह से निर्माण जलाशय के ज़रिये ही देखा जाता है। तुम्हारा वह प्रवाह, तेज़ बहाव जो मैंने नौ साल पहले देखा था, अनुभव किया था, जिसकी अनुभूति ने मुझे रोमांचित और अभिभूत कर दिया था, अब दिखायी नहीं देता। तुम्हारा सफ़ेद रेत से भरा हुआ वह पात्र देखकर भविष्य की कल्पना से मेरा जी हाहाकार कर उठता है। क्या सचमुच तुम्हें यूँ सुखाकर हम अपना कल्याण साध रहे हैं? क्या सचमुच तुम्हारा जलस्त्रोत पूरी तरह से इस्तेमाल कर हम अपने लिए सुख और समृद्धि प्राप्त कर रहे हैं? सवाल बहुत से हैं, जो तुम्हें अब देखने के बाद मेरे दिलो–दिमाग़ को मथते रहते हैं। जब शाम की ठण्डी हवाओं के साथ भी तुम्हारे हरे पानी की छाँव माहौल में नहीं तैरती तब मेरा जी घबराने लगता है। मेरा दुःख और भी गहरा हो जाता है, जब पहले जैसा हरे पानी का तेरा प्रवाह, अब मेरे साथ मेरा साथ देता हुआ दिखायी नहीं देता है। तीस्ता, यह डैम या यह बाँध क्या सही मायने में तुम्हारे स्त्रोत को रोक सकते हैं या फिर तुम ही खुद को रोक देती हो? अन्यथा, बारिश में तुम्हारा जो रूप दिखायी देता है, वह इतना रौद्र, विकराल और भयावह होता है कि तुम अपने किनारों और सीमाओं को त्यागकर, लाँघकर असीमित, अमर्याद हो जाती हो। बारिश के दौरान

कभी ज़मीन धँसती है तो कभी पहाड़ों की मिट्टी, पत्थर फ़िसलते रहते हैं। यह भूस्खलन, यह फ़िसलन तो कभी कभी तुम्हारे प्रवाह को भी बाँट देती है, विभाजित कर देती है। तुम अपना प्रवाह भी बदल देती हो। तेरे किनारे पर बसे लोगों की खेती की ज़मीन को बाँधों ने ख़त्म कर दिया है, बाँधों ने आसपास की ज़मीन का पूरा नक़्शा भी बदल दिया है। उस पर विपरीत परिणाम हुए हैं। बाँध के आसपास के घरों की दीवारें चटख गयी हैं, उनमें दरारें पड़ी हुई दिखायी देती हैं।

बारिश में तुम्हारा यह डरावना और अमर्याद रूप क्या आज भी दिखायी देता है, तीस्ता? क्या आज भी तुम उस हठी और नटखट बालिका की तरह उफनती और सिक्किम को घेरती रहती हो? शायद 'हां' भी या 'नहीं' भी!

हमारे स्वार्थ, विकास की झूठी कल्पनाओं और अपेक्षाओं ने तीस्ता तुम्हारा कितना नुक़सान कर दिया है? तुम किसी नवयौवना–सी छलकती रहती थीं कभी, आज तुम्हें हमने ज़बरन साध्वी, संन्यासिनी बना दिया है। तेरी भाव, भावनाओं को, एहसासों को हमने मरोड़ दिया है। अपने छोटे से स्वार्थ और स्वकेन्द्रित नज़रिये ने हमें इतना संकुचित कर दिया है कि न तो हम अपना भला–बुरा सही मायने में समझ रहे है और ना ही तेरी बेदना, दर्द को महसूस कर रहे हैं और यही वजह है कि हमने तेरे प्रति हमारी भावनाओं को भी ख़त्म कर दिया है। अन्यथा, यदि हम तेरे बारे में उतने अपनत्व, सम्मान, अपनापे या फिर स्नेह से सोचते तो यह जो तेरी स्थिति आज बनी हुई है, वह नहीं होती। हमने यदि तुम्हारी स्थिति को समझ लिया होता, तो जो भी आज के दिनों में बारिश में तुम करती हो, यानी यूँ ही बेक़ाबू हो जाना, अपनी सीमाओं से परे होकर उछलना, सीमाओं को तोड़ देना, भूमि के साथ बेदरकार तरीक़े से पेश आना, आदमियों तथा उनकी सम्पत्ति या उनके घरों, लोगों को लेकर चल देना, खेतों, पेड़ों की परवाह न करना, आदि आदि। ये सब बातें उतनी कठोरता के साथ नहीं होतीं, जितनी कठोरता या निष्ठुरता के साथ आज हो रही हैं।

तुम्हारा नाराज़ होना, तुम्हारा गुस्सा होना, तुम्हारा बेक़ाबू होना, हम समझ सकते है क्यों कि वही हमारे भी हिस्से में आता है। तुम्हारा गुस्सा, बेक़ाबू होना, हम झेल नहीं सकते। क्यों कि तीस्ता, तुम हमारी हो। हमारी अपनी हो। हमारी माँ, बहन, जो भी नाम दिया जाये। तुम हमारे साथ, हमारे हर रिश्ते में हो। इसलिए माते! दया करना। हमारे गुनाहों के लिए हमें क्षमा कर देना, यही प्रार्थना!

सिक्किम की ओर...

यह बात तब की थी जब मैंने नौ साल पूर्व पहली बार सिक्किम का दर्शन किया था। उस दर्शन से मैं अचम्भित थी। लग रहा था, उस प्रदेश को इतने कम दिनों में देखना, महसूस करना, इसके अन्दाज़ को ख़ुद में समाहित करना सम्भव नहीं होगा। पहली यात्रा तो मैंने सम्पन्न कर ली। बेहतरीन प्राकृतिक सुन्दरता के साथ वहाँ की असीम शान्ति भरे माहौल के साथ उतनी ही रहस्यमयी भौगोलिकता ने मुझे घेर लिया था। यहाँ इतना कुछ है कि इस यात्रा में मैंने बहुत कम देखा, पाया और ज़्यादातर, बहुत कुछ छूट गया, ऐसा महसूस होता रहा।

यहाँ के लोगों, भौगोलिकता, प्राकृतिक सुन्दरता और अद्‌भुत रम्यता ने बार बार यह बात मुझे जतला दी कि, 'नहीं, तुमने अब भी कुछ देखा नहीं है। बहुत कुछ छूट रहा है, बहुत कुछ देखना है, परखना है, एहसास करना है, फिर से उन अनुभूतियों के साथ, कुछ अलग दुनियावी अनुभवों के साथ जीना है। हिमालय तो इतना बड़ा है कि तुमने उसका एक भी हिस्सा नहीं देखा है, कब, कैसे, किस तरह से देखोगी उसे?' भारत के मानचित्र में अपना अँगूठे जितना छोटा–सा अस्तित्व उठाकर सिक्किम मुझे बार बार पूछ रहा था, "क्यों भई, तुम तो मुझे बेहद चाहने, पसन्द करने का वास्ता देती हो। कहती हो, तुम मुझे शब्दों में व्यक्त करना चाहती हो। लेकिन क्या तुम्हें लगता है, एक ही यात्रा के ज़रिये, मेरे कुछेक हिस्सों को देखकर

तुमने मुझे जान लिया, समझ लिया? क्या तुमने मुझे सचमुच जान लिया?" मेरे पास इन सवालों का कोई जवाब नहीं था। सचमुच मैंने कितना जान लिया है, सिक्किम को? क्या किसी प्रदेश को, उसके लोगों, प्रकृति, प्रवृत्ति, आबोहवा के साथ ही, संस्कृति, परम्परा को जोड़कर जानना, समझना इतना आसान है? सिक्किम जैसे प्रदेश को जानना तो बहुत ही कठिन और उतना ही उलझा हुआ है, जितना कि वहाँ के लोगों के मन और विश्वास तक पहुँचना। क्यों कि किसी प्रदेश को आप सिर्फ़ उसकी ऐतिहासिकता, कहानियों, किंवदन्तियों, भौगोलिकता या लोगों, संस्कृति, परिवेश, परम्पराओं से नहीं जान सकते। उस प्रदेश को यदि आपको जानना है, समझना है तो आपको उस प्रदेश के लोगों की मानसिकता, सोच, संघर्ष को जानना होगा। उनके मन की अतल गहराइयों में उतरकर वहाँ के रेशे रेशे को समझना होगा। फिर उस प्रदेश में घूमकर, स्वयं को किसी यायावर की भूमिका में ढालकर उस प्रदेश को सिर्फ़ देखकर ही नहीं बल्कि उस प्रदेश को दिल की गहराइयों के साथ देखकर, महसूस कर फिर जो कुछ अनुभव होगा, जो महसूस होगा, उसे शब्दों में ढालने की कोशिश करनी होगी।

सच कहती हूँ, आसान नहीं होता है, किसी व्यक्ति या प्रदेश को जानना, समझना! आपको उस प्रदेश की दिशाओं में हवाओं की तरह विचरण करना होगा, वहाँ के आसमान में सिर उठाकर और झुकाकर भी वहाँ की आबोहवा में खुले दिल से साँस को भीतर लेना होगा, छोड़ना होगा। वहाँ की मिट्टी, कीचड़ में अन्दर बाहर से लपेटना होगा, वहाँ के पानी की गहराई में उतरना होगा, बाहर निकलना होगा। उस पानी को पीना होगा, उगलना होगा। वहाँ के पत्थरों के दिल में धधकते, सुलगते, दबे हुए पत्थर गान को सुनना होगा, उन शिलाओं से कानों को सटाकर, पूरे माहौल को अपने में उतारकर, वहीं के बनकर बैठना होगा। तब कभी एकाध शब्द, एकाध सुर, एकाध तान आपके कानों से टकरा जाये, तब कभी कुछ हलचल आपके दिल की गहराइयों में उतर जाये, तब कभी कुछ थोड़ा–सा आपके पल्ले पड़

जाये, तब कभी आप कुछ थोड़ा–सा शब्दों में ढाल सके। पहली यात्रा के बाद तो सिर्फ़ उस प्रदेश के प्रति दिल लगाना ही हो पाया था। लौटने के पश्चात् मुम्बई की ज़िन्दगी आपको कभी अकेला रहने नहीं देती, नहीं यादों को ताजा करने का अवसर देती है।

कुछेक साल यूँ ही बीत गये। कुछ नोट किया हुआ, कुछ महसूस किया हुआ, कभी–कभार दिल के दरवाज़े पर थपकियाँ देता था, कभी–कभार धड़क भी देता था लेकिन उतना ही। लेकिन एक दिन लगा कि नहीं। जब तक साँस है, तब तक यह पूरा करना होगा। यह मेरा वादा था, जो मैंने ख़ुद से किया था।

जब सोचने लगी तब लगा, जी हाँ, सिक्किम मुझे फिर से बुला रहा है। वह याद दिला रहा है कि सिर्फ़ बातों से कुछ नहीं होता, उन बातों के साथ ईमानदारी बरतते हुए कुछ आगे बढ़ना, कार्रवाई करना भी होता है और मैं फिर एक बार सिक्किम जाने की तैयारी करने लगी। इस बार सिक्किम को सहजता, आसानी से, बिना किसी सीमा में बँधे देखना चाहती थी। समय की सीमा हमने नहीं रखी। जब सिक्किम को मन मुताबिक देखना, महसूस करना होगा, अनुभव करना होगा, तभी वापसी की टिकट आरक्षित की जायेगी, यह भी सोच लिया।

सिक्किम के लिए मैं अपनी छोटी बहन के साथ निकल पड़ी। हमने तय कर लिया था कि गाड़ी और ड्राइवर के अलावा, हमारे साथ कोई नहीं होगा। ना कोई ग्रुप, ना कोई गाइड और ना ही कोई मार्गदर्शक। सिक्किम जैसा दिखेगा, दिखायी देगा, महसूस किया जायेगा, जितना दिल में उतारा जायेगा, उतना देखेंगे, और फिर लौटेंगे।

जनसंख्या के हिसाब से सबसे छोटा और भारतीय गणराज्य का यह 22वाँ राज्य, अपनी प्राकृतिक सुन्दरता, सीधी सादी जनता और 'कंचनजंघा' की पर्वत–शृंखला या फिर 'सिक्किम' के लिए प्रसिद्ध 'खांगचेडजोंगा' के नाम से जाना जाता है। सिक्किम के बारे में मेरी जानकारी आधी–अधूरी थी। सिक्किम सुन्दर है, यह जानकारी वहाँ

जाने के बाद तथ्य में तब्दील हुई और सुन्दरता से भी अधिक, कुछ ज़्यादा सिक्किम में हैं, इसका एहसास भी हुआ। वहाँ जाने से पूर्व, वहाँ क्या होगा, खाने–पीने की व्यवस्था, वहाँ के लोग, मान्यताएँ आदि बातों को लेकर काफ़ी उथल–पुथल मेरे दिल और दिमाग़ में चल रही थी। लेकिन इस प्रदेश को देखने, उसे महसूस करने की उत्सुकता ज़्यादा थी।

मेरे साथ मेरी छोटी बहन थी। हम दोनों ने ही सिक्किम को नज़दीक से देखने, जानने की बात तय की थी। अतः हम दोनों ही इस यात्रा पर निकल चुके थे। दोपहर 1.00 बजे के हवाई जहाज़ से हम दोनों मुम्बई से कोलकाता पहुँच गये। वहाँ से रात की ट्रेन जलपाईगुड़ी तक पहुँचाती थी। उसी ट्रेन से हम सुबह जलपाईगुड़ी और वहाँ से सिलीगुड़ी पहुँच गये। सिलीगुड़ी से कार से गंगटोक पहुँचते–पहुँचते शाम हो गयी थी। सिलीगुड़ी–गंगटोक तक का रास्ता अपनी ऊँचाई–निचाई को लेकर चल रहा था। रास्ता इतना घुमावदार था कि कब एकाध घुमाव आता है तथा कब ख़त्म हो रहा है, यह समझने से पहले ही दूसरा घुमाव आ जाता था। इस घुमावदार यात्रा में हर क़दम पर सेवोक के बाद सिक्किम की तीस्ता नदी और उसका कलकल करता बहता पानी हमारा साथ दे रहा था। कहीं तीस्ता बिल्कुल विस्तृत रूप से फैलकर बह रही थी तो कहीं बिल्कुल पतली होकर, पहाड़ियों के पत्थरों से अपना रास्ता नापकर निकल रही थी। उसी के साथ भिक्खुओं की पताकाएँ भी रास्ते में अनेक बार हवाओं में फड़कती हुई दिखायी दे रही थीं।

प. बंगाल से जब सिक्किम में प्रवेश कर रहे थे, तो शाम के 6 बज रहे थे। मुम्बई में रात के 10 बजे के बाद जितना अँधेरा घना हो जाता है, उतना घना अँधेरा हो गया था। पुल से जब गाड़ी ने सिक्किम की सीमा पर स्थित गाँव रँग्पो में प्रवेश किया तब बहुत ऊँचाई पर कहीं कहीं गुच्छे में जुगनू टिमटिमाते हुए दिखायी दे रहे थे तो कहीं कहीं एकाध दूसरा जुगनू–वैसे वे जुगनू नहीं थे, बल्कि प. बंगाल की पहाड़ों पर स्थित बस्तियाँ थीं, जो कोहरे और अँधेरे की

वजह से ऐसे लग रही थीं, जैसे आसमान में तारे टिमटिमा रहे हैं या अँधेरी रात में जुगनू चमक रहे हैं।

वहाँ से थोड़ा आगे. बढ़े थे कि वैली में पूरा रंग्पो शहर जगमगाता हुआ, बड़ी बड़ी इमारतों के साथ चमकता हुआ दिखायी दे रहा था। नौ साल पहले जब यहाँ आना हुआ था तब यह शहर इतना फैला हुआ, ऊँचा उठा हुआ नहीं दिखायी देता था। फिर अचानक यह बदलाव? आश्चर्यजनक–लेकिन अच्छा भी लगा। विकास की राहें इस सुदूर इलाक़े में भी पहुँच रही हैं, इसका साक्षात्कार भी हुआ। फिर आगे बढ़ते हुए वे घर, जो लकड़ियों के बड़े बड़े तनों पर ठहरे हुए थे, दिखायी दिये। बड़े पेड़ों के चार तनों को चारों ओर ज़मीन में गाड़कर, उन पर ये लकड़ी के घर बनाये जाते हैं। सलीकेदार और सुन्दर भी! पानी, बरसात और बर्फ़ीली ठण्ड से बचने के लिए ये घर, इस तरह से बनाये जाते हैं। हिमालय बहुत नज़दीक है, सिक्किम के इसलिए बहुत ठण्ड होती है यहाँ!–कंचनजंघा की ऊँची, बर्फ़ीली चोटियों को बड़े ही गर्व के साथ दिखाता है सिक्किम! यहाँ कहीं से भी आपको कंचनजंघा की चोटियाँ दिखायी देती हैं जो सुबह की धूप में चाँदी, सोने की तरह चमकती हुई दिखायी देती हैं। यही वजह है, जहाँ ऊँचाई, वहाँ ठण्डाई, बर्फ़, बर्फ़ीली हवाएँ और माहौल में एक ठण्डी तल्ख़ी। सिक्किम में यह ठण्ड और उस माहौल की तल्खी एक साथ दिखायी देती है। ऐसे ठण्डे माहौल में सीमेंट और ईंटों के मकानों का ठण्डा होना लाजिमी है। उससे बचने के लिए यहाँ पेड़ों के ऊँचे–ऊँचे तनों या बाम्बू पर घर बनाये जाते हैं। ये घर ऊँचाई पर लकड़ी से बनाये जाते हैं, जिससे ठण्ड से बचा जा सके।

फूलों से सिक्किम का लगाव कोई नयी बात नहीं है। फूलों की रंगीनियों, ख़ुशबुओं से सिक्किम रंगीन और ख़ुशबूदार बना है। कैक्टस पर खिले हुए फूल, सिक्किम की ख़ासियत हैं, यहाँ विभिन्न तरह के कैक्टस पर रंगीन फूल खिलते हैं, जो बेहद ख़ूबसूरत, चटकीले हैं।

वैसे यहाँ के छोटे–छोटे घरों के छज्जों, छतों पर भी आपको छोटे–छोटे रंगीन फूलों से भरे हुए गमलों की कतारें दिखायी देंगी। ये फूल रंगीन होंगे, चटख होंगे तथा बढ़िया ढंग से सजाये हुए होंगे। सिक्किमी घर भी चटख रंगों को सहेजकर चलते हैं।

रास्ते में चलते हुए कितनी ही औरतें, लड़कियाँ दुकाने सँभालती हुई, चलाती हुई, सजी–धजी दिखायी देती हैं।

सिक्किम के जंगल घने तो हैं, साथ में लम्बे तने वाले ऊँचे–ऊँचे पेड़ों से अटे पड़े हैं। इनका घनापन उतना सलीक़ेदार, सुन्दर फिर भी हर एक पेड़ का अपना अपना अस्तित्व दिखायी देता है। यहाँ के पेड़ घने, छायादार, सूरज की किरणों और रोशनी से साक्षात्कार करने हेतु लम्बे–लम्बे बढ़ते हुए, आसमान को छूते हुए दिखायी देते हैं। जैसे रोबदार व्यक्तित्व वाला कोई पुरुष इतना ऊँचा हो कि उसकी ऊँचाई का कोई सानी नहीं या फिर उन इन्सानों की तरह, जो एक–दूसरे से जुड़े तो हैं लेकिन अनुशासन के साथ एक–दूसरे के साथ उचित और पर्याप्त दूरी बनाये रखते हुए साथ में बढ़ते जाने वाले फिर भी अपना अलग अस्तित्व सहेजने वाले! यह ज़रूरी भी है, जंगल का अस्तित्व बनाये रखने के लिए, एक–दूसरे से प्यार और स्नेह बनाये रखने के लिए तथा आवश्यक जितनी दूरी भी बनाये रखने के लिए! सिक्किम में अनुशासन और सहनशीलता, कदम कदम पर दृष्टिगोचर होती है। सड़क पर कोई भी हॉर्न बजायेगा नहीं या फिर आगे बढ़ने की होड़ में भी रहेगा नहीं। सिक्किम में जाते समय यह भी दिखायी देता है कि यहाँ कदम कदम पर फौजी अस्तित्व है। सड़क पर हमारे सामने ही एक के पीछे एक पूरी फौजी बटालियनें जा रही थी। भारतीय फौजें, सशस्त्र बलों, इंडो–तिबेटन सीमा सुरक्षा बलों की तैनाती तथा उनके साथ पुलिस फोर्स इंडो–तिबेटन पोलिस फोर्स (ITPF) के साथ ही भारतीय सेना की विभिन्न बटालियनें यहाँ पूरे दमखम के साथ मौजूद है। हमारे आगे चलता हुआ कारवाँ भी ऑलिव ग्रीन से लबालब था। हम भी उनके पीछे पीछे चलते हुए अपने गन्तव्य की ओर बढ़ रहे थे। हमारा गन्तव्य था, गंगटोक। वहीं पर हमारा डेरा हम डालने

वाले थे और उसके बाद फिर पूरे सिक्किम में हमारा घूमना फिरना चलने वाला था।

हम जिस रास्ते से जा रहे थे, तीस्ता का ख़ाली पात्र हर कदम पर हमारा साथ दे रहा था। पिछली बार भी जब सिक्किम आना हुआ, जो भी घूमना हुआ, जहाँ भी हम गये, तीस्ता ने हमारा साथ नहीं छोड़ा। वह हरदम हमारे साथ रही, अपनी हरी जलराशि के साथ, लेकिन अब का यह तीस्ता का साथ कुछ अलग था। अबकी बार भी तीस्ता हमारे साथ थी लेकिन कभी अपने ख़ाली पात्र के साथ, कभी सफ़ेद गोटों, गोल पत्थरों के साथ, कभी रेत के साथ तो कभी अपने हरे रंग के पानी के साथ! तीस्ता के साथ यहाँ, कहीं कहीं रंगीत भी होती है। तीस्ता को यदि सिक्किम की जीवनदायिनी कहा जाये तो रंगीत को तीस्ता की बहन, सहेली कुछ भी कह सकते हैं। एक का पानी सिक्किम की हरियाली का हरा रंग लेकर चलता है तो दूसरी का पानी, सिक्किम के आसमान का नीलापन लेकर चलता है। इन दोनों नदियों की अहम भूमिका सिक्किम को बहुत कुछ देती है।

सिक्किम के कुछेक स्थानों पर जीवन नहीं होता–हालाँकि जीवन के लिए हवा और हवा में ऑक्सीजन की पर्याप्त मात्रा ज़रूरी होती है। यहाँ वह मात्रा कम हो जाती है। यहाँ बहुत–सी जगह है, जहाँ पेड़, पौधे या वनस्पति नहीं होती। सिर्फ़ मिट्टी, पत्थर और पानी होता है। यह पानी भी ठण्ड के दिनों में जमकर बर्फ़ बन जाता है। लेकिन ऐसी जगहों पर भी सैनिकों की भारी संख्या में उपस्थिति होती है। क्यों कि यह प्रदेश संवेदनशील है। सिक्किम के साथ तिब्बत, भूटान, जापान और चीन की सीमाएँ सटी हुई हैं। तिब्बत में चीन का अतिक्रमण और उसी के साथ भारत पर दबाव, कोई छुपी बात नहीं है। यहाँ 'हर शाख पर उल्लू बैठा है' इस उक्ति के अनुसार कहीं से, कोई भी आक्रमण कर सकता है। सैनिकों का होना इसलिए आवश्यक! 'जहाँ हम, वहाँ विजय' इस घोष वाक्य के साथ सैनिकों की मुस्तैदी और उनके चेहरों पर तकलीफ़ों के बावजूद मुस्कराहट! बहुत कुछ होता है, उन मुस्कराहटों के पीछे!

सैनिक–उनके कारवाँ, जिनमें उनका सामान तथा उन्हें लेकर उनकी गाड़ियाँ चलती हैं, उन्हीं रास्तों से, जिन पर एक बार जाने से हमारे अंजर–पंजर ढीले होते हैं–वे कितनी बार गुज़रते होंगे इन रास्तों से!

सैनिकों के उस कारवाँ के साथ धीरे–धीरे आगे बढ़ते हुए घुमावदार सड़कों से भूपेन हजारिका जी के गानों के साथ हमने जब गंगटोक में प्रवेश किया तब शाम घिर आयी थी। सुबह से मुम्बई से हमारी यात्रा शुरू हुई थी। टैक्सी, हवाई जहाज़ और फिर से गाड़ी से एयरपोर्ट से गंगटोक तक की यात्रा। उत्साह तो था लेकिन थकान भी थी। वैसे भी सिक्किम में शाम बहुत जल्दी हो जाती है। चार–पाँच बजे तक अँधेरा होने लगता है। होटल पहुँचकर खाना खाकर सोना ज़रूरी था और आवश्यक भी था क्यों कि सुबह ही हमारा गाड़ीवाला, हमारा सारथी आने वाला था और हमें लाचुंग और लाचेन के लिए निकलना था।

होटल टीलेनुमा ऊँचाई पर स्थित था। होटल की खिड़की से पूरा गंगटोक दिखायी दे रहा था। टिमटिमाते बल्बों की रोशनी और शेष सारा अँधेरा! लेकिन पूरा दृश्य लुभावना था। लग रहा था, धरतीनुमा आसमान में तारे टिमटिमा रहे है। एक आसमान नीचे था और दूसरा आसमान ऊपर था। वहाँ भी तारे टिमटिमा रहे थे और बीच में खड़े हम लोग 'आज मैं ऊपर, आसमाँ नीचे' जैसा उस स्वर्गीय दृश्य का लुत्फ़ उठा रहे थे।

सुबह हो गयी, पंछियों की चहचहाट ने सुबह का सन्देशा दे दिया। सुबह के पाँच बजे थे लेकिन उजाला इतना था कि सुबह 8–9 बजने का एहसास दिला रहा था। हम तैयार होकर निकल चुके। हमें 11.00 बजे हंग्री जैक से निकलना था। यात्रा में हड़बड़ी बिल्कुल पसन्द नहीं है, मुझे! दिल से, शान्ति से, हर बात का लुत्फ़ उठाकर, माहौल में ख़ुद को लपेटकर फिर यात्रा पर निकलना, मुझे अच्छा लगता है।

हमारी गाड़ी और हमारा ड्राइवर, मनीराम छेत्री वहीं पर हमारा इन्तज़ार कर रहा था। आवश्यक काग़ज़ात आदि का इन्तज़ाम कर हम निकल चुके लाचेन–लाचुंग की ओर। काग़ज़ातों की व्यवस्था में थोड़ी देरी हो गयी थी। लेकिन सिक्किम में यह सब निहायत आवश्यक होता है। आप काग़जातों के बिना यहाँ यात्रा नहीं कर सकते क्यों कि यह पूरा राज्य ही संवेदनशील इलाक़े में आता है। मेरे साथ मेरी छोटी बहन यानी हम दोनों और हमारा ड्राइवर। हालाँकि सिक्किम में वैसे इक्का–दुक्का पर्यटक बहुत कम आते हैं, जो भी आते है, वे ग्रुप में आते हैं और ग्रुप में ही घूमते हैं। लेकिन मेरी सिक्किम यात्रा, मैंने सिक्किम को जीने, महसूस करने के लिए तय की थी, इसलिए हम तीनों ही निकल पड़े लाचेन–लाचुंग की ओर... धूप छन रही थी, रास्ते पर गाड़ियाँ चल रही थी, लोगों की आवाज़ाही भी थी लेकिन यह सब सिर्फ़ गंगटोक तक ही सीमित रहा। जैसे ही हम लाचेन–लाचुंग के रास्ते पर मुड़ गये, आवाज़ाही, यातायात कम हो़ती गयी। लाचेन–लाचुंग की ओर जाने वाले यात्री तथा उनके वाहन भी सुबह 9–10 बजे तक निकल चुके थे। हम ही लेट–लतीफ़ थे, लेकिन ख़ुश थे।

उत्तरी सिक्किम

उत्तरी सिक्किम का हिस्सा, सिक्किम का सबसे ज़्यादा संवेदनशील इलाका है। यहाँ कहीं भी जाने के लिए आपको इनर लाइन परमिट लेना पड़ता है। यह परमिट आपको गंगटोक से ही मिल जाता है और कोई भी ट्रावल एजेंट आपके लिए यह परमिट ले सकता है। उत्तरी सिक्किम का हेडक्वार्टर है मंगन! अन्य तीन जिलों के हिसाब से मंगन की जनसंख्या बहुत कम है और इसकी वजह भी यह है कि यह क्षेत्र चारों ओर से पर्वत–श्रृंखलाओं से घिरा हुआ है, यहाँ का बीहड़ इलाका, कठिनाई से भरा भौगोलिक परिवेश, ऊबड़–खाबड़ता और चीन (तिब्बत), भूटान और नेपाल की सीमाओं के साथ इसकी सीमाओं का जुड़ना, इसे विशिष्टता और संवेदनशीलता का दर्ज़ा देता है। इस क्षेत्र में सशस्त्र सेना बल को आप बड़े पैमाने पर देख सकते हैं और इसी क्षेत्र में आप प्रकृति की विराटता, विविधता और विशिष्टता को भी देख सकते हैं। जैव विविधता से भरा हुआ है, यह प्रदेश! यह क्षेत्र फूलों से प्रेम करने वालों के लिए 'स्वर्ग' जैसा ही है। 'शिंगबा रोड़ेडेंड्रॉन अभयारण्य' यहाँ का काफ़ी प्रसिद्ध फूलों का जंगल है, जहाँ आप प्रचुर और विविध मात्रा और रंगों में रोड़ेडेंड्रॉन के फूलों को देख सकते है। यहाँ की यूमथांग वैली भी अपने फूलों के लिए जानी जाती है। 15,300 फीट की ऊँचाई पर स्थित यूमे सॅमडॉग में सल्फर के 14 गर्म झरने भी हैं, जहाँ आप स्नान कर अपनी त्वचा से सम्बन्धित तकलीफ़ों से निजात पा सकते हैं।

गंगटोक से 17 कि.मी. दूरी पर स्थित काबी लॉगस्टोक, सिक्किम का बहुत ही सम्माननीय और पवित्र उपवन है। 15वीं शती के आसपास यहीं पर लेपचा और भूटिया लोगों के बीच ऐतिहासिक 'ब्लड ब्रदर हुड' समझौते पर हस्ताक्षर किये गये थे। लेपचाओं का आदरणीय वृद्ध पुरुष थेकाँग टेक, उसकी पत्नी न्योकांग न्गल और भूटिया जमाति के मुख्य, ख्ये भूम्सा के बीच कंचनजंघा को गवाह रखकर यह समझौता किया गया था। प्राचीन साइप्रस पाइन वृक्ष, जिसने छत्र के रूप में अपनी भूमिका निभायी थी, उस वृक्ष के नीचे उस वक़्त की उस सन्धि (समझौते) के अवशेष के रूप में पत्थर की वेदियाँ और टेबल को आप आज भी देख सकते हैं। इस पवित्र उपवन के भीतर आपको टायगर स्प्रिंग (झरना) और इच्छापूर्ति करने वाली रोंगफूंग एवं नाम्फटॉग नामक दो गुफ़ाएँ भी देखने को मिलेंगी।

लाचेन का रास्ता–बेहद टेढ़ा–मेढ़ा, कभी पथरीला तो कभी सीमेन्ट कंक्रीट का लेकिन इतना घुमावदार की बस्स! आप मानसिक–शारीरिक रूप से तैयार नहीं रहेंगे तो कुछ नहीं हो सकता–या तो पेट में बल पड़ सकता है या फिर सिर घूमने, दर्द करने लगेगा।

इस रास्ते पर यात्रा करना यानी सिर्फ़ दो ही शब्दों को हरदम साथ लेकर चलना है–प्रचण्ड और विराट! प्रकृति का यह विराट नज़राना मानव कितना छोटा है, यह दर्शाता है। जबकि तीस्ता पर डैम बनाकर, हिमालय की गोद में ऊपर–नीचे, टेढ़े–मेढ़े रास्तों का निर्माण कर, कभी पहाड़ी की चोटी पर दिखता एकाध रंगीन छोटा–सा घर तो कभी पहाड़ी के पाँव तले बसी दस–बारह घरों की छोटी–सी बस्ती, पहाड़ी पर, पहाड़ी को सीधा, साफ़–सुथरा बनाकर की जाने वाली खेती, बेहद ठण्डे माहौल का मुकाबला करने हेतु बनाये गये लकड़ी के और बांबू पर तोले गये घर–इन पहाड़ियों के सीने पर चलने वाले ये छोटे–छोटे से लेकिन बेहद परिश्रम करने वाले लोग। जीने की कोशिश, जीवन के प्रति प्रेम और विपरीत परिस्थितियों में जीवन जीने की कोशिश। मैं नतमस्तक हूँ, उस प्राकृतिक शक्ति के आगे, उसकी विराटता मुझे झुकने के लिए मज़बूर करती है,

लेकिन मैं उस इन्सान के प्रति, उसके प्रयासों के आगे भी झुक जाती हूँ, जिसने इतनी विराटता के आगे भी स्वयं को कमतर नहीं होने दिया। उस विराटता, उन विपरीत परिस्थितियों में भी उसने जीवन जीने की सफल कोशिश की है, कर रहा है, वह वहाँ भी मुस्कराते हुए जी रहा है। अपने छोटे–छोटे घरों को चटख रंगों में नहलाकर वह अपने छत पर छोटे–छोटे गमलों में रंगीन फूल पैदा करने वाले पौधे लगाता है और विराटता के आगे भी अपनी रंगीनियाँ ज़िन्दा रखे हुए है। वह इन्सान है, वह प्रयास है, वह कोशिश है, वह कभी न हारने वाली मानवीय भावना और मानसिकता है।

गंगटोक से लाचेन का रास्ता यानी सुन्दरता और प्राकृतिक नजारों का त्योहार। रास्ते में हरियाली, पेड़ों के साथ साथ पानी के स्त्रोतों और झरनों की भरमार है। आपकी आँखों को ठण्डक देता है, यह नजारा! हालाँकि गंगटोक से आप लाचेन भी जा सकते है या पहले लाचुंग भी जा सकते हैं। हमने लाचेन जाना तय किया था। बीच में एक पड़ाव आता है, चुनथांग! चुनथांग से एक ओर लाचेन है और वही से दूसरा रास्ता लाचुंग की ओर जाता है। हमने बीच में सिक्किम की चाय, कब्जे तथा उनके परम्परागत बिस्कुट्स (जो मैदे से बनते हैं.) खाने की कोशिश की। खाने में भी हम चाहते थे कि सिक्किमी परम्परागत खाना खाया जाये इसलिए हमने खाचा थाकसा यानी अपनी चटनी (मिर्ची+टमाटर+नमक+चिंगपिंग) तथा कुट्टू के आटे की रोटी, देसी घी और आलू की सब्ज़ी ले ली। इस खाने का अपना एक विशिष्ट जायका होता है, जोकि मसालों भरा नहीं होता है। यहाँ की खाने की सभी चीज़ें सादी और अपना अलग–सा ज़ायका लिए होती हैं। मज़ा आया खाना खाने में!

गंगटोक से लाचेन जाने का रास्ता भी वैसा ही था, घुमावदार, टेढ़ा–मेढ़ा लेकिन पूरी कायनात को अपने साथ लेकर चलने वाला। यहाँ के पहाड़, यहाँ की हरियाली, पेड़, पौधे और अचानक बरसने वाले बादल। आप प्रकृति के बहुत नज़दीक रहते हैं। उसकी उठती, बैठती साँसों को आप उस शान्ति में गिन सकते हैं, महसूस कर सकते हैं।

लाचेन में हम शाम 6.30 बजे पहुँचे तब चारों ओर घुप्प अँधेरे और बेहद ठण्ड के आगोश में लाचेन सोने की कोशिश कर रहा था। हालाँकि आय का लावा जलता हुआ रखना था, अतः होटल ठण्डे होकर भी ग्राहकों के आगमन पर गर्मागर्म हो रहे थे और यहाँ यह आम बात है। चार बजे के बाद इनकी शाम शुरू हो जाती है। कार्यालय आदि भी शाम के चार बजे के बाद बन्द हो जाते हैं। लाचेन तो उत्तरी सिक्किम का बिल्कुल एक छोर है। वहाँ तो यह लाजिमी था। जब हम शाम 6.30 बजे पहुँचे तो घुप्प अँधेरा घिर आया था। छोटी–छोटी गलियाँ और बन्द दरवाजे, कहीं कहीं जवान लोग या ड्रायवर्स लोग इकट्ठा होकर गप्पें हाँक रहे थे। लेकिन यह नजारा बहुत कम था। हम पहुँचे तब पूरी तरह अँधेरा हो गया था। हमारा ड्राइवर भी इस इलाक़े में शायद पहली बार आया था। हमारा आरक्षित होटल ढूँढ़ने में उसे तकलीफ़ तो हुई लेकिन उसने होटल ढूँढ़ निकाला। गाड़ी से बाहर कदम रखते ही बेहद ठण्ड का एक रेला–सा पूरे शरीर को कँपकँपाता हुआ गुज़र गया। अँधेरा इतना घना था कि आसपास कुछ दिखायी नहीं दे रहा था। हमने झट से होटल में घुसना मुनासिब समझा।

सुबह 6 बजे निकलना था, गुरु डोंगमार लेक की ओर! यानी 4.30–5.00 बजे उठकर तैयार होना ज़रूरी था; हमने खाने के बारे में जानकारी ली। 8 बजे खाना तैयार होगा, ऐसा होटल वाले ने कहा।

हमने कमरे में आकर हाथ पैर धोने की सोची, लेकिन ठण्ड इतनी थी कि पानी को छूना भी बेहद तकलीफ़देह लग रहा था। गर्म पानी लाकर दिया गया। हमने जैसे–तैसे उँगलियाँ डुबोकर साफ़ सुथरे होने का स्वयं को एहसास दिलाया और खाने के लिए कब बुलावा आता है, इसका इन्तज़ार करने लगे।

टेढ़े मेढ़े रास्ते ने शरीर के अंजर–पंजर को हिलाकर रख दिया था। हम बेहद थक गये थे और ठण्ड की वजह से कब उस मोटे से गद्देनुमा क्विल्ट को ओढ़ लेते है, ऐसा लग रहा था।

8 बजे से पहले ही हम खाने के हॉल में पहुँचे। हम ही वहाँ पहले पहुँच गये थे। चावल और तले हुए आलू, गोभी की सब्ज़ी भी थी। भूख इतनी लगी थी कि गर्मागर्म चावल, दाल और आलू की वह सब्ज़ी किसी पकवान से कम नहीं लगी। फिर और लोग भी खाने के लिए पहुँचे। सभी को सुबह उठकर गुरु डोंगमार लेक के लिए निकलना था। हम दो औरतों को एक साथ यूँ ही यात्रा करते हुए देखकर सभी पर्यटकों के चेहरे पर आश्चर्य था क्यों कि वे सभी अपने अपने ग्रुप में, अपने लोगों के साथ आये थे। सबके साथ बातचीत हो रही थी। खाना खाने की वजह से बदन में भी अब गर्माहट और ताक़त–सी महसूस हो रही थी। वहीं पर सबके साथ आधा घण्टा–एकाध घण्टा बातचीत कर हम अपने कमरे में लौट आये। ठण्ड की वजह से कुछ ज़्यादा हलचल करना सम्भव नहीं हो पा रहा था। बिस्तर पर जहाँ बैठे थे, वहाँ से उस गद्दानुमा ओढ़ने वाले क्विल्ट को जब हमने ओढ़ने के लिए खींचा तो वह बहुत भारी लगा लेकिन इतनी ठण्ड में, बाद में उसके उस वजन से हमें कोई ख़ास फ़र्क़ नहीं पड़ा, उल्टे उस गद्दे ने शरीर में ऊर्जा और गर्मी को बनाये रखा।

हमने होटल वाले को सुबह उठाने के लिए कह दिया और फिर उस वजनदार गद्दे के नीचे लेटते ही कब सो गये, पता ही नहीं चला।

सुबह होटल वाले ने नियत समय पर जगाया। हम तैयार होकर नीचे आये, तब 5.45 बजे थे। उजाला ही उजाला था। हमें बिल्कुल छह बजे निकलना था। आसपास के होटलों में बसे पर्यटकों की गाड़ियाँ भी तैयारी के साथ खड़ी थी। कल शाम को जब हम लाचेन पहुँचे थे तब अँधेरा होने की वजह से कुछ भी देख नहीं पाये थे। अब सुबह सब कुछ साफ़ दिखायी दे रहा था। आसमान भी साफ़ था। सूरज की किरणें पूरे आसमंत को रोशनी से नहला रही थीं। वह गुनगुनी धूप बड़ी सुहानी लग रही थीं। लाचेन उत्तरी सिक्किम का एक शहर है, जो कि 2750 मीटर की ऊँचाई पर स्थित है। लाचेन का अर्थ होता है 'बड़ा पास'। यह सिक्किम में चोपटा वैली और गुरु

डोंगमार लेक जाने के लिए महत्त्वपूर्ण स्थान है। यहीं से ये यात्राएँ सही मायने में शुरू होती हैं। लाचेन में सूर्योदय तो हुआ था लेकिन ठण्ड में कोई ख़ास कमी नहीं आयी थी। हम सब तरह के गर्म कपड़े पहनकर भी कँपकँपा रहे थे।

बिल्कुल 6.00 बजे हमारा कारवां चल पड़ा। लगभग 5–6 गाडियाँ थी। सिक्किम में बस आदि बड़े वाहन नहीं चलते बल्कि सूमो, बोलेरो, ट्रैक्स, जीप्स जैसे वाहन चलते है। हमारे कारवाँ में भी ऐसी ही गाडियाँ शामिल थी। उनमें से एक भी गाड़ी के यात्रियों से हमारा परिचय या पहचान नहीं था, लेकिन उस कारवाँ में वे हमारे हमसफ़र बन गये थे। पता नहीं...यह कौन–सी बात होती है कि जिनसे कोई परिचय नहीं, वे हमसफ़र बन जाते है, जबकि जिनके साथ ज़िन्दगी भर साथ निभाने का वादा होता है, जो अपने होते वे कभी भी, कहीं भी साथ छोड़कर चल देते हैं।

गुरु डोंगमार लेक, यह सबसे अनूठी बात सिक्किम में पायी गयी। 17800 फुट की ऊँचाई पर स्थित यह लेक दुनिया का एक मात्र लेक है जो इतनी ऊँचाई पर स्थित है। हालाँकि पूरा सिक्किम ही अनूठी बातों की भरमार है। लेकिन कुछ बातें ऐसी होती है, जिन्हें आपने सुना होता है, जहाँ जाना आपके लिए बहुत महत्त्वपूर्ण होता है या फिर उस स्थान पर जाये बग़ैर वह यात्रा या अनुभव पूरा हुआ, ऐसा नहीं लगता। सिक्किम में जब पहली बार आयी थी, तब गुरु डोंगमार लेक तक नहीं पहुँच पायी थी। प्रकृति का मनमुटाव कहिये या फिर हमारी कमज़ोरी कहिये, गुरु डोंगमार लेक तक जाना सम्भव नहीं हो पाया था। लेकिन इस बार तय किया गया था कि गुरु डोंगमार लेक को देखकर ही लौटेंगे।

हम फिर से उन टेढ़े–मेढ़े, घुमावदार रास्तों पर थे। हमारा रास्ता इतना टेढ़ा–मेढ़ा था कि पूरा शरीर हिचकोले खा रहा था। इस यात्रा में हमारा साथ दे रही थी, हिमालय की पहाड़ियाँ, जो सुबह की सूरज की किरणों के साथ चमक रही थी। हमारे सौभाग्य से, आसमान बिल्कुल साफ़ था, बहुत साफ़, नीला, नीला–सा!

परिणामस्वरूप यात्रा में कोई ज़्यादा तकलीफ़ नहीं हो रही थी, उन हिचकोलों के अलावा! ख़ैर, हमारा कारवाँ बढ़ने लगा। रास्ता सीधा था या यूँ कहिये, एक ही रास्ता था, एक–दो जगह रास्ते के मुड़ने का सवाल आया, तो कारवाँ के अन्य साथियों ने आगाह किया। ड्राइवर लोगों ने एक–दूसरे को पुकारकर अपनी नेपाली भाषा में वह रास्ता सही नही है, इसका एहसास दिलाया। हमारे कारवाँ के साथ 10–12 युवा लड़के–लड़कियाँ भी थीं, जो मोटर साइकिल पर सवार थी। पूरी तरह से तैयार–उनी कपड़ों में, कोट में लपेटी हुई। South East Summit के तहत उनकी यह यात्रा थी। बहुत ही बढ़िया महसूस हो रहा था। ये सभी युवा गैंगवाले लोग कोलकाता से आये हुए थे। सबके मोटर साइकिल पर उनका छोटा–सा झण्डा था। पीठ पर हैवर सैक, जो सामान से लदा फदा था। मोटर साइकिल के पीछे भी सामान का एक गट्ठर लदा हुआ था। काफ़ी लम्बी, तकलीफ़देह लेकिन उतनी ही चुनौतीभरी यात्रा उन्होंने अब तक की होगी। जमी हुई बर्फ़ से फ़िसलने वाली हवाओं की ठण्डी लहरों के साथ उनकी यात्रा चल रही थी। ये हवाएँ भी बड़ी तेज़ी से बहती रहती थीं। उनके साथ प्रतिस्पर्धा कराते हुए उतनी ही तेज़ी से उनकी दुपहिया चलती थी। वे लोग हरदम हमारे आगे चल रहे थे। रास्ता वैसा ही था, माहौल वैसा ही था। बीच रास्ते में कहीं ऊँचे उठे हुए पेड़ तो कहीं बहता पानी और मिट्टी के सहारे उग आये जंगली फूलों के पौधे और उन पौधों पर खिले हुए चटख़दार रंगों के फूल, सुहाना मौसम, एक ठण्ड के अलावा। लेकिन अब यह ठण्ड भी हमारे लिए बेहतरीन और मज़ेदार लगने लगी थी। हमारा शरीर उस ठण्ड से आदी होने लगा था। हम जब लाचेन से प्रस्थान कर पहाड़ियों पर चढ़ने लगे तो धीरे–धीरे सूरज भी बर्फ़ से ढँकी हिमालय की चोटियों से अपनी सुनहली किरणें फैलाता हुआ, ऊपर बढ़ रहा था। उन बर्फ़ीली चोटियों से परिवर्तित होकर उसकी सुनहरी किरणें एक अलग–सा समाँ बाँध रही थीं। हम जिस पृष्ठभूमि पर आगे बढ़ रहे थे, जहाँ पत्थर, मिट्टी और सफ़ेद रेत–जैसे माहौल के अलावा कुछ दिखायी नहीं दे रहा था,

वहाँ यह सुनहरी, स्वर्णिम आभा इतनी सुन्दर और मनोहारी लग रही थी कि उन चोटियों से नज़रें नहीं हट रही थीं। हमने ड्राइवर से गाड़ी धीरे चलाने का अनुरोध किया (हालाँकि उन रास्तों पर गाड़ी तेज़ चल ही नहीं सकती। सड़कों का ऊबड़–खाबड़पन इतना होता है कि गाड़ी धीरे ही चलती है)। लेकिन हम और भी धीरे आगे बढ़ना चाहते थे। ड्राइवर ने हमारी बात रख ली लेकिन यह भी जतलाया कि हमें 7.30 बजे तक वहाँ पहुँचना है, जहाँ से डोंगमार लेक जाने के लिए अनुमति देकर छोड़ा जाता है। फिर तो हमने अपने ड्राइवर बाबू से कहा कि, 'भई, चलो। आप उसी कारवाँ का साथ लेकर चलते रहो।'

फिर कारवाँ चलने लगा। सात–आठ गाड़ियाँ थीं, वे भी बड़ी दमदार और मज़बूत। उस माहौल में नाज़ुक या छोटी–सी गाड़ियाँ चल ही नहीं सकतीं। महिन्द्र और वैसी ही अन्य दमदार गाड़ियों का वह कारवां, ऊबड़--खाबड़ रास्ते से, पत्थरों, मिट्टी से टकराते हुए आगे बढ़ने लगा। कहीं पानी तो कहीं लोहे के पूल, कभी पानी के सोते तो कभी मिट्टी का रेला। हम चल रहे थे। बीच–बीच में सैनिकों के पड़ाव भी दिखायी दे रहे थे। एक चेक पोस्ट तो बहुत बड़ा था। जहाँ सैनिकों की पूरी बस्ती दिखायी दे रही थी। वहाँ घर थे, आँगन थे, खेल के मैदान, स्कूल के साथ प्रार्थना–गृह भी था। हालाँकि यह सब कुछ बड़ा सुरक्षित तरीक़े से सँभाला हुआ था। लोहे की बाड़ इस बस्ती के चारों ओर थी। सब कुछ इतना सलीके से सँभाला हुआ था कि एक ही सवाल बार–बार दिमाग़ में कुलबुला रहा था कि यहाँ, जहाँ मीलों किसी इन्सान का नामोनिशान तक दिखायी नहीं देता। बंजर भूमि का माहौल, पत्थरों से लदा–फदा परिसर, उजड़ा वीरान–सा परिसर, जहाँ परिन्दा तक दिखायी नहीं देता, ऐसे में कौन आयेगा, आक्रमण करने हेतु? लेकिन यह तो हम जैसे सुरक्षित जीवन जीने वाले लोगों के दिमाग़ में उठा हुआ सवाल था। देश की सुरक्षा का मुद्दा बहुत बड़ा होता है और वह भी तब जब सिक्किम जैसे राज्य के साथ, जिससे भूटान, चीन, तिब्बत की सीमाएँ सटी हुई हों। क्या लगता होगा, उन सैनिकों के परिवारों को, जहाँ कोई अन्य अलग

आदमी दिखायी नहीं देता हो, हम जैसे पर्यटकों के अलावा! वे भी ऐसे ही, आने,–जाने वाले!

लाचेन, लाचुंग के साथ नथुला पास वाला इलाका इन्हीं जवानों की मौजूदगी से चहल–पहल वाला बन गया है। यहाँ बंकर्स हैं। जो बाहर से दिखायी नहीं देते। सेना के जवान यहाँ पूरी मुस्तैदी के साथ डटे हुए हैं। गिरती बर्फ़, बारिश, उफनती हवाएँ, ऊबड़–खाबड़ रास्ते, ऊँची–नीची गिरती सड़कें, पहाड़ों के पत्थर, रास्तों की मिट्टी और साँय साँय करती हवाएँ, इनके अलावा, उन्हें और किसी का साथ मिलता है तो वह है हिमालय! उसकी ऊँची उठती शिखरों, चोटियों का साथ लेकर वे जवान भी उसी हिमालय की तरह डटे हुए हैं। सड़कों पर बर्फ़ की पर्त जमी है, पर्यटक, बेचारे जो बहुत दूर दूर से हिमालय दर्शन के लिए आये हैं, उनकी गाड़ियाँ, यहाँ बर्फ़ की वजह से चल नहीं पातीं। लेकिन चिन्ता मत कीजिये। सेना के जवानों की गाड़ी आती है और बर्फ़ को दूर कर आपकी गाड़ी को पार कर देती है।

सेना और स्थानीय लोगों का तो चोली–दामन का साथ है। यहाँ हर समस्या का समाधान देने के लिए सेना मौजूद रहती है। कोई स्थानीय बीमार हो गया, सेना का डॉक्टर उसकी चिकित्सा करता है। आप कहीं अटके हुए हैं, सेना के जवान वहाँ से आपको छुड़वा लेते हैं, आप कहीं फँस गये हैं, धान–राशन चाहिए, वह भी आप तक पहुँचाया जाता है। सेना की वहाँ की उपस्थिति और उपयोगिता को लेकर बहुत कुछ दिमाग़ में घूम रहा था, बहुत कुछ सोच में उथल पुथल मचा रहा था, लेकिन उन सब बातों की, इस सुरक्षा दलों की वहाँ की नियुक्तियाँ भी कितनी आवश्यक है, इसका एहसास भी था।

आदमी क्यों दूसरे की भूमि को हथियाना चाहता है, क्यों दूसरों पर आक्रमण करता है? इतना स्वार्थ, इतना अहं उसे कहाँ लेकर जाता है? क्यों हमें हमारी सुरक्षा के लिए सियाचिन जैसे या ऐसे ही कुछ दुर्दान्त मोर्चों पर सेना बलों को तैनात करना पड़ता है?

कितना ख़र्चीला होता है यह? कितने विकास के कामों में इस पैसे को लगाया जा सकता है! हालाँकि यहाँ मैं सिर्फ़ भारत की बात नहीं कर रही हूँ। अन्य देशों को, जो हमारी सीमाओं से सटे हैं, उन्हें भी इन्हीं हालातों से गुज़रना पड़ता होगा। उन्हें भी अपनी सेना पर इतना ही ख़र्च करना पड़ता होगा और यह सब किसलिए? ज़मीन के उस टुकड़े के लिए? जिसका निर्माण ना हमने किया है और ना हमारे पड़ोसी देश ने। इस ज़मीन का निर्माण किसी और ने किया है, आदमी तो सिर्फ़ आक्रमण कर हथियाना, क़ब्ज़ा करना जानता है। पहले बँटवारा, हर चीज़ का बँटवारा। यह मेरी ज़मीन, यह तेरी ज़मीन, ये मेरे लोग, ये तेरे लोग, यह मेरी सम्पत्ति–यह तेरी सम्पत्ति, यह मेरा पानी–यह तेरा पानी... यह बँटवारा सदियों से वह करता आया है। हवा का बँटवारा, वह अभी तक नहीं कर पाया। शायद आने वाले दिनों में वह भी हो जायेगा!

आक्रमण, बँटवारा यह सब कुछ किसलिए? उन बातों के लिए, जिसका निर्माण न उसने किया है, न ही उस निर्माण में उसका कोई योगदान है, न उसका उस पर हक़ है। लेकिन बावजूद इसके लड़ाइयाँ भी छिड़ जाती हैं कि यह भूमि का जो छोटा–सा हिस्सा है, जिस पर तुम खड़े हो, वह मेरा है, तुम वहाँ से हट जाओ। दूसरा आदमी कहता है, यह मेरा हिस्सा है और फिर रंजिश, झगड़े, मनमुटाव, मतभेद और अन्ततः लड़ाई, आक्रमण। जिसका निर्माण हमने किया ही नहीं है, उस पर हक़ ज़माने की यह कौन–सी अजीब–सी मानसिकता, आदमी ने अपने में पैदा की है, पता नहीं। लेकिन यह मानसिकता दुनिया के सभी लोगों में है। ख़ुद को बड़ा साबित करने की मानसिकता, दुनिया पर या दूसरे पर क़ब्ज़ा जमाने की मानसिकता! सच कहती हूँ, कितनी बार, सोचती हूँ इस मानसिकता के बारे में और हैरान–परेशान होने के अलावा, कुछ भी हाथ नहीं आता। सदियाँ बीत गयीं, पीढ़ियाँ नष्ट हो गयीं, पीढ़ियाँ बदल गयीं, लोग बदले, मानसिकताएँ बदलीं लेकिन इस विशिष्ट मानसिकता के बदलने के आसार नहीं दिख रहे है। यदि हमने निर्माण न की हुई

बातों के प्रति हमारी मानसिकता ऐसी है फिर जो बातें, जो चीज़ें हम निर्माण कराते हैं, उनके प्रति हमारा रवैया या मानसिकता क्या होगी? मैं फिर इस बारे में सोचकर ख़ुद को उलझाना नहीं चाहती। लेकिन एक बात उतनी ही सच है कि यह सूरत ही नहीं बल्कि सीरत बदलने की उतनी ही आवश्यकता है। सिक्किम की मेरी यात्रा पता नहीं ऐसी ही कुछ अनबूझ, अबूझ–सी उलझनों में बारम्बार उलझती रहती थी।

हमारा वह सात–आठ गाड़ियों का कारवाँ चल रहा था। अब तो सूरज की रोशनी ने पूरे आसमंत को लपेट लिया था लेकिन उन किरणों का ज़ोर ठण्ड पर नहीं पड़ रहा था। अब भी ठण्ड अपनी जवानी पर थी। चारों ओर की पहाड़ियाँ, बीच का पठारनुमा इलाका, सैनिकों की बस्तियों की वजह से एकाध कुत्ता भी नज़र आया, जो उस बस्ती के सहारे जी रहा होगा, उसे वहाँ से दाना पानी मिलता होगा। अन्यथा स्थानीय लोगों का वहाँ कहीं भी अता पता नहीं था।

लाचेन छोड़कर आधा घण्टा बीत चुका था। सामने थोड़ी दूरी पर कुछ घर दिखायी देने लगे थे। कोई छोटी--सी बस्ती या गाँव हो सकता है। लेकिन इतनी दूरी पर? कैसे आते होंगे, ये लोग? कैसे जाते होंगे? कैसे रहते होंगे? उनका खान–पान? क्या उगाते होंगे? क्या खाते होंगे? मैं सोच में डूबी थी कि अचानक हमारी गाड़ी रुक गयी। मैंने हड़बड़ाकर गर्दन उठायी। हम आर्मी के प्रथम चेक पोस्ट पर पहुँच चुके थे। आर्मी चेक पोस्ट तक पहुँचने के बाद जब गाड़ी से नीचे उतरे तो दो क़दम चलना भी हाँफने वाला ठहरा। क्यों कि हम यहाँ 14,000 फुट की ऊँचाई पर पहुँच गये थे और ऑक्सीजन की कमी की वजह से हमारा हाँफना जायज था।

मैंने वहाँ एक नेपाली सिपाही से बातचीत करने की कोशिश की। क्या यह ऑक्सीजन की कमी उन्हें महसूस नहीं होती? मेरे इस सवाल पर उसने हँसते हुए जवाब दिया कि जब शरीर यहाँ की आबोहवा से वाक़िफ़ हो जाता है तब तकलीफ़ नहीं होती। जब उसने वहाँ जॉइन किया था, उसे भी इस तकलीफ़ का सामना करना पड़ा था।

यहाँ इस चेक पोस्ट पर हमारे दस्तावेज़ों की जाँच की गयी। वहीं पर आर्मी मेस में चाय, कॉफी की भी व्यवस्था की जाती है। हमने अपने दस्तावेज़ चेक करवाये और फिर चल पड़े, आगे की राह पर, गुरु डोंगमार लेक की ओर! तकरीबन आधे घण्टे से ज़्यादा समय की यात्रा हमने की, जहाँ हमें सिर्फ़ बर्फ़, मिट्टी, पठार, पत्थर और पहाड़ी के अलावा कुछ भी नहीं दिखायी दिया। उसी हिचकोले भरी यात्रा के बाद फिर एक बार हमारी गाड़ी रुकने लगी। एक दुकाननुमा घर के आगे दो–तीन गाड़ियाँ (हमसे पहले पहुँची हुई) रुकी हुई थीं। हमारे ड्राइवर ने भी अपनी गाड़ी वहीं एक ओर लगा दी। मैंने नज़र घुमायी। रास्ते से सटकर दोनों ओर के जोड़कर सिर्फ़ सात–आठ घर थे। पता चला, यह थुंगा है। अन्तिम चेक पोस्ट थुंगा। यहाँ से अनुमति लेकर आगे बढ़ना था। लेकिन जब हम वहाँ पहुँचे थे तब सुबह के सिर्फ़ 7.05 बजे थे। 25 मिनट इन्तज़ार करना था क्यों कि चेक पोस्ट 7.30 बजे खुलता था। ठण्ड का अपना रंग खिल रहा था। गाड़ी के नीचे पैर रखने की इच्छा नहीं हो रही थी, लेकिन उस दुकाननुमा घर के पिछले हिस्से में एक सिगड़ी जल रही थी और उसके इर्द–गिर्द हमारे पहले पहुँचे हुए वाहनों की सवारियाँ अपने हाथ सेंक रही थीं। जमती हुई ठण्ड ने मुझे भी वहाँ बैठने के लिए मज़बूर किया। ज़्यादा जगह नहीं थी। पहले से लोग वहाँ बैठे थे लेकिन बैठे हुए लोगों में एक परिवार भी था जो स्थानीय था, उन्होंने एक–दूसरे को खिसकाकर मुझे बैठने के लिए जगह दी। सिगड़ी पर चाय का पानी उबल रहा था। मैंने अपनी हथेलियों को सिगड़ी की आँच पर सेंकते हुए ख़ुद को गर्मी के साथ जोड़ने का प्रयास किया। बढ़िया लग रहा था। वह ऊष्मा मुझे अच्छी भी लग रही थी। घर का वह पिछला हिस्सा था, जिसमें सिगड़ी की आँच की वजह से अच्छा लग रहा था, लेकिन ठण्ड थी कि ख़ुश होने का मौका ही नहीं दे रही थी। दुकान के ऊपरी हिस्से से होते हुए वह पिछले हिस्से में भी पसर रही थी और सिगड़ी की आँच थोड़ी भी कम होने पर हमें लपेट रही थी।

वह स्थानीय परिवार पहली बार गुरु डोंगमार लेक के दर्शन करने जा रहा था। वह उनका भगवान था और उसके प्रति उनकी असीम श्रद्धा थी। बावजूद इसके इतने सालों से वह गुरु डोंगमार लेक के दर्शन नहीं कर पाये थे। परिवार संभ्रान्त था। पति--पत्नी, उनकी बेटी और बेटी की मौसी। चार लोग थे। प्लास्टिक की एक थैली में उनके पास चूरा जैसी कोई चीज़ थी और वे उसमें बारी--बारी से हाथ डालकर खा रहे थे। उन्होंने मुझे भी लेने का आग्रह किया। 'पराये लोगों से खाने की चीज़ें स्वीकारनी नहीं चाहिए' अपने इस सावधानी के इशारे को ताक पर रखते हुए मैंने उनसे वह चूरा ले लिया और मुँह में फाँक दिया। गुड़ और सत्तू जैसा कुछ मामला था। बड़ा स्वादिष्ट लगा। उन्होंने अपने थैले में जो लड्डू के टुकड़े थे, उनमें से एक और टुकड़ा मुझे भी दिया। मैंने उसे भी खा लिया। लगा, शरीर में कुछ ऊर्जा पैदा हो गयी है। उन्होंने बताया कि कोर्नफ़्लेक्स यानी मकई की लाहियाँ, गुड़ और घी से बना यह लड्डू ठण्ड में शरीर में ऊर्जा पैदा करने का काम करता है और वह बहुत उपयोगी तथा फायदेमन्द होता है। मैंने उनकी कही हुई बात का अनुभव चन्द मिनटों पहले किया था। फिर उसी चौपाल पर जिस तरह ठण्ड के दिनों में जलते हुए अलाव के इर्द–गिर्द गप्पें हाँकने का दौर चलता है, ठीक उसी तरह सिक्किम और वहाँ के लोगों तथा खानपान के बारे में हम बातें करने लगे। इस दौरान चाय का भी दौर चला। कुछेक लोगों के लिए वहाँ की लड़की ने नूडल्स का नाश्ता भी बनाकर दिया। कुछ ही पलों में वहाँ बाईक सवारों का वह गुट भी पहुँच गया और उन्होंने ब्रेड और नूडल्स का नाश्ता भी किया। जो दो लड़कियाँ वहाँ का सब कारोबार संचालित कर रही थीं, वे बड़ी मुस्तैदी से अपने कार्य को अन्ज़ाम दे रही थीं। लोगों को गर्मागर्म चाय या नाश्ता परोसना, उनसे पैसे लेना। नाश्ता 30 रुपयों में मिल रहा था जबकि चाय 10 रुपये में! इतनी अन्दरूनी और दूरस्थ जगह पर वह गर्म पानी वाली चाय भी बड़ी सस्ती लग रही थी। जिस तरह से हमने लाचेन से यहाँ तक का रास्ता तय किया था, वहाँ गर्म पानी

भी 100 रुपयों से नीचे नहीं मिलना चाहिए था। साढ़े सात बजने वाले थे। हमारे ड्राइवर महोदय अनुमति लेने चेकपोस्ट पर पहुँच चुके थे। दस मिनट में वे लौट आये। तब तक हमने ठण्ड से टेढ़ी होती अपनी हाथों की उँगलियों हेतु हैंडग्लोव्ज ख़रीदे लिए। फिर से हम गाड़ी में बैठ गये। आगे की यात्रा शुरू हुई। अब भी रास्ता वैसा ही था। ऊबड–खाबड़, अंजर–पंजर ढीला करनेवाला! हमारे आगे पीछे वे बाइकर्स भी चल रहे थे। गुरु डोंगमार लेक को देखने का हमारा उत्साह, इन ऊबड–खाबड़ रास्तों पर भी कम नहीं हो रहा था। आसमंत में ऐसा कुछ भी नहीं था, जो आँखों को ठण्डक दे; सिर्फ़ पहाड़ियाँ, मिट्टी, पत्थर और कहीं कहीं झाँकने वाली बर्फ़। अब अन्तिम आर्मी चेक पोस्ट, गुरु डोंगमार लेक को जानेवाली हमारी अनुमति या अनुज्ञप्ति दिखाकर हमें आगे यात्रा करना था। बाहर के दृश्य में बढ़ती हुई गाड़ी के साथ कोई बदलाव या परिवर्तन नहीं दिखायी दे रहा था। वहीं काली–पीली–लाल मिट्टी की पहाड़ियाँ, बड़े–छोटे पत्थरों से अटा परिसर, पानी और जहाँ पानी नहीं, वहाँ बर्फ़, इसके अलावा कोई अन्य दृश्य नहीं था। हिचकोले लेते हुए गाड़ी रुकी तो हमने पाया कि हम आर्मी के अन्तिम चेक पोस्ट तक पहुँच गये हैं। हमारे आगे तीन गाड़ियाँ आकर रुकी थी। हम चौथे नम्बर पर थे। बारिश बरसकर थम गयी थी। रास्ता बिल्कुल गीला और कीचड से भरा था। गाड़ी का ड्राइवर काग़ज़ात लेकर उतर गया। उसे वे काग़ज़ात आर्मी अधिकारियों को दिखाकर उनसे अनुमति लेकर आगे बढ़ना था। वह आर्मी का चेक पोस्ट का थाना था। बड़ी संख्या में वहाँ आर्मी के सैनिक घूमते हुए, अपने कामों को अंजाम देते हुए दिखायी दे रहे थे। वहाँ आर्मी का रेस्तराँ भी था, जहाँ चाय, कॉफी मुफ़्त में दी जाती थी। हमें दायीं ओर 'टॉयलेट' का बोर्ड दिखायी दिया। स्त्री–पुरुष दोनों के लिए! हालाँकि आप बर्फ़ से गुज़र रहे होते हो, आपको प्यास नहीं लगती और आप पानी भी ज़्यादा नहीं पिते, अर्थात् 'ना' के बराबर! लेकिन आगे 'गुरु डोंगमार लेक' तक यात्रा करनी थी और मैं इन सभी तनावों से स्वयं को दूर रखना चाहती थी।

मैं गाड़ी से नीचे उतर गयी। ठण्ड के तेज़ रेले ने मुझ पर आक्रमण किया। 'अब तुम मेरे इलाके में हो, मैं जैसा चाहूँ, वैसा ही तुम्हें रहना होगा' शायद यही हिदायत वह देना चाहती थी लेकिन अब पीछे मुड़ना नहीं था। मैं टॉयलेट की ओर बढ़ने लगी। 15–20 क़दमों का फ़ासला था, रास्ता पार करने के बाद! लेकिन मेरी साँस फूलने लगी थी। जैसे–तैसे मैं वहाँ पहुँची लेकिन वहाँ पर्यटकों द्वारा की हुई गन्दगी देखकर मैं वहाँ से लौट पड़ी। गाड़ी तक आते–आते मेरा दम घुटने लगा था। मैं हाँफने लगी थी, जैसे कोई बड़ी पहाड़ी चढ़कर आयी हूँ, ऐसा महसूस हो रहा था। गाड़ी तक पहुँचने में दो क़दमों की दूरी थी लेकिन वे दो क़दम भी उठाने में दिल भर आया था। जैसे–तैसे मैं गाड़ी में बैठ गयी। हमारा ड्राइवर भी तब तक अनुमति के कागज़ात लेकर आया था। हमारी जाँच और कागज़ात पूरे होने तक वहाँ से 3–4 गाड़ियाँ निकल चुकी थीं। साथ में वे बाइकर्स भी एक के पीछे एक करते हुए तेज़ी से निकले।

पूरी समतल ज़मीन आगे दिखायी दे रही थी। चारों ओर पहाड़ियाँ थीं लेकिन वे भी मिट्टी और बर्फ़ से ढँकी हुई। मिट्टी, पत्थर, पानी के अलावा, जहाँ तक नज़र पहुँचे, वहाँ तक और कुछ दिखायी नहीं दे रहा था। बीच बीच में कहीं कहीं कुछ छोटे मोटे से कंटीले और आधे अधूरे पौधों का समूह दिखायी दे रहा था। पूरा माहौल एक अबूझ, वीराना लेकर फैला हुआ था, यह फैलाव भी विस्तृत था, मोटी चादर लेकर फैला हुआ–सा था। एक सफ़ेद–सी चद्दर पूरे माहौल पर ओढा दी गयी हो, ऐसा लग रहा था। पूरे माहौल पर रेत फैला दी गयी है, ऐसा महसूस हो रहा था। गाड़ी में ठण्ड फैली हुई थी, लेकिन बन्द दरवाज़े और खिड़कियों की वजह से उसका उतना एहसास नहीं हो रहा था। अन्तिम चेकपोस्ट पर गाड़ी से नीचे उतरने के पश्चात् साँस लेने में जो तकलीफ़ हुई थी वह अब कहीं ग़ायब हो गयी थी। चारों ओर फैले हुए वीराने में हमारे आगे की गाड़ियाँ भी घुमावदार रास्तों से होकर आगे बढ़ती हुई साफ़ साफ़ दिखायी दे रही थीं, हमारे पीछे भी चार–पाँच गाड़ियाँ आ रही थीं और आगे पीछे बाइकर्स भी थे।

सपाट तरीक़े से गाड़ियाँ चल रही थीं। वही तेज़ बहती हवाओं का संगीत और साथ में चलती हुई गाड़ियों की अपनी लय, पूरे माहौल में कहीं और कोई आवाज़ सुनायी नहीं दे रही थी। 'यहाँ परिन्दा भी पंख नहीं मार सकता' यह कहावत उस माहौल को सार्थक बना रही थी। उबड़ खाबड़ रास्ते से हिचकोले खाते हुए हम बढ़ रहे थे। आप बाहर देखो तो कही पीली मिट्टी या फिर काली मिट्टी से ढँकी ज़मीन, उस पर पीले, काले पत्थर और बीच बीच में उस पर बर्फ़ की नक़्क़ाशी! चेक पोस्ट से पहले एकाध याक भी दिखायी दिया था लेकिन यहाँ तो मिट्टी, पत्थर के अलावा और कुछ भी नहीं था। जहाँ भी नज़र डालो तो सिर्फ़ मिट्टी, पहाड़ियाँ, पानी और बर्फ़! सबसे आगे चलने वाली गाड़ी रुक गयी थी। हमने जानकारी लेनी चाही। ड्राइवर बाबू ने कहा, "हमारी भी गाड़ी अब यहीं रुकेगी। सामने जो सब कुछ नीला नीला दिखायी दे रहा है, वहीं गुरु डोंगमार लेक है।"

"क्या?" हमारा सवाल। उस सवाल में सब कुछ था। आश्चर्य, अबूझता और 'इतनी जल्दी' जैसा दूसरा सवाल! और दो गाड़ियों के साथ हमारी गाड़ी भी रुक गयी। ठण्ड का रेला और तेज़ हवाओं का झंझावात–सा, गाड़ी के नीचे पैर रखते ही हम पर आक्रमण करने के लिए जैसे तैयार ही बैठे थे। मैंने पैर पीछे खींच लिया। गाड़ी से उतर जाऊँ या नहीं? गाड़ी में बैठकर ही गुरु डोंगमार लेक को देखूँ? वैसे तो लेक ही देखना है, फिर यहाँ से देखूँ या गाड़ी से, क्या फ़र्क़ पड़ता है? पलभर में इतने सारे सवाल दिमाग़ में कौंध गये।

मैं फिर से गाड़ी में बैठ गयी और खिड़की से झाँककर देखने लगी। तीनों ओर से गुरु डोंगमार लेक पहाड़ियों से घिरा हुआ था। पहाड़ियाँ भी ठिगनी–सी लग रही थीं, लेकिन बर्फ़ से ढँकी थीं। हम जिस ओर से आये थे, वहीं एक छोर खुला दिखायी दे रहा था। शायद प्रकृति ने ही वह छोर खुला रखा था कि यह लेक देखने के लिए लोग आयें और इसकी अद्‌भुतता के कायल हो जायें। सचमुच गुरु डोंगमार लेक की अद्‌भुतता का एहसास उसके पास जाकर ही किया जा सकता है। तीनों पहाड़ियों के एक तिकोने से लेकर

तीसरी पहाड़ी के पग को धोता हुआ वह लेक अद्भुत जलाशय था। आसमान पूरा नीला नीला–सा था, पहाड़ियाँ पूरी सफ़ेद शफ़्फ़ाफ़ थी और इन सबका अक्स गुरु डोंगमार लेक में उतरा था। आधे से ज़्यादा लेक बर्फ़ से ढँका था। सफ़ेद बर्फ़ पूरी लेक पर अपनी सफ़ेद पर्त छोड़कर ठहर गया था। हमारी ओर से उस समतल भूमि का जो भाग दिखायी दे रहा था, उसी हिस्से में पानी था और उस पानी में पूरा नीला आसमान उतर आया था और पूरा पानी नीला–नीला हो गया था। वैसे देखा जाये तो गुरु डोंगमार लेक समतल भूमि से थोड़ी ऊँचाई पर ही स्थित है। जैसे वह ऊँचाई वाला भूभाग उसका सिंहासन हो और वहाँ उस सिंहासन पर बैठकर गुरु डोंगमार लेक अपना राज चलाता हो।

गाड़ी में बैठकर वह नज़दीकियाँ नहीं प्राप्त हो रही थीं। लग रहा था, कोई दुराव है, कुछ दूरी है जो मुझे उससे न मिलने की वजह बन रही है। मैंने तय किया कि उस दूरी को मिटाया जाये, गुरु डोंगमार लेक से मिल लिया जाये।

मैं गाड़ी से नीचे उतर आयी, दस–पन्द्रह क़दम चलकर गुरु डोंगमार लेक के किनारे तक पहुँच गयी। पूरा लम्बा–चौड़ा फैला हुआ जल स्त्रोत। नीला आसमान लेक में पूरी तरह से उतरा हुआ लेकिन पानी जमा हुआ–बर्फ़ बना हुआ था। चारों तरफ की पहाड़ियाँ बर्फ़ का अवगुण्ठन ओढ़कर खड़ी थी। मैं लेक को देख रही थी। हालाँकि लेक को पूरा देखना सम्भव नहीं था क्यों कि इस लेक की एक प्रदक्षिणा तक़रीबन दो घण्टों का समय लेती है। लेक का ऊपरी भाग बहुत बड़ा है और पहाड़ी के पीछे छुपा है, इसलिए पूरा लेक आपको दिखायी नहीं देता। मैं लेक के पास पहुँच गयी और पता नहीं कहाँ से वह ठण्डी हवा का रेला झट से आया और दुगुने ऊनी कपड़े, शॉल, स्वेटर, कानटोपी, ग्लोव्ज होने के बावजूद मुझे थर्राकर चला गया। मैं अपना कैमरा लेकर उस असीम अद्भुतता को क़ैद करने में व्यस्त थी, हाथ काँप रहे थे, पैर थरथरा रहे थे, साँस लेने में भी तकलीफ़ हो रही थी। लेकिन आँखें और दिल कुछ और चाहता था,

मुझे और नीचे उतरकर उस अद्भुतता को नज़दीक से कैद करना था, लेकिन कहा गया, "वहाँ नहीं जा सकते, यहीं से जो कुछ देखना है, देख सकते है।" एकाध ही मिनट हुआ होगा। वहाँ थोड़ी दूरी पर जो बाइकर्स ग्रुप आया था, उनमें से एक लड़का और लड़की को बेहोश होकर ज़मीन पर गिरते हुए मैंने देखा।

पूरे ग्रुप में हड़बड़ी मच गयी, सभी युवा बाइकर्स थे। शायद अनेक अभियान, यात्राएँ उन्होंने की होंगी। शेष दस–बारह युवा, उन बेहोश युवाओं को होश में लाने के प्रयास करने लगे। मैंने उनकी ओर जाने के लिए दो क़दम ही बढ़ाये होंगे, मुझे महसूस होने लगा कि मैं शायद आगे बढ़ नहीं पाऊँगी, मेरा दिमाग़ बिल्कुल हलका–सा हो गया है, पैरों में बिल्कुल ताकत नहीं है और शायद अब मैं गिर पड़ूँगी।

मैं ख़ुद को सावधान कर रही थी, "तुम्हें गिरना नहीं है, तुम गाड़ी तक जा सकती हो,' मैंने ख़ुद से कहा और मैं जैसे–तैसे क़दम उठाने लगी। बहुत भारी गुज़र रहा था, हर पल! मैं कभी इस ओर झुक रही थी, कभी उस ओर! लेकिन उस हालात में भी मैंने कैमरा पकड़कर रखा और क़दम बढ़ाना नहीं छोड़ा।

ड्राइवर मेरी स्थिति को जान गया था, उसने गाड़ी थोड़ी आगे बढ़ायी। मैं जैसे–तैसे गाड़ी में चढ़कर बैठ गयी। गर्दन पीछे टिकाकर मैंने दीर्घ साँस लेना शुरू किया। पाँच–सात मिनटों में मैं अपनी नॉर्मल स्थिति में आ गयी थी।

मैंने बाहर देखा, गुरु डोंगमार लेक के किनारे से दूर होकर वे बाइकर्स भी अब रवाना होने के लिए तैयार थे, वह लड़का और लड़की भी होश में आ चुके थे और उन्हें अब उनके साथ चलने वाली चार पहियों वाली गाड़ी में बिठाया गया था।

दो गाड़ियाँ लौटती राह पर अग्रसर हो चुकी थीं। अब मेरी समझ में आ रहा था कि हमारी बगल में खड़ी गाड़ी में सवार वे चार–पाँच वयोवृद्ध यात्री गुरु डोंगमार लेक के किनारे क्यों नहीं उतरे थे? काली, पीली मिट्टी, बीच बीच में पानी की वजह से घिस घिसकर

सफ़ेद हुए पत्थरों और उन पत्थरों से बनी सफ़ेद मिट्टी और उस पर यहाँ वहाँ फैली बर्फ़ की चद्दरें और कहीं न कहीं बहता पानी, इसके अलावा मीलों मील वहाँ कुछ नहीं दिखायी दे रहा था। न कोई पंछी, न कोई जानवर, न पेड़, ना पौधा। सिर्फ़ ज़मीन, पहाड़ और पानी। कहते हैं, चन्द्रमा पर भी यही सब कुछ है, मिट्टी, ऊँचाइयाँ और गहराई, पहाड़ियाँ और पानी। चन्द्रमा पर भी जीवन नहीं है। शायद गुरु डोंगमार लेक भी ऐसे ही पृथ्वी पर मौजूद चन्द्रमा के प्रदेश में स्थित है। वहाँ ऑक्सीजन की कमी होती है। इसलिए वहाँ आप ज़्यादा देर तक रुक नहीं सकते। ऑक्सीजन की कमी की वजह से आप बेहोश होकर, कोमा में भी जा सकते हैं, दिल का दौरा, ब्रेन हैमरेज, कुछ भी हो सकता है। वहाँ मौसम भी अपनी सनक में रहता है, बड़ा ही खब्ती होता है, मौसम यहाँ। हवाओं का ज़ोर यहाँ दोपहर 12 बजे के बाद बहुत बढ़ता है। ये हवाएँ अपनी सनक में यूँ चलती हैं कि उनके साथ कोई नहीं ठहर सकता। सिवाय वे पहाड़ियाँ, बर्फ़, ज़मीन और गुरु डोंगमार लेक।

गुरु डोंगमार लेक के बारे में अनेक किंवदन्तियाँ मौजूद हैं। थाँगु में हमारे साथ जो परिवार उस सिगड़ी की ऊर्जा लेने में शरीक हुआ था, वह सिलीगुड़ी का निवासी परिवार था। गुरु डोंगमार लेक उनका सर्वोच्च श्रद्धा स्थान था। उनके लिए उनका ईश्वर, भगवान सब कुछ गुरु डोंगमार लेक था। सालों से यह परिवार वहाँ सिलीगुड़ी में रह रहा है, लेकिन बावजूद इसके वे एक बार भी गुरु डोंगमार लेक नहीं आ पाये थे। 'इतने नज़दीक होकर भी आपने इतने सालों में गुरु डोंगमार लेक के दर्शन क्यों नहीं किये? और आज ही आपको यह दर्शन करने की इच्छा क्यों हुई?' मेरे इस सवाल पर उनका एक ही जवाब था, 'गुरु डोंगमार सबको नहीं बुलाता। वह जब बुलाता है तब ही वहाँ जाया जाता है।' और उनके अनुसार उनके लिए वह बुलावा आ चुका था और वे गुरु डोंगमार के दर्शन करने जा रहे थे।

सही कह रहे थे वे! अन्यथा सालों से सिलीगुड़ी में रहने के बावजूद वे गुरु डोंगमार लेक तक नहीं जा पाये थे और आज इस

विपरीत वातावरण में—हाँ, वहाँ अर्थात् पूरे सिक्किम में कहीं भी मौसम बदलने में वक़्त नहीं लगता। यहाँ मौसम के तेवर पलभर में बदलते रहते हैं। कभी धूप छन—छन करती है, आप उसका लुत्फ उठाने के लिए घर के बाहर दो क़दम चलते हैं, इतने में बादल घिर आते हैं, बिजली चमकने लगती है, कड़कने लगती है और देखते ही देखते मोटी मोटी बारिश की बूँदें बरसने लगती हैं। कभी—कभार वे बारिश की बूँदे, बर्फ़ की बूँदें बनकर भी बरसती हैं अर्थात् ओलावृष्टि! कभी कभार बर्फ़ भी झरने लगती है। जिस तरह रूई धुनकी जाती है और रूई के कण माहौल में तैरने लगते हैं, ठीक उसी तरह बर्फ़ भी झरने लगती है। माहौल को कड़कती ठण्ड लपेट लेती है और धूप का लुत्फ उठाने के लिए दो क़दम बाहर निकला वह सिक्किमी फिर से पीछे मुड़कर अपने घर में दुबक जाता है। मोटी—सी रज़ाई लेकर सुलगते हुए अलाव का आश्रय लेता है।

सभी ड्राइवर्स बताने लगे कि अब हवाओं का ज़ोर बढ़ने लगा है। साँय—साँय कर ज़ोरदार तरीक़े से बहती हवाओं का अनुभव हम बन्द गाड़ी में भी कर रहे थे।

'अब हवाओं का ज़ोर और बढ़ेगा।' हमारा नेपाली ड्राइवर मनीराम दूसरी गाड़ी के ड्राइवर को बता रहा था। 'अब चलना होगा, अन्यथा मिट्टी के तूफ़ान की वजह से कुछ दिखायी नहीं देगा।' दोनों की बातचीत हमारी समझ में आ रही थी, क्योंकि नेपाली और हिन्दी, दोनों भाषाओं में बहुत—सी समानताएँ हैं।

एक—दूसरे से बात करते हुए वे दोनों भी अपनी अपनी गाड़ियों की ओर बढ़ गये थे। अब गाड़ियाँ वापसी के रास्ते पर मुड़ रही थीं। पीछे गुरु डोंगमार लेक की अथाह जलराशि थी, जिसकी थाह पाना असम्भव था। क्यों कि यह लेक ज़्यादातर समय बर्फ़ में ढँका रहता है, एकाध ही हिस्सा हमेशा पानी के रूप में होता है। इस बारे में भी एक कहानी बतायी जाती है।

तिब्बत से भारत लौटते हुए गुरु पद्मसम्भवा द्वारा इस लेक को उपासना के लिए उचित और पवित्र पाया गया लेकिन यह लेक

पूरे साल बर्फ़ से ढँका रहता है, ऐसा वहाँ के निवासियों ने बताया और गुरु पद्मसम्भवा से अपना दुखड़ा भी रोया कि उनके लिए पीने के पानी की समस्या बहुत बड़ी है। गुरु ने लोगों को आश्वस्त किया और अपनी हथेलियों को लेक के कुछ हिस्से पर धर दिया। कहा जाता है कि गुरु पद्मसम्भवा ने जितने हिस्से पर हथेलियाँ धर दी थीं, लेक का उतना हिस्सा कभी भी बर्फ़ से जमता नहीं। इस तरह से गुरु पद्मसम्भवा ने लोगों की पीने के पानी की समस्या हल कर दी। साथ ही गुरु पद्मसम्भवा के हस्त स्पर्श से वह पानी पवित्र हो गया और इसलिए लोग उस पानी को बहुत पवित्र मानते हैं और जिस तरह लोग गंगा नदी से गंगा जल को साथ लेकर आते हैं, उसी तरह यहाँ लोग गुरु डोंगमार लेक का पानी भी साथ लाये हुए बर्तनों, बोतलों में भरकर ले जाते हैं।

दूसरी कहानी यह भी कहती है कि 15वीं शती में सिखों के गुरु नानक देव जी तिब्बत से लौटते हुए इस लेक से होते हुए गुज़र रहे थे तब गुरु डोंगमार गाँव के लोगों ने नानक देव जी से पीने के पानी से सम्बन्धित अपनी समस्या उनके समक्ष रखी क्यों कि गुरु डोंगमार लेक वहाँ होने के बावजूद पूरे साल भर के लिए वह बर्फ़ से जमा रहने की वजह से वहाँ पीने के पानी की समस्या थी। कहा जाता है कि गुरु नानक देव जी ने अपनी छड़ी लेक पर धर दी। लेक के जितने हिस्से पर उन्होंने छड़ी धर दी थी, लेक का उतना हिस्सा बर्फ़ से जमता नहीं। गुरु नानक देव जी ने यह भी ऐलान कर दिया कि इस पवित्र लेक का पानी सबको हिम्मत और ताक़त देगा। परिणामस्वरूप इस लेक के पानी को लोग साथ लेकर आना पवित्र समझते हैं।

वहाँ विवाद की स्थिति तब निर्माण हुई जब सिक्ख रेजिमेंट ने वहाँ गुरुद्वारा बनवाया। यह विवाद काफ़ी सालों तक चला। इसका हल भी निकाल लिया गया। निकाले गये हल के अनुसार वर्तमान में यह लेक बौद्ध धर्मियों का पवित्र स्थल माना जाता है, लेकिन गुरु डोंगमार लेक के प्रति हिन्दू, बौद्ध और सिक्खों की समान श्रद्धा है।

इस श्रद्धा को कोई भी विवाद डिगा नहीं सकता। यहाँ सभी धर्मों, जातियों के लोग आते हैं और प्रकृति के इस अजूबे के सामने नतमस्तक होते हैं।

हम गुरु डोंगमार लेक से लौटने लगे थे, हम लौट रहे थे। शायद हमारे आने से गुरु डोंगमार की समाधि, शान्ति में खलल पड़ गया होगा। शायद इस निस्तब्ध, नीरव माहौल में गाड़ियों या लोगों की आवाज़ें यानी किसी ने काँच पर या बर्तनों पर खरोंचें करना होगा। गुरु के लिए यह व्यवधान यानी उसकी ध्यानधारणा में व्यवधान, खलल! उसे गुस्सा आना जायज़ था और शायद 10–15 मिनटों से ज़्यादा समय के लिए इस व्यावधान का होना, उसके लिए असहनीय होता होगा और फिर तेज़ी से चलती ठण्डी हवाओं के ज़रिये वह अपने गुस्से को व्यक्त करने लगता होगा। हमारे लिए वे हवाएँ असहनीय थीं, वहाँ का माहौल हमें घुटन दे रहा था... कह रहा था–''अब बस हो गया, चलते बनो यहाँ से...तुम लोगों को शान्ति से रहना, आवाज़ किये बिना रुकना नहीं आता।" फिर शुरू हो जाता है, तूफ़ान सदृश हवाओं का रेला, जो आदमी को डराता, आतंकित करता है, कँपकँपाता, थर्राता है, तकलीफ़ देता है और उसे वहाँ से लौटने के लिए मजबूर करता है। वही हुआ था, हवाओं का ज़ोर बढ़ने लगा था, हमारी गाड़ी के पीछे वह धूल का रेला हम देख रहे थे, जो गुरु डोंगमार के किनारे से होकर तेज़ी से आगे बढ़ रहा था। हमने उस असीम शान्ति, अथाह जलराशि, जमी हुई बर्फ़, पहरेदार पहाड़ियों, सफ़ेद बर्फ़ के चद्दरों से ढँकी मिट्टी को और सदियों से समाधिस्थ गुरु डोंगमार लेक को सादर प्रणाम किया और उस असीम शान्ति को अपने तन–मन में भर लेने हेतु दीर्घ उसाँस भर सामने रास्ते पर नज़रें टिका दीं। फिर एक बार हम उस स्वर्गीय, दैवी वातावरण से दूर जा रहे थे। फिर एक बार हम अपनी कठोर वास्तविकता की ओर लौट रहे थे, जो हमारे लिए ज़रूरी था, निहायत ज़रूरी!

चुनथांग

सिक्किम के उत्तरी मुख्यालय मंगन से उत्तर की ओर 30 कि.मी. की दूरी पर चुनथांग है। गंगटोक से 100 कि.मी. की दूरी पर यूमथांग जाने के रास्ते पर चुनथांग पड़ता है। लाचेन चु (तीस्ता) और लाचुंग चु इन दो नदियों के संगम पर चुनथांग बसा हुआ है और 5200 फीट की ऊँचाई पर स्थित है। यहाँ से आप लाचेन और लाचुंग वैली, दोनों ओर जा सकते हैं। बीच की यह वैली गुरु रिम्पोचे के आशीर्वाद से पावन हुई है, ऐसा माना जाता है। चुनथांग की प्राकृतिक सुन्दरता देखते ही बनती है। यहाँ प्रकृति अपनी सुन्दरता को विभिन्न प्रकार की ऑर्किडस की रंग–बिरंगी प्रजातियों, पौधों तथा जंगली जानवरों के ज़रिये दिखाती है।

चुनथांग में एक बड़ा–सा पत्थर है, जिसे देखना, उसका दर्शन करना पवित्र माना जाता है। कहा जाता है, गुरु पद्मसम्भवा ने इसी पत्थर पर आराम फरमाया था और अपने कदमों के निशान भी वहाँ छोड़े थे। इस पत्थर पर एक जगह ऐसा खाली स्थान है जो हर पल बसन्त के पानी से भरा रहता है। इसी पत्थर से सटकर ज़मीन का एक लम्बा–सा दुकड़ा दिखायी देता है। इस ज़मीन के टुकड़े पर वैसे तो सिक्किम का परिवेश या आबोहवा को देखकर धान उगना नहीं चाहिए लेकिन यह ज़मीन का टुकड़ा वहाँ के माहौल के विपरीत धान की उपज देता है।

कहा जाता है, जब गुरु पद्मसम्भवा यहाँ आये थे तब उन्होंने इस भूमि पर मुट्ठी भर धान लेकर उसे फैला दिया था। तब से कहा जाता है कि इस भूमि पर धान पैदा किया जाता है, निरन्तर रूप से तथा नियमित रूप से!

यूमथांग

'लुंगटा' इस शब्द का तिब्बत में शाब्दिक अर्थ है 'वायवीय घोड़ा'। तिब्बती, बौद्ध धर्म का अभिन्न अंग है। गरुड़ की तरह एक काल्पनिक प्राणी के रूप में 'लुंगटा' जाना जाता है। जो वास्तव में जीवन,

जिजीविषा, ऊर्जा का प्रतीक है, पंचतत्त्व में यह वायु का प्रतीक है, जीवन धारणा का एक अभिन्न अंग है। शायद इसलिए इसे इन ध्वजाओं में आँका जाता है। प्रार्थना मन्त्रों के साथ, इन ध्वजाओं को पहाड़ों की गोद में लगाया जाता है, इस आशा के साथ कि ये ध्वजाएँ इन प्रार्थनाओं को अश्व गति से, पहाड़ों से बढ़ने वाली हवाओं में घुलकर, आत्माओं, लोगों को स्वर्ग के दरवाज़े तक ले जायें।

सिक्किम के पूरे सफर में ये ध्वजाएँ और लुंगटा की कहानी, हमारे साथ साथ चलने लगती है। ध्वजाओं के चटख रंग दिल को ऊर्जा से भर देते हैं।

सुबह 7 बजे हम निकल चुके थे, यूमथांग वैली की ओर! कुछ नया देखने की ललक थी, उत्साह था, ठण्ड लग रही थी, मुम्बई वालों क़े लिए यह ठण्ड यानी जानलेवा दौरा। पर कुछ नया देखना था...हम तैयार हुए, निकल पड़े।

रास्ता वैसा ही था। घुमावदार, टेढ़ामेढ़ा। लाचुंग के बाहर ही सेना का बहुत बड़ा अड्डा–मराठा इन्फेन्ट्री दिखायी दी। ज्ञात हुआ तकरीबन 800 सैनिक वहाँ होते हैं मुस्तैद–राजा शिवाजी का फोटो, उनके सिपहसालारों की वीरता को बयाँ करने वाले पोस्टर्स! बहुत ही शानदार, सलीक़ेदार! इतनी सेना, एक ही पोस्ट पर? ऐसा सोच रहे थे कि आगे ऐसे कितने ही अड्डे दिखायी दिये, कितने ही सैनिकों से हम रूबरू हुए! प्रकृति यहाँ भी मुस्कराती है, लेकिन ऑलिव ग्रीन वर्दी में! उनसे 'जय हिन्द' कहना बड़ा अच्छा लग रहा था। उनके मुस्कराते चेहरे देखना, एक सुकून था–हाँ भाइयों, आप वहाँ इस तरह से डटे रहते हो, इसलिए हम यहाँ सुक़न और शान्ति से सो सकते है। तुम्हें वन्दन!

तो हम चल निकले यूमथांग वैली की ओर...माहौल में साफ़–सुथरापन था। हवाएँ भी अपनी औकात में थीं। सूरज की किरणों ने ठण्ड में भी ऊर्जा भर दी थी। बर्फ़बारी के कारण पूरे रास्ते में हरदम हमारा साथ दे रही थी, वह सफ़ेद शफ़्फ़ाफ़ बर्फ़! कहीं कहीं पूरे रास्ते पर बर्फ़ जमी हुई थी। ज्ञात हुआ कि सुबह सैनिकों द्वारा

उस बर्फ़ को रास्ते पर से हटाया जाता है और वाहनों के यातायात के लिए सड़क खुली की जाती है। अर्थात् यह काम भी सेना के जवानों द्वारा किया जाता है। सिक्किम में दो बातों को लेकर मैं अभिभूत हूँ और अचम्भित भी!

एक बात है, जो महत्त्वपूर्ण है और अत्यन्त महत्त्वपूर्ण भी है और वह है, प्रकृति की व्यापकता, विराटता और प्रचंडता! यह विराटता इतनी विराट और प्रचण्ड है कि हम उसकी कल्पना भी नहीं कर सकते और दूसरी बात उतनी ही महत्त्वपूर्ण या बल्कि अत्यन्त महत्त्वपूर्ण है और वह है, वहाँ का इन्सान! पता नहीं किस मिट्टी से बना है, वह! यूमथांग वैली की ओर यात्रा करते समय, यह बर्फ़ का रास्ते पर होना, एक बात थी लेकिन दूसरी महत्त्वपूर्ण बात यह थी कि हिमालय की पहाड़ियों से सटा हुआ मोटरेबल रास्ता, पता नहीं कब नदी के पात्र में तब्दील होता था और पता नहीं कब हमारे लिए रास्ता बन जाता था।

हिमालय की पहाड़ियों पर जमीं बर्फ़ जब पिघलती है, तब उस पानी का उतना ही विराट स्रोत रास्ते में आने वाले बड़े बड़े पत्थरों तथा बड़े बड़े पेड़ों को उखाड़ते हुए आगे बढ़ जाता है। उस स्रोत के आगे कुछ नहीं टिकता। वहाँ पेड़ों का बड़ा–सा क्षेत्र यूँ ही उखड़कर फैला हुआ दिखायी देता है। इन पेड़ों को जन्म देने वाली यह प्रकृति यहीं, उसकी मौत का कारण भी बन जाती है। जो बनाता है, वही मिटाता है। कितनी त्रासदी, कितनी तकलीफ़! कितना बनना, कितना बिगड़ना।

लाचुंग से यूमथांग जाने वाला रास्ता, दोनों ओर रोडेडेंड्रॉंस के फूलों के पौधों को लेकर चलता है। हमें फूल तो नहीं दिखायी दिये, लेकिन तीस्ता के साथ साथ गुज़रते हुए हमने रोडेडेंड्रॉंस की कलियों को खिलते हुए देखा। हमारे लिए इस बार बर्फ़ भी साथ दे रही थी। सुहावना मौसम, धूप और बर्फ़ के साथ प्रकृति की सुन्दरता–बेहतरीन अनुभव है। वहाँ कुछ समय हमने बर्फ़ के साथ और दूर से सुहावना दर्शन देती हिमालय की चोटियों के साथ गुज़ारा।

वैसे लगभग 12000 फीट की ऊँचाई पर स्थित इस यूमथांग वैली में गर्म पानी के झरने हैं। हालाँकि यह जगह बहुत ठण्डी है, सब यहाँ ठिठुरते रहते हैं। बावजूद इसके इसी जगह पर ये गर्म पानी के झरने? कल्पना से परे लगती है, यह बात! लेकिन यह सच है, ख़ालिस सच। यूमथाँग वैली वैसे तो समतल भूपृष्ठ पर बसी है, लेकिन इसके चारों ओर जो पहाड़ियाँ हैं, वे बर्फ़ से ढँकी और आसमान को छूती हुई दिखायी देती हैं। लाचुंग से यूमथाँग वैली तक का रास्ता बहुत ही सुन्दर और दर्शनीय है क्यों कि इस वैली में मई में रोडेडेंड्राँस के फूल खिलते हैं। यहाँ ये फूल विभिन्न आकर्षक रंगों में खिलते हैं और वैली को स्वर्ग बनाते हैं। इस स्वर्ग में देवों का निवास है या नहीं पता नहीं लेकिन यहाँ लोगों का निवास ना के बराबर है। कुछ याक पालने वाले होते हैं पर वे यहाँ वहाँ दिखायी नहीं देते। कुल मिलाकर यहाँ सिर्फ़ ज़मीन, बर्फ़, बहती हवाएँ, पानी, जंगल और रोडेडेंड्रोस के फूल, इनके अलावा कुछ नहीं होता।

उत्तरी सिक्किम में स्थित यह यूमथाँग घाटी अपनी हिमालयीन सुन्दरता और अपने रंगबिरंगे फूलों के लिए जानी जाती है। आप सिक्किम गये हों और वहाँ आपने बर्फीली पहाड़ियों, बहते पानी के बीच चलते रास्ते से गुज़रते हुए यूमथांग वैली या घाटी नहीं देखी, तो फिर आप बहुत बड़े मौके से चूक गये थे। यूँ कहिये कि आपने सही मायने में सिक्किम की सुन्दरता का लुत्फ़ नहीं उठाया। हालाँकि यूमथाँग का दूसरा नाम ही फूलों की घाटी (वैली ऑफ फ्लॉवर्स) है। यहाँ फरवरी के मध्य और जून तक जायेंगे तो एक नयी दुनिया आपके सामने खुल जाती है। इस नयी दुनिया में आपके सामने रंगीलापन है, बर्फ़ तो होती ही है, लेकिन वह भी पहाड़ियों के सिर पर और कहीं कहीं। सामने से यूमथाँग और यूमथाँगचु नदी का कलकल करता बहता पानी, यह नदी यूमथाँग से होकर लाचुंग तक चलती है। गर्म पानी का झरना, याक और आपको घेरता जंगल इन सबके बीच में यूमथांग वैली की सुन्दरता देखते ही बनती है। यहाँ इस वैली को सुरक्षित रखा गया है। यूमथांग वैली शिंगबा रोडोडेंन्ड्रोन अभयारण्य है

और इसमें चौबीस से भी ज़्यादा रोडोडेंन्ड्रोन की प्रजातियाँ है। जब मार्च तक ये रोडोडेंड्रोन फूलने लगते है तब पूरी घाटी, लाल, नारंगी, बैंगनी, पीले और सफ़ेद रंगों के फूलों से इन्द्रधनुष की तरह चमकने लगती है। सिर्फ़ रोडोडेंड्रोन नहीं लेकिन अन्य अनेक क़िस्मों के जंगली फूल भी यहाँ आप देख सकते हैं। ग्रीष्म ऋतु में यहाँ सैलानियों की भीड़ उमड़ती है और यह पूरा परिसर लोगों की आवाज़ाही, भीड़, आवाज़ों से भर जाता है। हालाँकि भीड़ यहाँ इसी मात्रा में बढ़ती जायेगी तो जिस प्राकृतिक सुन्दरता के कायल होकर लोग वहाँ जाते हैं, शायद वह प्राकृतिक सुन्दरता का ह्रास होना भी सम्भव है, लेकिन ये हुईं बाद की बातें। वर्तमान की सुन्दरता को भविष्य की कल्पना से मलीन क्यों करना? लेकिन ग्रीष्म ऋतु में यहाँ की सुन्दरता और रंगीनता देखते ही बनती है। यह ऐसा नज़ारा होता है जो आँखों और मन मस्तिष्क को बाग बाग कर देता है। इसी ग्रीष्म ऋतु के दौरान यहाँ के ग्रामीण अपने मवेशियों को लेकर और ऊँचाई पर पहुँच जाते है, जिससे उनके मवेशियों को पर्याप्त मात्रा में हरी खाद मिले, इस प्रथा को वे 'यायलांग' नाम से जानते हैं।

यूमथाँग से आगे 23 कि.मी. कि दूरी पर यूमेह–सैम–डोंग का गर्म पानी का झरना सेबु–चू नदी के किनारे स्थित है। सेबु–चू नदी, पर्वत की तलहटी से बहती है और लाचुंग तथा लाचेन वैली को जोड़ने वाले डोंकियला पास के पास मौजूद है।

जीरों पॉइंट

यूमेह–सैम–डोंग (yume-sam-dong-zero point) 15,300 फीट की ऊँचाई पर बसा यह स्थान सिर्फ़ विराट पत्थर, मिट्टी, पत्थर और बहते जल के लिए ही जाना जाता है क्यों कि यहाँ इन्सान या जानवर या कोई परिन्दा भी पर नहीं मारता अर्थात् वहाँ कोई ज़िन्दा प्राणी नहीं होता। कहा जाता है कि इसके बाद हिमालयन पर्वतराशियों के अलावा और कुछ भी नहीं है। बहुत ही सुन्दर जगह है यह! जहाँ सिर्फ़ हवाएँ चलती हैं और बेहतरीन ठण्डा पानी बहता है,

जो बिल्कुल साफ़–सुथरा और स्वच्छ होता है, जिसमें आप अपना मुँह देख सकते हैं और पानी की तलहटी देख सकते हैं।

इस बार यहाँ जाने का पूरा रास्ता 13700 फीट के बाद पूरी तरह बर्फ़ से ढँका हुआ था। गाड़ियाँ अटक रही थीं, फ़िसल रही थीं। ऐसे में लोग 'जीरो' पॉइंट को भूलकर वहीं पर उतरकर बर्फ़ में खेल रहे थे। बच्चे तो वहीं पर प्लास्टिक बिछाकर बैठ गये। बर्फ़ के गोले बनाकर एक–दूसरे पर फेंकने लगे। बहुत ही बेहतरीन माहौल था। वहीं पर एक लड़की अपना स्टोव जलाकर लोगों को गर्मागर्म चाय–कॉफी, उबले हुए चने बेच रही थी। इतनी ऊँचाई पर आपको 20 रुपये में गर्मागर्म कॉफी और 30 रुपये में उबले हुए चने मिल जाये तो और क्या चाहिए? बड़ा ही सुहावना और बेफिक्र माहौल था। बर्फ़ की सफ़ेद चद्दर सब जगह फैली हुई थी और यह बर्फ़ भी इतनी सफ़ेद की सफेदी भी शरमा जाये।

हालाँकि यहाँ जाने से पहले लोगों ने यहाँ तक कहा था कि वहाँ आपको पत्थर और पानी के सिवाय कुछ देखने को नहीं मिलेगा। उनका कहना भी गलत नहीं था, लेकिन हम भी अपनी बात पर अड़े हुए थे कि देखते हैं, 'जीरो पॉइंट' के पत्थर और पानी कैसा होता है? 'जीरो पॉइंट' तक अर्थात् उस बिन्दु तक आपकी गाड़ी बिल्कुल आपको पहुँचा देती है। सामने देखने पर लगता है कि रास्ता अब यहाँ आकर ख़त्म हो चुका है। हालाँकि इस बात का एहसास या अनुभव हमने 'कटाव' में भी किया था लेकिन 'कटाव' ऊँचाई पर था। वहाँ पहाड़ी के बाद आसमान और आगे कुछ भी नहीं, ऐसी स्थिति थी लेकिन यहाँ बात दूसरी थी। यहाँ एक जगह 'जीरो पॉइंट' का बड़ा–सा बोर्ड लगा हुआ था। पेड़, पौधे या घास का यहाँ कोई नामोनिशान नहीं था। हड्डियों को कँपाने वाली ठण्ड ने गाड़ी से पैर नीचे रखते हुए ही हम पर क़ब्ज़ा कर लिया था। उस पर तेज़ी से बहती हवाएँ और वे भी अति ठण्डी। हम काँप रहे थे। कोई बात मुँह से निकलने से पहले भाप होकर माहौल में गुम हो रही थी। बात करना मुमकिन नहीं था। हम बात ही नहीं कर पा रहे थे।

यहाँ मिट्टी भी दिखायी नहीं दे रही थी या यूँ कहिये 'ना' के बराबर थी। हवाओं की रफ़्तार इतनी तेज़ थी कि आ़समंत में सिर्फ़ उनके बहने की आवाज़ें ही सुनायी दे रही थीं। पत्थरों का क्या कहना? वे तो लाल और ज़्यादातर पीले रंग में कंचों के आकार से लेकर पहाड़ों के आकार में मौजूद थे। एक पत्थर, जो बिल्कुल कोने में खड़ा था, वह किसी पहाड़ी से कम नहीं था। एकाध पत्थर इतना बड़ा हो सकता है? यह सवाल हमने सिर्फ़ ख़ुद से किया क्यों कि उस पत्थर से भी बड़े पत्थरों से हमारा सामना होने वाला था। हमने उस पीले और कहीं कहीं लाल धारी वाले पत्थर के साथ ख़ुद के बौनेपन पर हँसते हुए अनेक फोटो ले लिए। उसी कॉर्नर की दूसरी ओर एक छोटी सी, ठिगनी–सी पहाड़ी की लम्बी लाइन दिखायी दे रही थी और वह ठिगनी पहाड़ी भी छोटे बड़े पत्थरों, मिट्टी से लदी–फदी थी। पूरी पहाड़ी पर कोई पौधा, हरापन दिखायी नहीं दे रहा था। उस ठिगनी–सी पहाड़ी के पैरों को धोते हुए पानी का एक बड़ा–सा प्रवाह बह रहा था। प्रवाह भी बड़ी तेज़ी से बह रहा था और उसका उद्‌गम ना तो हमें दिखायी दे रहा था और ना ही उसे हम देख पा रहे थे, लेकिन उसके लहरों की वह कलकल उस बिल्कुल शान्त माहौल में एक नया संगीत पैदा कर रही थी। उस जलस्रोत की वह कलकल और हवाओं की तेज़ रफ्तार की साँय–साँय, पूरे माहौल में प्रकृति का एक नया संगीत लहरा रहा था। उस संगीत में अनोखी लय थी, एक मधुरता भी थी और साथ में एक रहस्यमयी बात भी थी। वह संगीत उस पूरे माहौल को एक अलग पहचान, नाम दे रहा था। 'जीरो' यानी 'शून्य'। वैसे देखा जाये तो इस ब्रह्माण्ड को भी 'शून्य' माना जाता है। यह 'शून्य' ही है जो पूरे आसमंत, जीवन, प्रकृति और मानव को भी अपने इस घेरे में रचाता, बसाता है, साथ लेकर चलता रहता है। यह 'शून्य' ही जीवन को चलाता है, आगे बढ़ाता है। लेकिन 'शून्य पॉइंट' का जीवन कुछ अलग था। वहाँ की वह रिक्तता, खालीपन की कोई व्याख्या नहीं की जा सकती। यदि आप वहाँ ज़्यादा देर रुकते हैं, तो लगता है, आप में भी वह रिक्तता, खालीपन उतरता जा रहा है।

मेरे ख्याल से अपने में मौजूद रिक्तता, खालीपन, अपनी 'शून्य' यथार्थता को यहाँ हर पल, हर बिन्दु पर आपको महसूस कराया जाता है। हमारा घमंड, हमारा गर्व, 'हम बहुत कुछ हैं' की हमारी भावना, हमारे 'मैं' को भरभराकर ढहाने का काम सिक्किम के हर स्थान द्वारा किया जाता है। जहाँ मानवीय मौजूदगी है, वहाँ यह काम शायद कम किया जाता हो लेकिन जहाँ सिर्फ़ प्रकृति ही प्रकृति है, विराटता, विशालता है, वहाँ हमारा बौनापन, वहाँ हमारा अस्तित्व 'ना' के बराबर होता है। हम ठहरे सांसारिक, पारिवारिक लोग। हमारे लिए अपना अस्तित्व, हमारा अहं, हमारा होना बहुत मायने रखता है। 'शून्य पॉइंट' जैसा स्थान–यह स्थान, यह माहौल हमें घेर लेगा, अपने में कर लेगा, इस एहसास से हम डर जाते हैं और फिर उस खालीपन से अपनी उस छोटी–सी दुनिया की ओर लौट जाना चाहते हैं। या यूँ कहिये उस छोटी–सी दुनिया की पुकार हमें अपनी ओर खींच लेती है और हम अपनी भौतिकता में लौट आते हैं।

मेरे साथ भी कुछ वैसा ही हो रहा था। वह 'शून्य' मुझे अपने में शामिल करने हेतु बुला रहा था जबकि मेरी गाड़ी, मेरे साथ वाले लोग, मुझे अपने साथ ले जाने के लिए तैयार थे। मेरा मोह मुझे खींच रहा था जबकि मेरी अन्तरात्मा वहीं बस जाने के लिए आकुल, व्याकुल थी। इस ऊहापोह में अन्ततः मेरी भौतिकता जीत गयी।

हालाँकि यह उचित भी था और सार्थक भी था। मेरा वहाँ रहना, उस प्रकृति के साथ बस जाना, प्रकृति के लिए भी मंजूर नहीं होता। उसकी उस प्रकृतिता में मेरी ओर से डाली गयी खलल किस आधार पर उन्हें मंजूर होती? मेरी उतनी औकात भी नहीं थी। 'शून्य पॉइंट' पर आप ज़्यादा देर रुक नहीं सकते क्यों कि ऑक्सीजन की कमी वहाँ भी महसूस होती है। साँय साँय चलती ठण्डी हवाएँ भी आपकी हड्डियों को गलाने के लिए काफ़ी होती हैं। पैर और हाथों की उँगलियाँ ठण्डी पड़ने लगी थीं। नाक सुन्न पड़ती हुई–सी लग रही थी। बदन भी जकड़ा हुआ–सा लगने लगा था। पानी की निश्चल और निरन्तर चलती कलकल अब मन में उतरने लगी थी।

उस पानी की वहाँ की शुद्धता, सही मायने में पानी कितना पारदर्शी हो सकता है, उसका एहसास, अनुभव वहाँ दे रहा था। पानी के नीचे के पत्थर, छोटे–छोटे मिट्टी के कण भी इतने साफ़ दिखायी दे रहे थे कि मेरी नज़र और स्रोत की तलहटी में लुढ़कते पत्थर के बीच में पानी बह रहा है, इसका एहसास ही नहीं हो रहा था। ज़िन्दगी उस पानी जैसी, जितना पानी साफ़ था, उतनी साफ़ होती, तो कितना अच्छा होता?

हमें लौटना था, वैसे भी हम वहाँ रुककर क्या करने वाले थे? 'शून्य' में हम उतर नहीं सकते थे और 'शून्य' हम में शामिल नहीं हो सकता था या यूँ कहिए, हम 'शून्य' को स्वयं में शामिल नहीं होने दे रहे थे। ऐसे में वहाँ हमारा रुकना भी जायज़ नहीं था। वहाँ से हमारा लौटना ही बेहतर था। हमने गाड़ी की ओर रुख़ किया। हम गाड़ी में बैठ गये। गाड़ी मुड़ रही थी और हम भरे दिल से, भरी आँखों से 'शून्य' से विदा ले रहे थे। एक न भुलाया जाने वाला एहसास अपने साथ लेकर हम लौट रहे थे, उस निःस्तब्ध, निरामय दुनिया से विदा लेकर हम अपनी उस कोलाहल भरी, भरी–भरी दुनिया की ओर! 'शून्य' आसमंत में तैर रहा था और हम वापस लौट रहे थे,'आवाज़' की दुनिया की ओर, अपनी दुनिया की ओर, जहाँ उस 'शून्य' का कोई स्थान नहीं था, हम उसे वह स्थान दे भी नहीं सकते थे।

सच कहती हूँ, उस 'शून्य' से लौटने का वह पल बड़ा भारी गुज़र रहा था। ज़िन्दगी में ऐसे रिक्त और अनूठी, अनोखी भावनाओं को लेकर चलने वाले, 'स्वर्गीय' अनुभूति देने वाले पल बहुत कम या 'ना' के बराबर होते हैं। वह पल मुझे मिला था लेकिन मैं उसके साथ 'हाथ' नहीं मिला पायी थी।

यहाँ साँय साँय करती हवाएँ चलती हैं;
यहाँ कल कल करता पानी बहता है,
आसमान झुकता है, पहाड़ों पर
बादल उतरते हैं, दरीचों पर
मिट्टी, पत्थर, जमती और पिघलती बर्फ़

तथा असीम ठण्ड से ठिठुरता वातावरण
यहाँ 'शून्य' में ठहरता है, जीवन

ना कोई पेड़, ना कोई पौधा! जहाँ पानी बह रहा था, उसके आसपास तथा कहीं कहीं पहाड़ों पर शैवाल की तरह चमकता हरा रंग, इतना ही 'जीवन' था, वहाँ और शेष सिर्फ़ पहाड़, बहता ठण्डा पानी, मिट्टी, पत्थर और साँय साँय करती हवाएँ। हम 'शून्य' में थे।

लेकिन हमें 'शून्य' से वापस लौटना भी था। हमारी वास्तविकता, भौतिकता, हमें पुकार रही थी। अन्ततः हम 'शून्य' बिन्दु से स्वयं को अलग कर लाचुंग की दिशा में लौटने लगे। शाम हो रही थी और 'शून्य' की रिक्तता हमें भी घेर रही थी। हम शान्त थे, बिल्कुल शान्त।

•••

दूसरे दिन हम जब लाचुंग से निकले तब हवा का ज़ोर बढ़ने लगा था। माहौल में उदासी छाने लगी थी। आसमान स्याह होने लगा था। 'बारिश होगी' ड्राइवर बता रहा था, वहाँ से निकलने का हमारा टाइमिंग सही था। पूरे रास्ते में कहीं कहीं एकाध दूसरी पानी की बूँद टपक रही थी, लेकिन पहाड़ियों के पीछे का नजारा समय के साथ और स्याह होता जा रहा था। धुआँ–सा उठ रहा था, पर्वतमालाओं के बीच से। कोहरा इतना घना होता जा रहा था कि आसमान और पहाड़ियों के बीच का फ़र्क़ ही महसूस नहीं हो रहा था।

हमें गंगटोक पहुँचना था, हमारी कोशिश थी कि गंगटोक, जितना जल्दी हो सके पहुँचा जाये। गाड़ी गंगटोक को जाने वाले रास्ते पर मोड़ दी गयी। दस–बारह किलोमीटर रास्ता तेज़ी से तय हो गया और बाहर बूँदों की बरसात होने लगी। यह बरसात पहले धीरे–धीरे और बाद में तेज़ी से होने लगी। कुछ गाड़ियाँ हमें पीछे छोड़कर आगे बढ़ गयीं। उनकी छतों पर हमें बर्फ़ दिखायी दिया। एक–दो गाड़ियाँ ऐसे ही हमें पार कर गयीं। लगा, कहीं से, जहाँ भी यह बर्फ़ गिरी हो, वहाँ से ये गाड़ियाँ आयी होंगी, लेकिन बाद में पीछे से आकर क्रॉस होने वाली सभी गाड़ियों पर बर्फ़ दिखायी देने लगी।

हमारा चिन्तित होना जायज़ था। बारिश का ज़ोर बढ़ने लगा था। बिजली और आसमानी गड़गड़ाहट के साथ पानी बरसने लगा, मूसलाधार! बारिश में सुरक्षित यात्रा करते हुए बड़ा अच्छा लगता है। हमें भी मज़ा आ रहा था। मुम्बई की बारिश से हम लोग वाक़िफ़ थे। सिक्किम की ऐसी तेज़ और मूसलाधार बारिश को पहली बार अनुभव कर रहे थे।

इसी सफर का लुत्फ हम उठा रहे थे कि गाड़ी ने पांथंग में प्रवेश किया और 'तड़'–सी आवाज़ गाड़ी के छत से आयी। मैं कुछ पूछने जाऊँ, इतने में 'तड़ तड़ तड़' करके आवाज़ें बढ़ने लगीं। बाहर देखा, रास्ता छोटे–छोटे बर्फ़ीले गोलों से अट रहा था। गाड़ी की छत, सामने वाली विंड स्क्रीन, हमारी ओर की खिड़की के काँच सभी पर छोटे–छोटे बर्फ़ के गोले टकरा रहे थे, 'तड़ तड़'–सी आवाज़ें फिर तो हर जगह से आने लगीं। आवाज़ाही हो रही थी। बर्फ़ से अटी, सड़क पर भी वाहनों की यातायात चल रही थी। अब दृश्य साफ़ हो गया कि हमसे पहले क्रॉस हुई गाड़ियाँ, जिनके छतों पर बर्फ़ की पर्त जमी हुई थी, वे सब इसी ओलावृष्टि को झेलकर आयी थीं। अब हम 'पांथंग' की उसी ओलावृष्टि की चपेट में थे। माहौल में एक अजीब–सी गम्भीरता आ गयी थी अब! अभी घण्टेभर में गंगटोक पहुँच जायेंगे, ऐसा कहने वाले हम, आज गंगटोक पहुँच पायेंगे कि नहीं, इस तनाव में खिड़की से बाहर देखने लगे।

बर्फ़ नहीं कह सकते। क्यों कि बर्फ़ झरती है, यह तो तड़ित झंजा थी, ओलावृष्टि थी। यदि इसकी मार पड़े तो कौन बचकर निकल सकता है? सिक्किम की धरती के लिए यह नयी बात नहीं थी। न ही सिक्किम के लोगों के लिए यह नयी बात थी लेकिन हम पहली बार इसे अनुभव कर रहे थे। लग रहा था कि सफ़ेद शफ़्फ़ाफ़ मोटा–सा नमक पूरे रास्तों, घरों की छतें, ज़मीन, पेड़ों पर उतर रहा है। पत्तों के लिए यह मार सहना आसान नहीं था। वे बेचारे झर रहे थे। ताजे, हरे पत्तों का यूँ झरना, माहौल को एक ताजी गन्ध दे रहा था। इस ओलावृष्टि के साथ घना कोहरा भी उतर रहा था,

साथ में बारिश। पूरे रास्ते में घरों के छतों पर, गाड़ियों के छतों पर, खेतों, पेड़ों, पौधों पर ओले पड़े हुए थे। इस मार से टूटकर पेड़ों से पत्ते गिर रहे थे। सफ़ेद ओलों पर पत्तों की हरियाली भी फैली हुई थी। ओलों पर से गाड़ियाँ आगे सरक नहीं पा रही थीं। गाड़ियों के पहिये फ़िसल रहे थे। रास्ते पर लोग छाते लेकर चल रहे थे लेकिन उनके छातों की स्थिति अजीबोग़रीब हो गयी थी। हमारी गाड़ी भी धीरे–धीरे आगे बढ़ रही थी। किसी की गाड़ी फँस जाती तो अन्य गाड़ियों के ड्राइवर अपनी अपनी गाड़ी से उतरकर उसकी गाड़ी को धक्का देने हेतु तत्परता से आगे बढ़ रहे थे। जहाँ एकाध गाड़ी फँस जाती, उसकी मदद करने हेतु तो लोग आते ही थे, लेकिन उसकी गाड़ी के पीछे वाले भी शान्तिपूर्वक उसकी गाड़ी के मार्गस्थ होने का इन्तज़ार करते। हॉर्न बजाना नहीं, चिल्लाना, चिखना नहीं, गालियाँ बकना नहीं, गाड़ी को एक के बाद एक आगे ठेलने या पीछे से आगे जाने की होड़ नहीं। मोड़ पर यदि दूसरी गाड़ी सामने से आती है तो उसके लिए रुकना, आम बात होती है। इतनी शान्ति और सहनशीलता शायद प्रकृति ने ही उनमें उतारी है। अन्यथा हम, हम तो प्रकृति से इतने दूर हो गये हैं कि आदमीयत से भी दूर होते जा रहे हैं। एक–दूसरे पर चीखना, चिल्लाना, तोहमत लगाना, गालियाँ बकना, ये तो आम बातें हो गयी हैं, हमारे लिए! हम इन्सानियत को ताक पर रख ही चुके हैं लेकिन हम भी इस प्रकृति का एक हिस्सा है, इस बात को भी भूलते जा रहे हैं।

हमारी यात्रा शुरू थी। रास्तों पर सिर्फ़ गाड़ियों के टायरों से बने निशान थे, हम भी वैसे ही निशान बनाते हुए आगे जा रहे थे। शेष रास्ते पर सिर्फ़ ओलों की सफ़ेद मोटी दो–तीन इंच की चद्दर बिछ गयी थी। अब गंगटोक पहुँचना शायद असम्भव या बहुत देरी से... हम मन ही मन सोच रहे थे।

ओला वर्षा के बाद बारिश, फिर ओला वर्षा और फिर बारिश और वह भी मूसलाधार, सिलसिला यूँ ही चल रहा था। माहौल में ठण्ड भी बढ़ने लगी थी। गाड़ी के भीतर भी हमारी सिहरनें तेज़ हो रही थी।

लेकिन रुक रुक कर, धीरे–धीरे ही सही हम आगे बढ़ रहे थे। ड्राइवर ने मोबाइल फोन बन्द करने के लिए कहा क्यों कि बिजली गाड़ी के सामने भी चमक रही थी। हमने मोबाइल स्विच ऑफ किये। यात्रा जारी थी। बहुत देर तक ओलावृष्टि चलती रही। अब गाड़ी की छत पर होने वाली आवाज़ें भी हमारी आदतों में शुमार हो गयीं। अब हम हाथों में ओले झेलने जितने साहसी हो गये थे। गाड़ी की खिड़की से हाथ बाहर निकालकर हम ओलों को हथेलियों पर झेलने का प्रयास कर रहे थे और एकाध ओले को हथेली पर आने के बाद ख़ुश भी हो रहे थे। प्रकृति का यह बदलता रूप सिक्किमवासियों के लिए कोई नयी बात नहीं है। धूप छनती रहती है, माहौल में एक ऊष्मा–सी भर देती है और अचानक आसमान स्याह होने लगता है, बिजली कड़कने लगती है, बादल गरजने लगते हैं, कुछ ही देर में धुआँधार बारिश होने लगती है। कभी अचानक माहौल में ठण्ड बढ़ती जाती है और भरी दोपहरी में बर्फ़ झरने लगती है। कभी हमने जिसका अनुभव किया, वैसी ओलावृष्टि! जितनी सहजता से कोई बाप अपने छोटे से बच्चे को सहलाता, दुत्कारता, फटकारता, चपत लगाता, प्यार करता है उतनी ही सहजता से प्रकृति यहाँ के लोगों को प्यार करती, दुलारती, सहलाती, फटकारती, चपत लगाती, दुत्कारती है। यह नाता है, यहाँ के लोगों का प्रकृति के साथ! हम थोड़ी–सी बारिश होने पर कोसते हैं, यहाँ बर्फ़बारी हो या ओलावृष्टि, तूफ़ान हो या कड़कती धूप, लोग सभी का उतनी ही सहजता और प्यार से स्वीकार करते हैं।

लाचुंग यहाँ का बड़ा नगर है जो कि 9600 फीट की ऊँचाई पर स्थित है। छोटी पहाड़ी यानी लाचुंग। यह लाचुंग, लाचेन चु और लाचुंग चु इन दोनों नदियों के संगम पर बसा है। ये दोनों नदियाँ तीस्ता की उपनदियाँ हैं।

वर्ष 1950 में चीन ने तिब्बत के जिस भूभाग पर क़ब्ज़ा जमाया, उससे पूर्व लाचुंग, तिब्बत और सिक्किम के बीच का व्यापारिक केन्द्र था। लेकिन 1950 के बाद इसे बन्द कर दिया गया। यूमथाँग वैली और लाचुंग मोनास्ट्री की ओर जाते समय पर्यटकों को लाचुंग से

होकर ही जाना पड़ता है। लाचुंग में वैसे देखा जाये तो लेपचा और तिब्बती वंश के लोग ज़्यादातर रहते है जो कि नेपाली, लेपचा और भूटिया भाषाएँ बोलते हैं। वसन्त ऋतु में यह नगर भी अपनी सुन्दरता को पाता है। हालाँकि सिक्किम के किसी भी कोने से, कहीं से भी सिक्किम सुन्दर ही दिखता है। सिर्फ़ सुन्दरता के मायने अलग होते है। यहाँ वसन्त ऋतु में आओं तो रंग–बिरंगी फूलों से तथा हरियाली से लाचुंग आपका स्वागत करता है। बारिश के दिनों में अर्थात् मई के बाद धुआँधार और अचानक, अकस्मात आती बारिश, ओला वृष्टि से आपका स्वागत होता है। यहाँ की बारिश भी अचानकता में विश्वास रखने वाली है। अचानक धूप होगी तो पलभर में आसमान स्याह होकर झमाझम बारिश गिरने लगती है। हालाँकि यह बारिश जल्दी थम भी जाती है लेकिन थम ही जायेगी, इसका भी कोई भरोसा आप नहीं दे सकते। ठण्ड के दिनों में तो लाचुंग में बर्फ़ गिरती है और पर्यटकों के लिए इसके रास्ते बन्द किये जाते हैं। यहाँ की बर्फ़ और ठण्ड के क्या कहने? जब यहाँ ठण्ड होती है तो सिर्फ़ ठण्ड होती है। यहाँ का पूरा जन–जीवन बर्फ़ की तरह जम जाता है, थम जाता है। लोग अपने आवश्यक और ज़रूरी कार्यों के अलावा कुछ भी नहीं कर पाते। लेकिन ज़िन्दगी इसी का नाम है, यहाँ के लोग इस दिनचर्या के आदी हो चुके हैं। ज़िन्दगी का यूँ थम जाना उनके लिए नया नहीं है। वे रुक जाते हैं, थम जाते है और जब नया ऋतु आता है, नयी हवाएँ बहने लगती हैं तब करवट बदलकर उस नये ऋतु का, हवाओं का स्वागत करने के लिए सिद्ध हो जाते हैं। बड़े जीवट वाले हैं ये लोग!

लाचुंग में आप कहीं भी, कभी भी खड़े हो जाइये और किसी भी दृश्य का फ़ोटो लीजिये, आपको हर बार बेहतरीन फ़ोटो ही मिलेगी। इसे सबसे बेहतरीन फ़ोटोजेनिक गाँव का तमगा इसीलिए तो दिया गया है। लाचुंग में पुनी में स्किईंग किया जा सकता है। रोडेडेंड्रन वैली ट्रेक के लिए भी यहाँ से आगे जाया जा सकता है।

लाचुंग से पहले चुंगथांग आता है। यह चुंगथांग नामक जगह गंगटोक से लगभग 73–75 कि.मी. दूरी पर है। यहाँ आर्मी का मुख्य फॉरवर्ड बेस है, जिसके साथ बेस मेडिकल सेंटर भी है। इसलिए शायद यहाँ से यात्रा करते समय आपके आगे या पीछे आर्मी के ट्रक, जवानों से लदी–फदी गाड़ियाँ हरदम दिखायी देती हैं। विपरीत हवाओं, माहौल के साथ लड़ते हुए, अपने घरवालों, अपनों से दूर होकर, इतनी दूर आकर अपने देश की सुरक्षा हेतु तैनात इन जवानों को देखकर आँखें अपने आप नम हो जाती हैं। दिल बहुत किया की उन जवानों से बतिया जायें, उनसे बात कर उनका हाल जान लिया जाये, वे यहाँ रहक़र क्या सोचते हैं, यह जान लिया जाये पर यह सब बातें मेरे मन में ही उमड़–घुमड़ रही थीं। सुरक्षा और अन्य बातें अर्थात् सेवा के अधीन रहते हुए कुछ सेवा शर्तें होती है, उनका पालन करने वाले उन कर्मठ सेना जवानों ने यह कहक़र अनेक पर्यटकों से बात करने के लिए मना किया कि ड्यूटी पर तैनात होने की वजह से उन्हें बात करने की मनाई है। सुरक्षा के मद्देनज़र उनकी बातों में गहरी गोपनीयता छुपी थी क्यों कि पूरा सिक्किम राज्य अत्यन्त संवेदनशील रूप से अन्य देशों से जुड़ा हुआ है। एक साथ तीन देशों की सीमाएँ इस राज्य से सटी हुई हैं। सभी देश दुश्मन नहीं हो सकते लेकिन सभी दोस्त भी नहीं हो सकते। यहाँ दोस्ती और दुश्मनी के बीच हरदम एक पतली–सी रेखा लहराती रहती है। ऐसे में कब कोई देश दुश्मन के रूप में सामने आयेगा, कह नहीं सकते। क्यों कि 'हर शाख पर उल्लू बैठा है'। सावधान रहना ज़रूरी होता है क्यों कि 'नज़र हटी, दुर्घटना घटी' इस उक्ति के अनुसार कभी भी, कहीं भी थोड़ी सी, पलभर की असावधानी बहुत कुछ निगल सकती है। इसलिए इन जवानों द्वारा हमसे बात न करना या न बतियाना, बुरा तो लगता है लेकिन उचित और सही भी लगा। उनकी इस सावधानता और संयमशीलता को वन्दन करते हुए हम आगे बढ़े।

चुंगथाँग का नजारा बिल्कुल शहर जैसा है। यहाँ प्रकृति की सुन्दरता तो कण कण में, पग पग पर दिखायी देती हैं लेकिन यहाँ मानव निर्मित सुन्दरता का नजारा भी आप देख सकते हैं। प्रकृति की गोद में पला–बढ़ा चुंगथांग, वहाँ तीस्ता पर बने चुंगथांग डैम के लिए भी जाना जाता है।

यह मानवनिर्मित डैम बिजली निर्माण क्षेत्र में अहम भूमिका निभाता है और साथ में सिक्किम की प्रगति में भी महत्त्वपूर्ण भूमिका निभाता है। चुंगथाँग सिक्किम का दोहरा नजारा आपके सामने पेश करता है जो कि शहरी और ग्रामीणता को एक साथ लेकर चलता है।

कटाव

मैंने पहले भी कहा है, उत्तरी सिक्किम का लाचुंग बहुत सुन्दर और वैली में बसा हुआ गाँव है। लाचुंग से 35 कि.मी. की दूरी पर तथा 8000 फीट की ऊँचाई पर स्थित है कटाव! यहाँ जाने के लिए आधा दिन काफ़ी है। लाचुंग में यात्रियों के लिए लकड़ी से बने हुए घर दिखते हैं। इन घरों में चढ़ना या इन घरों में चलना, एक अलग अनुभव है। आप इन घरों से थोड़े डरते भी हैं। डर यह होता है कि कहीं यह घर हमारे ज़्यादा वजन या बोझ से ढह तो नहीं जायेंगे। लेकिन बाम्बू या लकड़ी पर बने ये घर मज़बूत होते हैं। लाचुंग में ऐसे ही एक लकड़ी के घर या होटल में हम रुके थे। कमर को झुकाना यहाँ आवश्यक और बहुत ही ज़रूरी होता है क्यों कि दरवाज़े छोटे होने की वजह से बिल्कुल झुकने के बाद ही एक कमरे के दरवाज़े से दूसरे कमरे में जाना सम्भव हो पाता है।

लेकिन हमें कटाव जाना ही था। ठण्ड के दिनों में लाचुंग पूरी तरह से बर्फ़ से ढँका हुआ रहता है। हम जिस लकड़ी के घर में रुके थे वहीं पर बड़ी–सी कटोरी भर दाल चावल खाकर हमें तुरन्त निकलना पड़ा क्यों कि दोपहर ढल चुकी थी और हमें कटाव से फिर लाचुंग लौटना था। अर्थात् हमें 70 कि.मी. की यात्रा पूरी करनी थी और वह भी शाम ढलने से पहले।

'कटाव' को 'आख़िरी बिन्दु' कहा जाता है, जिसके आगे कोई रास्ता नहीं है, कोई गाँव नहीं है, कोई बस्ती नहीं है। लाचुंग से आधे पौने घण्टे की यात्रा की दूरी पर स्थित यह 'कटाव' बर्फ़ से हरदम ढँका रहता है और बर्फ़ ना होने पर काले, लाल रंग की मिट्टी से झाँकता रहता है। हमने कटाव की दिशा में प्रस्थान किया। हमने प्रस्थान तो किया, लेकिन बाहर निकलते ही बारिश ने भी हमारा साथ देना शुरू किया। बारिश का ज़ोर बढ़ता जा रहा था। रिमझिम फुहारों से शुरू हो गयी बारिश अब झमाझम बरसने लगी थी। कटाव की ओर जाने वाला रास्ता भी ऊपर चढ़ता हुआ और ऊबड़–खाबड़ था। हालाँकि सीमा सुरक्षा बल द्वारा यहाँ के ये रिमोट रास्ते तैयार किए जाते हैं। लेकिन कभी भी होती बारिश, पहाड़ियों से होता भूस्खलन और निरन्तर गिरती बर्फ़ की वजह से उन सड़कों के लिए उतनी तैयारी काफ़ी नहीं होती। फिर पत्थर निकलते हैं, मिट्टी रिसती जाती है और साथ में धुलती भी जाती है। मिट्टी से अटे और सड़क के नीचे धँसे पत्थर, कंकड़ बारिश के बाद उघड़ने लगते हैं और सड़क को खुली तथा गड्ढों, कंकड़ों, पत्थरों से बिल्कुल बेरौनक़, बदसूरत बनाते हैं। उसी सड़क से हिचकोले खाते, धुन्ध, धुएँ और बारिश का मुकाबला करते हुए हम आर्मी चेकपोस्ट तक पहुँचे। यह आर्मी का वहाँ का आख़िरी चेकपोस्ट था। हमें उसके आगे सिर्फ़ ऊँची पहाड़ियों और ऊबड़–खाबड़ सड़क के अलावा और कुछ दिखायी नहीं दे रहा था। हमारी गाड़ी को रुकना ही पड़ा। चेकिंग हो गयी। जाँच–पड़ताल हो गयी और उन्होंने वहीं से हमें वापस जाने के लिए कहा। कहा, 'बारिश हो रही है और यहाँ से आगे जहाँ आप जा रहे है; वहाँ तो पहाड़ियों से मिट्टी, पत्थर गिरते रहते हैं, लैंड स्लाइडिंग होती है। यदि वहाँ आप जायेंगे, तो वह हमारी ज़िम्मेदारी होगी, अतः आपको हम वहाँ जाने नहीं देंगे, वैसे भी अब अँधेरा होने लगा है और यहाँ अँधेरा बहुत जल्दी हो जाता है। आगे, कटाव तक पहुँचने के लिए भी आपको आधा घण्टा लगेगा क्यों कि रास्ता बहुत ख़राब है।' लेकिन इतनी दूरी पर आकर कटाव तक पहुँचे बिना यूँ ही लौटना,

हमें मंज़ूर नहीं था। आगे दस मिनट की दूरी पर 'कटाव' था, चोटियाँ दिखायी दे रही थीं।

हमें 'कटाव' तक जाना ही था। कहते हैं कि 'कटाव' यह अन्तिम छोर है, जहाँ से सिर्फ़ आसमान दिखायी देता है, वहाँ से आगे सिर्फ़ बर्फ़ से घिरी पहाड़ियाँ होती हैं, जिन पर चढ़ना मुश्किल भी है और नामुमकिन भी है, क्यों कि इस पूरे इलाक़े में ऑक्सीजन की कमी होती है। सिर्फ़ पहाड़ियाँ, पत्थर, मिट्टी और बर्फ़ के अलावा यहाँ कुछ भी दिखायी नहीं देता। न एकाध पेड़ या झाड़–झंखाड़ या कोई घास या तिनका, कुछ भी नहीं दिखायी देता यहाँ।

शायद आर्मी के जवान भी यही सोचते होंगे कि इन पाग़लों को वहाँ क्या देखना है? लेकिन हम अपनी बात पर अडिग थे। जवानों ने समझाने की बहुत कोशिश की। वहाँ देखने लायक कुछ भी नहीं है, इस बात का यक़ीन देने का प्रयास किया लेकिन 'वहाँ कुछ भी नहीं है' यह हमें देखकर तय करने दो, यह मेरी ज़िद थी। अतः थक हार कर मेरे अनुरोध पर उसने अपने कमांडिंग अधिकारी, जो मुख्य चौकी पर मुस्तैद था, को फोन किया। दोनों में 2–3 मिनटों तक बातचीत होती रही और अन्ततः फोन को क्रैडल पर लटकाते हुए उसने कहा, 'दीदी, आपको जाना ही है तो आप जाइये लेकिन 6 बजे से पहले आपको लौटकर इस चौकी पर रिपोर्ट करना होगा। अन्यथा जो भी भला–बुरा होगा, उसके लिए हम जिम्मेदार नहीं होंगे।' मैं इतनी ख़ुश हो गयी कि मैंने अन्तिम वाक्यांश सुना ही नहीं और ड्राइवर को आगे बढ़ने के लिए कहा। थोड़ा आगे बढ़ने पर आर्मी के जवान हमें क्यों रोक रहे थे, इसका एहसास होने लगा था। सड़क संकरी होती जा रही थी, उसके घुमाव कुछ ज़्यादा ही घुमावदार होते जा रहे थे। सड़क हर जगह से उघड़ी हुई और गड्ढों से सजी हुई थी। निरन्तर बहते पानी तथा अवांछित शैवाल से फ़िसलन भरी बन गयी थी। कंकड़ों से बनी सड़कों से हमें भी ऊपर ऊँचाई पर जाते समय तथा उन कठिनाइयों का सामना करते हुए यह महसूस हो रहा था

कि सही मायने में यहाँ कुछ नहीं होगा जैसा कि उस जवान ने बताया है।

गाड़ी धड़धड़ा रही थी, आगे जितना भी अन्तर हम पार कर रहे थे, कोई आकर्षक बात दिखायी नहीं दे रही थी। पहाड़ी इलाका था, पत्थरों, मिट्टी से अटा परिसर था। अब तो एक भी पेड़ या पौधा बिल्कुल दिखायी नहीं दे रहा था। आधे रास्ते तक तो छोटे–छोटे पौधों का माहौल था लेकिन यहाँ तो लाल, काली मिट्टी और पत्थरों का माहौल था। निरन्तर बारिश हो रही थी। लगभग साढ़े चार बज रहे थे लेकिन माहौल स्याह होने की कगार पर था। कोई प्राणी, चिड़िया, परिन्दा भी नहीं दिखायी दे रहा था। निरन्तर बारिश का अपना सुर और समाँ बँधा हुआ था। उसी को सुनते हुए हम आगे बढ़ रहे थे। अब शान्ति का एक अलग समाँ माहौल में तैरने लगा था जो बारीश के साथ अपना सन्तुलन बनाये रखते हुए आगे बढ़ते हुए हमारे साथ आगे चल रहा था। उस शान्ति में एक अनूठापन था, एक अलग एहसास था। हम गाड़ी में थे लेकिन अब ठण्ड ने अपने तेवर दिखाना शुरू किया था। एक तो ऊँचाई, उस पर बारिश और नज़दीक आता आसमान। हम कुड़कुड़ाने लगे थे, ठण्ड से काँपने लगे थे। रास्ता देखकर ड्राइवर का धीरज भी अब जवाब देने लगा था। 'मैडम, यहाँ तो कुछ नहीं दिखता। शायद हम रास्ता भूल गये है।' लेकिन रास्ता भूलने का कोई सवाल ही नहीं उठता था, क्यों कि वहाँ एक ही रास्ता था, जिससे होकर हम वहाँ तक पहुँचे थे, अन्यथा पहाड़ियों, दर्रों, पत्थरों के अलावा वहाँ और कुछ भी नहीं था। मैंने ड्राइवर को आगे बढ़ने के लिए कहा। हम डोलते, डगमगाते हुए आगे बढ़ने लगे। हर चढ़ाई पर हरंदम यही डर लगा रहता था कि इतने से रास्ते से होकर आगे बढ़ने वाली गाड़ी उसी घुमावदार मोड़ों पर से कभी भी नीचे फिसल सकती है। हमारी साँसें सीने में घुट घुट रही थीं और दिल का पंछी सिमटकर पसलियों के नीचे धक–धक की धूनी रमा रहा था।

अन्ततः गाड़ी रुक गयी। हम अपनी धूनी से बाहर आकर सामने देखने लगे।

अब रास्ता ख़त्म हो चुका था और सामने काले–लाल रंग की पहाड़ियों पर बर्फ़ जमी हुई थी। उस पहाड़ी से आगे और कुछ भी नहीं दिख रहा था, सिवाय आसमान के! मैंने दायीं–बायीं ओर देखा, वहाँ भी यहीं दृश्य था। सिर्फ़ बर्फ़ से ढँकी पहाड़ियाँ और बीच बीच में झाँकती लोहे के रंग–सी और कहीं कहीं काले रंग की पहाड़ी! अब भी छुटपुट बारिश हो रही थी। पानी के स्रोत पहाड़ी के बदन से नीचे आ रहे थे। हम सकते में थे, हम अवाक्–सी स्थिति में आ गये थे। एक–दूसरे से बात करने को भी दिल नहीं कर रहा था। लग रहा था, हमारी छोटी–सी भी आवाज़ या हलचल उस असीम शान्ति के बदन पर खरोंचें उठा देगी। नीला फिर भी थोड़ा थोड़ा स्याह होता आसमान, चारों ओर पहाड़ियों के ऋषि और उनके तपें, खुले बदन पर उनकी बढ़ती सफ़ेद दाढ़ियों जैसी बर्फ़ की परतें...जैसे पहाड़ियों के रूप में खुले आसमान के नीचे तप या ध्यान धारणा हेतु बैठे हुए ऋषि–मुनि और वह उनका दैवी लेकिन एक अनूठी और असीम शान्ति लेकर फैला माहौल! पहाड़ियों की चोटियाँ बिल्कुल नज़दीक–सी लग रही थी। 'बस्स! इतनी–सी चढ़ाई पार कर दो, तुम आसमान छू सकते हो' ऐसा गुमान हमें भी होने लगा। हमने सोचा, 'चलो, आसमान को छू लिया जाये।' हमने क़दम बढ़ाए, ठण्ड से बदन काँप रहा था, हवाएँ बह रही थी और बरसात अपनी ही धुन में बरसने लगी थी। हमने जैसे–तैसे दो–चार क़दम बढ़ाये, पाँचवाँ–छठवाँ कदम उठाते समय, जान सूख गयी, हलक सूख गया। लगा, हम अब एक भी क़दम आगे बढ़ा नहीं पायेंगे, इसका एहसास हुआ। पैर डगमगाने लगे थे। फिर भी आसमान छूने की आस थी! हम यह कर सकते हैं, यह गुरूर भी था। लेकिन नहीं, हम सातवाँ कदम उठा ही नहीं सके। वहीं से हमने गर्दन उठाकर ऊपर देखा। पहांड़ी की चोटी नज़दीक दिखने के साथ ही बहुत दूर–सी लग रही थी और आसमान तो कहीं दूर...। बहुत ही दूर निकल गया है, ऐसा लग रहा था। हमने चुपचाप अपनी साँसों को समेटने की कोशिश की। धौंकनी की तरह चलते सीने को काबू में करने का प्रयास किया और एक

एक पग से हम नीचे उतरने लगे। पाँच–छह कदमों का फासला था लेकिन वह तय करने में भी काफ़ी समय लगा।

हम फिर से ज़मीन पर आये। कुछ जादूगरी–सी हो गयी थी। अब ज़मीन से पहाड़ियाँ फिर से नज़दीक दिखने लगी थीं, आसमान भी करीब महसूस होने लगा था। लेकिन अब हमने उस ओर से अपना ध्यान हटा लिया था। हमने आसमान की नज़दीकियाँ और पहाड़ियों की क़रीबी की दास्ताँ पढ़ ली थी। अब हम ज़मीन पर थे।

अब बरसात थम गयी थी, लेकिन माहौल ऐसा था कि वह फिर से किसी भी पल बरसना शुरू कर दे सकती थी। आसपास की वह असीम शान्ति अब हमें लपेटने लगी थी, घेरने लगी थी। वहाँ और कोई नहीं था, हमारे सिवाय, पहाड़ियों, मिट्टी–पत्थर, पानी, बर्फ़ और खुले आसमान के सिवाय! वहीं पर बैठ लिया जाये, उस असीम शान्ति को, हवाओं की तरह अपने में सोख लिया जाये। एक सुकून, एक शान्ति को लेकर फिर नये सीरे से ज़िन्दगी की शुरुआत की जाये। मैं वहीं पर एक बड़े से लाल–काले पत्थर पर बैठ गयी थी। आसमान बिल्कुल पास आ गया है, ऐसा लग रहा था। लग रहा था कि मैं खड़ी हो जाऊँ, हाथ उठाऊँ और उस नीले, स्याह आसमान को ओढ़कर अपने चारों ओर लपेट लूँ। पूरा माहौल उस अबूझ शान्ति से झिलमिला रहा था। बारिश ने भी अब थमकर चुप्पी साध ली थी। एकाध बूँद कहीं से रिस रही थी, लेकिन शेष सारी शान्ति...असीम शान्ति लेकिन सिर्फ़ शान्ति...सन्नाटा नहीं। वह शान्ति अब मुझे भी लपेट रही थी। फिर से आसमान धीरे–धीरे स्याह होने लगा था। हम चार लोग यूँ ही बैठे रहे। कोई किसी से बात नहीं कर रहा था, कोई आवाज़ नहीं कर रहा था, जब तक कि ड्राइवर ने आवाज़ नहीं दी। 'मैडम, चलिए! छह बज गये हैं। बारिश कभी भी बढ़ सकती है, जल्दी....' उसकी आवाज़ में उतावलापन था और थोड़ी–सी घबराहट भी! हम चारों लोग जैसे किसी समाधि से जाग गये है, वैसे हड़बड़ा गये और उठ खड़े हो गये। सही मायने में आसमान में बादल फिर से घिर आये थे। हमने आर्मी के उन जवानों से छह बजने तक लौटने का

वादा किया था। हम गाड़ी की ओर दौड़े, इतने में फिर से बारिश शुरू हो गयी। बारिश की मोटी–मोटी बूँदें ओलों की तरह लग रही थीं। जैसे–तैसे हम गाड़ी में बैठे। ड्राइवर ने उतनी–सी छोटी जगह में रिवर्स लेकर गाड़ी को मोड़ दिया। उस शान्त माहौल पर फिर एक बार गाड़ी की उस आवाज़ ने जैसे गोली दाग दी हो। गाड़ी वापसी के रास्ते पर दौड़ने लगी। हमने गर्दन मोड़कर उस असीम शान्ति की ओर आख़िरी बार नज़र घुमायी। हमारी आवाज़ों से डिस्टर्ब हुए ऋषि मुनि फिर से अपनी ध्यान–धारणा में व्यस्त हो गये थे। उनकी ओर हाथ हिलाते हुए हमने उनसे वापसी की अनुमति माँगी और उनकी शान्ति में खलल डालने हेतु क्षमा याचना भी की।

आर्मी चेकपोस्ट पर जब हम पहुँचे तब 6.30 बज रहे थे, जबकि आसपास का माहौल यहीं दर्शा रहा था कि अब रात के 9.00 या 10.00 बजे होंगे। सभी जवान कैम्प के बाहर खड़े थे। वे हमारा ही इन्तज़ार कर रहे थे और 10–15 मिनटों में यदि हम वहाँ नहीं पहुँचते तो वहाँ से उनका पूरा दस्ता हमारी खोजबीन करने, पता लगाने हेतु निकल चुका होता। लेकिन हमारी गाड़ी देखकर सबके चेहरे पर राहत के साथ ख़ुशी की लहर दौड़ गयी। एक जवान कैम्प के अन्दर से चाय की दो–चार प्यालियाँ लेकर बाहर आ गया। हमारी बर्फ़ की तरह जमी हुई हथेलियों में वह गर्मागर्म चाय की प्याली, जीवन सुधा की तरह आयी। बहुत अच्छा लगा, हमारे प्रति उनकी चिन्ता, अपने कर्तव्यों के प्रति उनकी निष्ठा देखकर! हमारे पास बहुत–सी चॉकलेट्स थीं, जो हमने उन सब में बाँट दीं। उन्होंने हमारे साथ फोटो ली, बातें कीं और 7.30 बजे जब हम लौटने लगे तो पूरी आर्मी टीम हमें 'बाय–बाय' करने, 'जयहिन्द' कहने के लिए खड़ी थी।

यह एक अदभुत अनुभव था, जिसने ज़िन्दगी को एक अलग–सी शान्ति और सन्तुष्टि से भर दिया। लौटते हुए रास्ते पर चारों ओर शान्ति थी। शान्ति हमारी गाड़ी में भी लहरा रही थी। निर्बाध शान्ति, ड्राइवर सह हम पाँच लोग थे लेकिन गाड़ी में शान्ति छायी रही, सिर्फ़ कभी कभार बारिश की कोई बूँद गाड़ी की खिड़कियों के काँच

के झालरों से टकराती थी, कभी कभार गाड़ी की आवाज़ सुनायी देती थी। सिर्फ़ उस आवाज़ के अलावा और कोई आवाज़ नहीं थी। कटाव की शान्ति ने हमें लपेट लिया था और एक अबूझ शान्ति से हमारा मन भी भर गया था।

•••

वैसे तो पूरा उत्तरी सिक्किम अपने दर्शनीय स्थलों, प्राकृतिक सुन्दरता, सिक्किमी लोगों के जीवट को लेकर जाना जाता है। साथ ही, इस क्षेत्र में पता नहीं ऐसी कौन–सी बात है, कोई रहस्य है, जो आपको हरदम एक घेरे में घेरकर रखता है। आप यहाँ के कुछेक क्षेत्रों में जैसे ही प्रवेश करते हैं, एक असीम शान्ति आपको घेर लेती है। अचानक से आप शान्त शान्त होने लगते हैं, स्वयं में मगन होने लगते हैं। शायद यहाँ की आबोहवा स्वयं में ये गुण, विशिष्टताएँ लेकर चलती है, जो इन्सान को आत्ममग्न होने के लिए बाध्य करती हैं। या फिर हिमालय की सफ़ेदगी, यहाँ के जल स्रोतों, हवाओं की पाकीजगी, लोगों के जीवन की सादगी और कंचनजंघा की ईश्वरगी, इस पूरे माहौल को रहस्य और कुछ अनबूझता से भर देती होगी और जो माहौल में होगा, वही आपकी साँसों के साथ आप में उतर जायेगा। है ना?

सिक्किम और सिक्किमीज

एक मुट्ठी चावल या धान ले लो और फिर ऊँचाई पर खड़े होकर उस मुट्ठी को बड़ी तेज़ी से खोलकर पूरे आसमंत में फैला दो, सिक्किम के घर ऐसे ही बिखरे हुए होते हैं। आप किसी ऊँचाई पर खड़े हो जाओगे और नीचे देखोगे, तो उसी तरह आपको सिक्किम के घर दिखायी देंगे, पूरी हरियाली के बीच कहीं एकाध घर, तो कहीं दूर जाकर कोई दूसरा घर और तीसरा घर आपको बहुत दूर जाकर दिखायी देता है। इन घरों का निर्माण भी बड़े प्यारे तरीक़े से किया जाता है। घर छोटे–छोटे से होते है। ज़्यादातर लकड़ियों से बने! उन्हें चटख लाल, नीले, पीले, हरे रंगों से रंगाया जाता है। चाय बागानों या फिर हरियाली के बीच उनके ये चटख रंग के प्यारे से घर बहुत लुभावने और सुन्दर दिखते हैं। इन घरों को कभी कभी छोटे–छोटे आँगन भी होते हैं और उन आँगनों में फूलों की क्यारियाँ या ग़मले सजे हुए होते हैं। रंग–बिरंगी आर्किड के फूलों से उनका वह छोटा–सा आँगन दमकता रहता है। यदि किसी घर को आँगन रखने जितनी जगह नहीं होती है तब? तब तो आप यक़ीन नहीं करेंगे, लेकिन फूलों के बावले ये लोग घर की छतों पर फूलों के गमले सजाते है। जब आप ऊपर से देखते हैं तब इन फूलों पर आपकी नज़र पहले ठहरती है और उसके बाद आप और कुछ देख पाते हो। फूलों के रंग भी इन लोगों की दिलचस्पी और पसन्द को लेकर ही इस भूमि पर प्रकट होते होंगे। आपको यहाँ एक भी फूल

यूँ ही नर्म या पेस्टल रंग में दिखायी नहीं देगा। सभी रंग गहरे और चमकीले! फूल भी उस बारिशभरे माहौल में या फिर सूरज की किरणों में दमकते रहते हैं और ज़्यादा सुर्खियों में दिखायी देते हैं। इन फूलों की पंखुड़ियाँ भी बिल्कुल नर्म मुलायम–सी नहीं होतीं। शायद यह प्रकृतिदत्त प्रतिकार शक्ति है जो उन्हें झरते बर्फ़, गिरते ओलों में भी अपनी सुरक्षा करने के लिए सजग और सक्षम रखती है। यहाँ के पेड़ और पौधों के पत्ते भी आपको थोड़े मोटे से, नुकीले या नोंकदार या फिर नीचे झुके हुए मिलेंगे जिससे उन पर गिरने वाली बर्फ़ या ओले आसानी से नीचे निकल जायें या ज़मीन पर गिर जायें। प्रकृति अपने बच्चों को किस तरह सँभालती है, इसका बेहतरीन उदाहरण इससे अलग क्या दिया जा सकता है? सच, प्रकृति हम सबकी अर्थात् मनुष्य, पेड़, पौधों, फूलों, प्राणियों की माता है। हमें पता भी नहीं चलता और वह सभी बातों को अपने तरीक़े से चलाती है। किसी के लिए क्या अच्छा है, क्या बुरा है, क्या भला है, क्या बेहतर है, सबका लेखा–जोखा उसके पास होता है और तद्नुसार उसकी व्यवस्था चलती है।

तो हम बात कर रहे थे, सिक्किम के घरों की! घरों से होकर आँगन, दीवारों से होकर हम पौधों और फूलों तक तो पहुँच गये, लेकिन इस आपाधापी में घर, हाँ, सिक्किम के घर पीछे छूट गये। सिक्किम के ये छोटे–छोटे से रंगीन घर बड़े ही सुन्दर दिखते हैं लेकिन इन घरों के प्रकार यहाँ अलग–अलग होते हैं। मैंने जो अब बताये, वे छोटे–छोटे से रंगीन घर हैं ही लेकिन यहाँ बाम्बू के मज़बूत सहारे के साथ भी घर खड़े किये जाते हैं। यहाँ बाम्बू या अन्य लकड़ियाँ चारों ओर मज़बूती से खड़ी की जाती हैं। इन चार बाम्बुओं या चार लकड़ियों पर फिर घर का ताना बाना बुना जाता है। इन घरों में यदि प्रवेश करना हो तो सीढ़ी का इस्तेमाल किया जाता है। जब आवश्यकता होती है तो घर से सीढ़ी नीचे छोड़ी जाती है और उसके सहारे लोग घर में आना जाना करते है। जब जरूरत नहीं होती है तब सीढ़ी को घर के अन्दर खींच लिया जाता है।

बाम्बू पर घर की यह व्यवस्था, सिक्किम में ऐसे स्थानों पर की जाती है, जहाँ ज़्यादातर पानी रहता या बरसता रहता है या फिर उस स्थान पर बारिश के बाद पानी ऊपर चढ़ने की ज़्यादा सम्भावनाएँ होती हैं। ये तो दोनों बातें मैंने पारम्परिक तरीक़े से बने बनाये गये घरों के बारे में बतायी लेकिन पहाड़ियों के उस प्रदेश में घर बनाना कभी आसान नहीं होता। यहाँ कभी भी भूस्खलन, क्षरण का अनुभव आ सकता है। कभी भी यहाँ की ज़मीन धँसती है। कभी भी पहाड़ियों से पत्थर, मिट्टी मलबे के रूप में नीचे गिर सकती है। कभी ज़मीन धँस जाती है तो कभी ज़मीन ऊपर उठ सकती है। पानी और हवाओं का यहाँ कभी भरोसा नहीं किया जा सकता है। कभी शान्ति तो कभी हाहाकार! लेकिन लोग बड़ी शान्ति से शान्ति में जिये जाते हैं और बड़ी शान्ति से हाहाकार का भी सामना कर जाते हैं। यदि प्रकृति इनकी माँ **है,** तो इस माँ के गुस्से, क्रोध या प्यार और ममत्व से भी ये लोग वाकिफ हैं।

नौ साल पहले जब मैंने पहली बार सिक्किम को देखा था, तब सिक्किम के इन छोटे–छोटे, प्यारे से घरों ने मुझे सम्मोहित–सा किया था। "यहाँ घरों पर ताले नहीं लगाये जाते"। एक सिक्किमी ने मुझे गर्व से कहा था और मेरे रोंगटे खड़े हो गये थे, "घरों में ताला नहीं?" मैं चकित थी, मैं अभिभूत थी। 'ईश्वर ने मुझे इन शफ़्फ़ाफ़ दिलवाले लोगों के बीच क्यों नहीं पैदा किया', पलभर के लिए यह सोच भी मेरे दिमाग़ में कुलबुलाई थी। लेकिन इस बार जब सिक्किम गयी तो तकरीबन सभी घरों पर ताले पड़े थे। जब एक से मैंने पूछा, तब उसने कहा, "आज कल यहाँ बाहर वालों का आना–जाना बढ़ गया है, परिणामस्वरूप यहाँ के लोगों की मानसिकता में भी बदलाव आया है। ये बाहर वाले लोग, यहाँ घरों में घुसकर चोरी चकारी करते हैं, इसलिए हमने घरों पर ताला लगाना शुरू किया है।" "बाहरवाले? ये बाहर वाले लोग कौन हैं?" मेरे इस सवाल पर उस भूटिया बन्दे ने पलभर मेरी ओर बड़ी करुणाभरी नज़रों से देखा। शायद मेरी मूर्खता या फिर मासूमियत को लेकर वह परेशान हो गया होगा।

फिर उसने कहा, "मैडम जी, बाहर वाले यानी ये अन्य नज़दीकी राज्यों से आये हुए लोग! जबसे इन लोगों ने यहाँ आना शुरू किया, यहाँ का माहौल ख़राब हो गया है।" उसने तिक्तता से कहा। मैं और कुछ पूछना चाहती थी लेकिन उतनी हिम्मत नहीं कर पायी। यदि वह और कुछ कह देता या फिर किसी राज्य विशेष की बात करता तो मामला बड़ा संजीदा हो सकता था। शायद कोई और सुनता तो बात और बिगड़ जाती। मैंने तब भी उससे पूछने का साहस कर ही लिया, "आप रोकते क्यों नहीं इन बाहर वालों को?" इस पर उसने जो जवाब दिया, वह सोचने के लिए मज़बूर कर देने वाला था। "मैडम जी! किस किस को रोके यहाँ? सभी तो अपने ही हैं। भारतवासी ही है। आप यहाँ अब भी देख सकते है, यहाँ सिक्किमीज कितने हैं? आपको गिने चुने लोग मिलेंगे। अन्य लोग तो नेपाली, बिहारी, बंगाली और, और भी हैं। हमारी उनके आने या यहाँ पर रहने पर आपत्ति बिल्कुल नहीं है, जिसे जो और जहाँ अच्छा लगेगा, वहाँ वह रह लेगा। यहाँ की इस कठिन परिस्थितियों, विषम स्थिति में यदि कोई रहना, रचना, बसना चाहता है तो वह उसकी मर्जी होगी, पसन्द होगी, लेकिन तकलीफ़ है; वह उनकी मानसिकता और बर्ताव को लेकर! यदि वे इस प्रदेश को अपना मानकर, उसके रख–रखाव या सुरक्षा का ख्याल रखते हैं तो उनके प्रति हमारे मन में यह कटु भावना कभी नहीं पनपती लेकिन ऐसा नहीं होता। वे यहाँ आकर रुकते हैं, नौकरी काम–धन्धा ढूँढ़ते हैं लेकिन वहाँ तक वे सन्तुष्ट नहीं रहते। वे यहाँ चोरी चकारी करेंगे, अपनी बुरी आदतें यहाँ भी आजमायेंगे और यहाँ गन्दगी फैलायेंगे। फिर क्या किया जाये? हमारी इस धरती को वे दूषित, गन्दा करते हैं फिर उनके बारे में हमारे मन में अच्छी भावनाएँ कैसे पैदा होंगी?" यह कहते हुए भी उसकी आवाज़ में दर्द झलक रहा था। सचमुच उसकी बातें सोचने के लिए मज़बूर करने वाली थीं। यदि उसने जो कहा या फिर उसके राज्य में आकर बसने वालों से उसने जो अपेक्षाएँ व्यक्त कीं, वे गलत कहाँ थीं? उसने जिन बातों का ज़िक्र किया, यदि दूसरे राज्यों में जाकर बसने वाले

या नौकरी, व्यवसाय को लेकर किसी दूसरे प्रदेश में स्थापित होने वाले लोग ध्यान में रखकर अपना व्यवहार या आचरण तद्नुरूप करते हैं तो मेरे ख़याल से किसी को भी किसी के बारे में कोई आपत्ति नहीं होनी चाहिए। लेकिन वैसे होता नहीं। मेरे ख़याल से बाहरी देशों या विदेशों में जो अनुशासन या क़ायदे–क़ानून होते हैं, हम जब उन देशों में जाते हैं, तब अनिवार्य रूप से उनका पालन करते हैं, या यूँ कहिये कि उस तरह का पालन करना, हमारे लिए अनिवार्य हो जाता है लेकिन हमारे अपने देश में यह नहीं होता। 'यह मेरा देश है, इसलिए यहाँ मैं कुछ भी करने के लिए स्वतन्त्र हूँ' यह मानने के बजाय "यह मेरा देश है, इसकी सुरक्षा, इसके नियमों का पालन करने का जिम्मा मेरा है, इसलिए मुझे हर बात, हर नियम का पालन करना होगा" इस बारे में कभी सोचा ही नहीं जाता। परिणामस्वरूप कहीं भी थूकना, गन्दगी फैलाना और फेंकना, गन्दगी करना, आम बात हो जाती है। हम अपने देश को ही गन्दा और अस्वच्छ करते जाते हैं और अपनी आने वाली पीढ़ियों के लिए एक अजीब–सा गन्दगी–भरा, ग़ैर जिम्मेदाराना उदाहरण पेश करते हैं।

तो हम सिक्किम के घरों की बात कर रहे थे। सिक्किम के चारों ओर पहाड़ियाँ हैं या यूँ कहिये सिक्किम, पहाड़ियों में ही बसा हुआ है। अब तो यहाँ होटलों, रेस्टोरेंटो या दूकानों की भरमार हुई है। पहाड़ियों का इस्तेमाल कर उन्हें ही ठोक बजाकर, उनके दिल में गहरे से घाव बनाकर उनमें कंक्रीट और लोहे की सलाख़ें घुसेड़ दी गयी हैं। दो–चार मंज़िला इमारत, उस पहाड़ी की ऊँचाई तक होती है। पहाड़ियों से बहने वाले झरनों, नालों को फिर अटका या रोका जाता है और फिर इमारतों का ढाँचा बनाया जाता है, हालाँकि यह पहले नहीं था। छोटे–छोटे से रंगीन घर और रंग–बिरंगी फूलों से सजे हुए छत या आँगन, यहीं लुभावना दृश्य था। इन घरों को बनाने के लिए ईंटों को ढोने का काम यहाँ का सिक्किमी मज़दूर, बेंत की बड़ी–सी टोकरी में ईंटों को लादकर इस टोकरी को अपने सिर पर खोंचकर, धीरे–धीरे लेकिन बड़ी सहजता और आसानी से उन

घुमावदार छोटी–छोटी सड़कों या रास्तों के ज़रिये, जहाँ घर निर्माण हुआ करता है, वहाँ तक पहुँचता है और ईंटों को खाली कर फिर से नीचे उतरता है, दूसरी बार ईंटें लेने के लिए! यहाँ ट्रक या बड़े वाहन, जो सामग्री को ढोते हैं, अपने गन्तव्य तक आसानी से नहीं पहुँच पाते। एक तो पक्की सड़कों के किनारे अब जगह बची नहीं है, जहाँ घर बनाये जा सकें! अन्दरूनी हिस्से में यदि घर बनाने है तो ट्रक या सामग्री लेने वाला वाहन वहीं नीचे जहाँ थोड़ी–सी ख़ाली जगह होती है, सामग्री को उतार देता है और वहाँ से बड़े परिश्रम से उस सामग्री को ढोने का काम वहाँ का आदमी या कभी कभार औरत भी करती हैं। सही मायने में देखा जाये तो सिक्किम में किसी भी रास्ते से चलना, चलना नहीं होता बल्कि चढ़ना, पहाड़ी चढ़ने जैसा होता है। पहाड़ियों पर ही बस्तियाँ होने की वजह से आप जिस रास्ते से भी चलोगे, वह आपको चढ़ाई चढने के लिए मज़बूर कर देता है। हम जैसे शहरवासियों के लिए यहाँ चलना, यानी टेढ़ी खीर! हाँफना, थकना, दो–दो कदमों पर रुक–रुककर फूलती हुई साँसों को नियन्त्रित करने की कोशिश करना, आदि।

गंगटोक की स्थिति भी उपर्युक्त दिये गये विवरण के अनुसार ही है। आपको सीधा या समतल रास्ता, गंगटोक में भी नहीं मिलता, एम.जी. रोड भी आपको चढ़ाई चढ़वाता है, थकाता है। लेकिन थोड़ा भी आप आगे चढ़कर आइये, हर कोण से सामने, आजू बाजू, दाहिने बायें दिखायी देने वाला दृश्य आपको सम्मोहित करता है। वह थकान जो आपके पोर पोर को निचोड़ लेती है, वहाँ की सुन्दरता को देखने पर काफूर हो जाती है, आप तरोताजा महसूस करते हैं।

सिक्किम के लोग बिल्कुल ठिगनी–सी कद–काठी के, गोरे और गेहूँए वर्ण के लेकिन साफ़ और चिकनी त्वचा के! उनकी आँखें, छोटी छोटी–सी; बिल्कुल चीनी या मंगोलियन लोगों जैसी! त्वचा इतनी साफ़ कि कोई दाग़, धब्बा कहीं भी दिखायी नहीं देता। बात करना, जैसे इन लोगों ने सीखा ही नहीं। बहुत कम बातें करते है ये लोग। आप जितना पूछेंगे, उतना ही जवाब आपको मिलेगा

लेकिन वह भी बड़ी शालीनता से! वे प्रणाम करेंगे, धीरे से, अदब से! झुकेंगे, आप से बहस नहीं करेंगे। आप जो कुछ पूछोगे, उसका उतना ही सीधा–सा और धीमी आवाज़ में जवाब आपको मिलेगा। आप यदि पूछताछ करने जाओगे, तो वहाँ से प्रतिसाद कम ही मिलता है लेकिन वह न तो अभिमान या उद्दामता की वजह से होता है बल्कि इस तरह से बात करना, पेश आना इन लोगों के ख़ून में शामिल है।

सिक्किम के लोग आपको कभी भी ऊँची आवाज़ में बात करते हुए नहीं सुनायी देंगे। इन लोगों की बातें बहुत धीमी और मुलायम आवाज़ में होती हैं। कोई ऊँची आवाज़ में ठिठोली करता या झगड़ा करता मुझे अपने वास्तव्य के दौरान कहीं दिखायी नहीं दिया।

यहाँ जिस तरह प्रकृति शान्ति से चलती है, यहाँ जिस तरह हिमालय शान्ति से बसता है, यहाँ जिस तरह पेड़ पौधे शान्ति से झूमते हैं, उसी तरह यहाँ के लोग यहाँ शान्ति से बसते हैं। हालाँकि वर्तमान स्थिति में थोड़ा परिवर्तन आया है। बाहरी लोगों द्वारा यहाँ ऊँची आवाज़ में बात करना, कभी झगड़ना आदि होता है लेकिन मूल लोगों की यदि आप बात करें तो वे बड़ी शान्ति से चलते है, अदब से बात करते है और आप से कम ही घुलमिल जाते हैं। शायद जिस तरह यहाँ प्रकृति अपनी शान्ति के साथ बसती है, लोग भी उसी शान्ति के साथ यहाँ रच बस गये हैं। शायद प्रकृति की शान्ति में अपनी आवाज़ से वे ख़लल नहीं डालना चाहते होंगे। शायद आवाज़ से प्रकृति को तकलीफ़ होती होगी, यह उनका मानना होगा।

गंगटोक तो सिक्किम की राजधानी है लेकिन इस राजधानी के शहर में भी आपको आवाज़ें कम ही सुनायी देंगी। यहाँ रेलमपेल है, आवाजाही है, गाड़ियाँ यहाँ आकर ठहरती हैं, यहाँ से आगे के लिए निकलती है लेकिन यह सब कुछ शान्ति से चलता है। महात्मा गाँधी रोड पर कुछ विक्रेताओं की आवाज़ें आप सुन सकेंगे, शाम की भीड़ में लोगों की आवाज़ें भी आप सुन पायेंगे। कोई गाड़ी वाला,

दूसरे गाड़ी वाले को अपनी गाड़ी पीछे लेने के लिए भी कहेगा लेकिन बस, उतनी ही आवाज़ें, शेष सब फिर से शान्ति की चद्दर ओढ़कर बैठा हुआ माहौल!

लेकिन अब यहाँ भी हलचल है, आपाधापी है, आवाजाही है, रेलमपेल है, यहाँ आने वाले, बसनेवाले लोगों की संख्या भी अब बढ़ने लगी है। बावजूद इसके इन सबको साथ लेकर एक चीज़ या बात, यहाँ हमेशा रहती है और वह है, शान्ति!

यहाँ के मूल निवासियों के साथ अब यहाँ उत्तर प्रदेश, बिहार, प. बंगाल से भी लोग आकर बस गये हैं। प. बंगाल से तो हर दिन यहाँ लोग आराम करने या पर्यटक के रूप में आते रहते हैं। इन आने वाले लोगों को सिक्किम के लोग रोकना चाहें तब भी रोक नहीं पायेंगे लेकिन इन लोगों द्वारा भी सिक्किम की मूल प्रवृत्ति और प्रकृति को याद रख, खुद को उसमें ढालकर यहाँ बसना होगा। कहा जाता है कि सिक्किम के घरों पर कभी ताले नहीं लगते थे लेकिन अब यह माहौल नहीं रहा। अब बहुत कुछ सँभालना पड़ रहा है, बहुत कुछ जतन करना पड़ रहा है और उसमें सबसे ज़्यादा महत्त्वपूर्ण है भौगोलिकता और पर्यावरण!

भारत का बाईसवाँ राज्य, सिक्किम

भारत का बाईसवाँ राज्य सिक्किम, छोटा–सा लेकिन उतना ही महत्त्वपूर्ण है क्यों कि सिक्किम के साथ भारत के पड़ोसी तीन देशों की सीमाएँ जुड़ी, सटी हुई हैं। नेपाल, भूटान और चीन (चीनी तिब्बत स्वायत्त क्षेत्र) भारत के बाईसवें राज्य के रूप में सिक्किम का गठन 16 मई, 1975 में हुआ। पूर्वोत्तर का यह अत्यन्त महत्त्वपूर्ण राज्य है। जहाँ सूरज पहले दस्तक देता है। 'सिक्किम' शब्द की उत्पत्ति लिम्बू भाषा के अनुसार 'सु' अर्थात् 'नवीन' तथा 'दिव्य' अर्थात् घट की सन्धि के पश्चात् हुई है। जो सम्भवतः राजा फुंतसोक नामग्याल द्वारा निर्मित महल की ओर इंगित करती है। इस राज्य के निवासी इसे 'न्येमाई–एल' या 'स्वर्ग' भी कहते हैं।

नेपालियों के लिए यह हरा–भरा, सुन्दर क्षेत्र 'सिक्किम' या 'नया स्थान' के रूप में परिचित है। सिक्किम से जुड़े विभिन्न आयामों पर दृष्टिपात करने से पूर्व सिक्किम की ऐतिहासिक पृष्ठभूमि पर विचार करना ज़्यादा समीचीन होगा। ऐसी मान्यता है कि तेरहवीं शताब्दी में पूर्वी तिब्बत के 'खाम' (kham) में मिन्याक (Mi-nyak) वंश के तीन भाइयों, जो खाम मिन्याक के प्रधान या मुखिया भी थे, उनमें से एक भाई को दिव्य–स्वप्न की अनुभूति हुई और उन्हें दक्षिण दिशा में देन्जोंग (Denzong) घाटी की ओर प्रस्थान करने का आदेश प्राप्त हुआ। सिक्किम को इसलिए 'देन्जोंग' नाम से भी जाना जाता है, जिसका तिब्बती भाषा में अर्थ होता है–'चावल की घाटी'। दिव्य स्वप्न में प्राप्त आदेश के अनुसार फिर परिवार सहित दक्षिण यात्रा प्रारम्भ कर दी गयी। इस यात्रा के दौरान साक्य (sakya) राज्य में ज्येष्ठ भाई ने अकेले ही एक मठ (मोनास्टरी) के निर्माण हेतु स्तम्भों की स्थापना करने हेतु मज़दूरों की सहायता की। उसके इस एकल प्रयास हेतु उन्हें 'खिये बुम्सां' (khye Bumsa) इस उपाधि से विभूषित किया गया, जिसका शाब्दिक अर्थ है, 'दस हज़ार पुरुषों से भी बलशाली पुरुष।' ज्येष्ठ पुत्र की ताकत या उसकी आभा से अभिभूत साक्य नरेश ने अपनी पुत्री का विवाह 'खिये बुम्सा' से कर दिया और वह वहीं पर बस गये। लेकिन खिये बुम्सा को बच्चा नहीं हो रहा था। काफ़ी सालों तक निस्संतान रहने के बाद 'खिये बुम्सा' ने लेपचा गुरु थेकांगटेक की शरण ली। थेकांगटेक के आशीर्वाद से खिये बुम्सा दम्पत्ति को तीन पुत्रों की प्राप्ति हुई। यहीं से थेकांगटेक और खिये बुम्सा की मित्रता या शाश्वत समझौते की शुरुआत हुई। इस ऐतिहासिक मित्रता की शुरुआत उत्तरी सिक्किम के काबी लॉगस्टोक (Longtsok) में हुई। खिये बुम्सा के पश्चात् उनके तृतीय पुत्र मिपोन राब (Mipon Rab) ने पिता के स्थान को ग्रहण किया और गुरु थेकांगटेक के पश्चात् गुरु ताशी (Guru Taashi) ने उनका स्थान और कार्यभार ग्रहण किया। थेकांगटेक की मृत्यु के पश्चात् लेपचा समुदाय, छोटे–छोटे समूहों में विभाजित होने लगे और उन्होंने गुरु

ताशी से नेतृत्व एवं सुरक्षा की माँग की। गुरु ताशी ने लम्बे अन्तराल तक लेपचाओं का नेतृत्व किया और अपना प्रभुत्व निरन्तर जारी रखा। कहा जाता है कि बौद्ध सन्त रिम्पोचे ने 9वीं सदी में सिक्किम का दौरा किया और बौद्ध धर्म, राजशाही के पूर्वाभास युग की शुरुआत की। तद्नुसार आधुनिक इतिहास का प्रारम्भ हुआ सन् 1642 ई. में! खिए बुम्सा के पाँचवें वंशज फुंतसोक नामग्याल को सिक्किम का प्रथम चोग्याल अर्थात् राजा घोषित किया गया। यह भी माना जाता है कि इस महान कार्य के लिए तीन महान लामा (बौद्ध भिक्षु), उत्तर, दक्षिण तथा पश्चिम सिक्किम के योक्सम नॉरबुगांग (Yoksum Norbugang) नामक स्थान पर एकत्रित हुए और उन्होंने फुंतसोक नामग्याल को सिंहासनावरूढ़ किया। हालाँकि इस घटना की भविष्यवाणी 8वीं शताब्दी में ही बौद्ध गुरु रिम्पोचे ने कर दी थी। उनकी भविष्यवाणी के अनुसार आगे फिर लगभग 300 वर्षों तक फुंतसोक नामग्याल की बारह पीढ़ियों ने सिक्किम पर शासन किया। लेकिन फुंतसोक नामग्याल का शासन सुचारु रूप से नहीं चल पाया क्यों कि बाद के वर्षों में सिक्किम को काफ़ी उठापटक का सामना करना पड़ा। अगले 150 वर्षों में राज्य को नेपाली आक्रमणकारियों का मुकाबला करना पडा, काफ़ी प्रशासनिक परिवर्तनों, बदलाव का तथा अस्थिरता का भी सामना करना पड़ा। बाद में सिक्किम पर ब्रिटिश शासकों ने क़ब्ज़ा कर लिया और वह ब्रिटिश संरक्षित राज्य बन गया। लेकिन इससे पहले सन् 1670 में फुंतसोक नामग्याल के पुत्र तेन्तुंग नामग्याल ने कार्यभार सँभाला। तेन्तुंग ने अपनी राजधानी को युक्सोम से राबड़ान्तसे में स्थानान्तरित किया। सन् 1700 में भूटान में चोग्याल की अर्ध बहन, जिसे राजगद्दी से वंचित कर दिया गया था, द्वारा भी सिक्किम पर आक्रमण किया गया। तिब्बतियों की सहायता से चोग्याल को राजगद्दी फिर से सौंप दी गयी। सन् 1717 से 1733 के बीच सिक्किम के लिए आक्रमणों का दौर चला। नेपाल तथा भूटान द्वारा किये गये अनेक आक्रमणों का सिक्किम को सामना करना पड़ा और अन्ततः राबड़ान्तसे का पतन हो गया।

सन् 1791 में चीन ने सिक्किम की सहायता हेतु और तिब्बत को गोरखाओं से बचाने हेतु अपनी सेना भेज दी। नेपाल की हार हुई और सिक्किम किंग वंश का भाग बन गया। सिक्किम का उस वक़्त पड़ोसी देश था, भारत! भारत तब ब्रिटिशों के शासन में था। अपने प्रमुख दुश्मन नेपाल के विरुद्ध सिक्किम ने तब भारत से हाथ मिला लिया। परिणामस्वरूप जब नेपाल ने सिक्किम पर आक्रमण कर, तराई समेत काफ़ी सारे क्षेत्रों पर क़ब्ज़ा कर लिया तब ईस्ट इंडिया कम्पनी ने नेपाल पर चढ़ाई की, जिसका परिणाम वर्ष 1814 का गोरखा युद्ध रहा। सिक्किम और नेपाल के बीच हुए 'सुगौली समझौते' तथा सिक्किम और ब्रिटिश अधीन भारत के बीच हुए 'तितालिया समझौते' के तहत वर्ष 1817 को नेपाल द्वारा अधिकृत सिक्किम क्षेत्र, सिक्किम को लौटा दिया गया। लेकिन सिक्किम के मोरांग प्रदेश में अंग्रेज़ों द्वारा कर लागू किये जाने के कारण सिक्किम और अंग्रेज़ी शासन के बीच सम्बन्धों में कड़वाहट आ गयी। यह कड़वाहट फिर बढ़ती गयी, वर्ष 1849 में सर जोसेफ डाल्टन और डॉक्टर अर्चिबाल्ड कैम्पबेल, बिना अनुमति और सूचना के सिक्किम के पर्वतीय क्षेत्र में जा पहुँचे। डॉक्टर कैम्पबेल सिक्किम और ब्रिटिश सरकार के सम्बन्धों के लिए जिम्मेदार भी थे लेकिन बावजूद इसके उनका इस तरह पूर्वसूचना के बगैर आना, सिक्किम सरकार को नागवार गुज़रा और सिक्किम सरकार द्वारा इन दो ब्रिटिश अधिकारियों को बंदी बना लिया गया। सिक्किम सरकार की इस कारगुज़ारी से नाराज़ ब्रिटिश सरकार ने फिर इस अँगूठे जितने छोटे से हिमालयीन राज्य पर चढ़ाई की और वर्ष 1835 में इसे भारत के साथ जोड़ दिया। इस चढ़ाई तथा सिक्किम सरकार की हार की वजह से चोग्याल राजा ब्रिटिश गवर्नर के अधीन कठपुतली बनकर रह गया।

वर्ष 1947 में भारत स्वतन्त्र हुआ, लेकिन सिक्किम ने भारत में विलय को अस्वीकार कर दिया और तत्कालीन भारतीय प्रधानमन्त्री जवाहरलाल नेहरू ने सिक्किम को संरक्षित राज्य का दर्जा प्रदान किया। अर्थात् सिक्किम के संरक्षककर्ता के रूप में भारत को ज़िम्मेदारी

सौंप दी गयी। इसके तहत सिक्किम के विदेशी, राजनयिक अथवा सम्पर्क सम्बन्धी विषयों की जिम्मेदारी भी भारत ने सँभाल ली। वर्ष 1955 में एक राज्य परिषद् की स्थापना की गयी जिसके तहत चोग्याल को एक संवैधानिक सरकार बनाने की अनुमति दी गयी। लेकिन सिक्किम नेशनल कांग्रेस द्वारा फिर से मतदान की माँग और नेपालियों को अधिक प्रतिनिधित्व देने की माँग के चलते राज्य में फिर से गड़बड़ी की स्थिति पैदा हो गयी। वर्ष 1973 में राजभवन के सामने हुए दंगों के कारण सिक्किम को संरक्षण प्रदान करने का औपचारिक अनुरोध भारत को किया गया।

सिक्किम का चोग्याल राजवंश अपनी लोकप्रियता को गँवा रहा था और शासन में अराजकता बढ़ रही थी। सिक्किम का बाहरी दुनिया से कोई नाता नहीं रहा। वह बाहरी दुनिया के लिए पूरी तरह से बन्द हो गया था। बाहरी विश्व को भी सिक्किम के बारे में कोई ज़्यादा जानकारी नहीं थी। सिक्किम नामक राज्य है, वहाँ ऐसी स्थिति चल रही है, यह जानकारी बाहरी विश्व को बिल्कुल नहीं थी। एक अमेरिकन गिर्यारोहक़ ने गंगटोक के कुछ चित्र और सिक्किम के कुछ दस्तावेजों की तस्करी की तब भारत की भूमिका और सिक्किम की स्थिति के बारे में लोग जानने लगे। वर्ष 1975 में सिक्किम को भारतीय गणराज्य में सम्मिलित करने का प्रस्ताव प्रधानमन्त्री द्वारा भारतीय जनता के सम्मुख रखा गया। इस प्रस्ताव का समर्थन सिक्किम की 97.5 प्रतिशत जनता ने किया और अप्रैल 1975 को भारतीय सेना सिक्किम में प्रविष्ट हुई। राजमहल के पहरेदारों को निःशस्त्र कर भारतीय सेना ने गंगटोक पर अपना कब्ज़ा जमा लिया। दो दिनों के भीतर सम्पूर्ण सिक्किम राज्य भारत सरकार के नियन्त्रण में आया और 16 मई, 1975 को सिक्किम औपचारिक रूप से भारतीय गणराज्य का 22वाँ राज्य बन गया और सिक्किम में राजशाही ख़त्म हुई। सिक्किम भारत का बाईसवाँ राज्य तो बन गया लेकिन इस छोटे से राज्य की भौगोलिक स्थिति इतनी पेचीदी और संवेदनशील है

कि भारत के लिए सिक्किम हरदम महत्त्वपूर्ण और ध्यान देने योग्य राज्य माना जाता रहा है।

पश्चिम में नेपाल, उत्तर तथा पूर्व में चीनी तिब्बत स्वायत्त क्षेत्र तथा दक्षिण पूर्व में भूटान से घिरे सिक्किम के दक्षिण की ओर भारत का पश्चिम बंगाल राज्य है। सिक्किम पूरा पर्वतीय क्षेत्र है। यहाँ की विभिन्न स्थानों की समुद्रतल से ऊँचाई 280 मी. (920 फीट) से 8585 मी. (28000 फीट) तक है। कंचनजंघा, हिमालय की सबसे ऊँची चोटी सिक्किम में स्थित है। यह पूरा राज्य ऊबड़–खाबड़ता से भरा हुआ है और यहाँ का भौगोलिक परिवेश खेती या कृषि के लिए उतना उपयुक्त नहीं है। दुर्गम पर्वतों से आच्छादित सिक्किम में खेती करना बहुत कठिन है, लेकिन बावजूद इसके यहाँ ढलानों को छोटे–छोटे खेतों में बदलकर सीढ़ीदार खेती की जाती है। तीस्ता और रंगीत ये नदियां तो सिक्किम के हर क्षेत्र में मौजूद हैं। यही दो नदियाँ हैं, जो सिक्किम को अपनी बाँहों में घेरकर सिक्किम के दक्षिण और पश्चिम में घाटियों के रूप में मौजूद रहती हैं। इनके जलस्रोत से यहाँ बिजली का निर्माण किया जाता है, इनके जलस्रोत घने जंगलों को जन्म देते हैं। तीस्ता को तो सिक्किम की जीवन–रेखा कहा जाता है जो सिक्किम के उत्तर से होकर दक्षिण में बहती है। हिमालय की ऊँची पर्वत शृंखलाओं ने सिक्किम को उत्तरी, पूर्वी और पश्चिमी दिशाओं से अर्धचन्द्राकार आकार में घेरकर रखा है। इन पर्वत–शृंखलाओं से व्याप्त सिक्किम में जनसंख्या बहुत ही कम मात्रा में पायी जाती है। जो लोग इन हिस्सों में रहते हैं, वे बहुत ही कठिनतम जीवनयापन करने के लिए बाध्य हैं। उनके पास न तो कोई सुख सुविधाएँ होती हैं और न ही जीवन यापन हेतु कोई काम! वे कभी मज़दूर बनते हैं, एकाध ठेला चलाते हैं और कँपकँपाती ठण्डे में धूप का इन्तज़ार करते हैं, जो बहुत कम नसीब होती है। सिक्किम की अधिकतर जनसंख्या दक्षिणी भाग में है, जहाँ हिमालय की कम ऊँचाई वाली शृंखलाएँ स्थित हैं। यहाँ कुछ सब्ज़ियाँ उगायी जाती हैं, थोड़ी खेती की जाती है।

सिक्किम को या सिक्किमी लोगों को यदि आप आज के परिप्रेक्ष्य में देखेंगे तो बडा ही कमज़ोर चित्र सामने आता है। सिक्किम में वर्तमान में भूटिया, लेपचा, लिम्बू, ग्रोमा, निवाड़ी, मगर, शेरपा, तमांग, तुलुंग, याखा, तिबेटन, सुनुवार, राई और नेपाली आदि लगभग ग्यारह भाषाएँ बोली जाती हैं। सिक्किम राज्य सरकार ने भी इन ग्यारह भाषाओं को मान्यता दी है। सिक्किम की जनसंख्या का 80 प्रतिशत भाग नेपाली एथनिक मूल के लोगों द्वारा व्याप्त है, जो 19वीं शताब्दी में यहाँ आये थे। मूल सिक्किमी लोगों के रूप में आप भूटिया और लेपचा लोगों को ले सकते हैं। भूटिया लोग तिब्बत के खाम जिले से 14वीं शती में यहाँ स्थानान्तरित हुए और लेपचाओं के बारे में माना जाता है कि वे दूरस्थ पूर्वोत्तर से यहाँ स्थानान्तरित हुए हैं। राज्य के पूर्वीय और उत्तरी हिस्से में ज़्यादातर तिब्बती लोग निवास करते हैं। लेकिन सिक्किम के शहरी इलाकों में भारत के विभिन्न हिस्सों से आकर लोग बस गये हैं। वे कारोबार से जुड़े हैं या फिर सरकारी नौकरियों में हैं। सिक्किम विकसनशील राज्य है। यहाँ आये दिन निर्माण कार्य चलता है। कभी रास्ते या सड़कें बनानी हैं तो कभी पुल या इमारतों का निर्माण करना है। परिणामस्वरूप समतल भूमि या नेपाल से आने वाले मज़दूरों का एक छोटा–सा हिस्सा हरदम यहाँ कार्यरत दिखायी देता है। यहाँ ज़्यादातर लोग नेपाली भाषा ही बोलते हैं। अमूमन 2/3 लोग नेपाली भाषा ही बोलते हैं। वह प्रमुख सम्पर्क भाषा भी है। यहाँ की नेपाली कई रूपों में अर्थात् राय, गुरुंग, लिम्बू, तमांग और लेपचा में बोली जाती है। यह भाषा हिन्दी जैसी ही बोली जाती है और इसकी लिपि भी देवनागरी है। हमारा ड्राइवर, मनीराम छेत्री भी नेपाली था। शान्त, अदबशील और विनम्र! यहाँ ज़्यादातर नेपाली, टूरिज़्म के व्यवसाय से जुड़े हैं। कभी भी आना, जाना, कहीं भी घूमना, शायद उन्हें पसन्द आता हो। ये नेपाली लोग भूटिया और लेपचाओं की भाषा भी समझते हैं, बोलते हैं। लेपचाओं को यहाँ के मूल निवासियों के रूप में देखा जाता है।

यहाँ नेपालियों और भूटिया लोगों के स्थलान्तर से पूर्व लेपचाओं की बस्ती थी। लेकिन यह जनजाति अब सिक्किम में बहुत कम मात्रा में पायी जाती है। लेपचाओं की अपनी भाषा व लिपि भी है। हालाँकि वह उतनी विकसित नहीं है, लेकिन सिक्किम की प्राकृतिक सुन्दरता से यह भाषा समृद्ध है। लेपचाओं की लेपचा लिपि या रॉन्ग (wrong) लिपि में लेपचा भाषा लिखी जाती है। यह अबाजीदा (abajida) लिपि है और इससे लेपचा भाषा में उच्चस्तरीय पढ़ाई भी की जाती है। यह अत्यन्त धनी भाषा है, जिसमें सिक्किम की वनस्पति, जीव–जन्तु, प्राणियों सम्बन्धी शब्दों की प्रचुरता है। लेकिन जिस तरह लेपचा लोगों की संख्या कम होती जा रही है, ठीक उसी तरह यह भाषा भी संकटग्रस्त श्रेणी में आ पहुँची है। यूनेस्को ने लेपचा भाषा को अति संकटग्रस्त भाषाओं की श्रेणी में रखा है। लेपचाओं का अच्छा और बुरा (spirit) इन दो बातों पर विश्वास है। पर्वतों, नदियों और जंगलों की ये लोग पूजा करते हैं। अपने प्राकृतिक परिवेश और जंगलों से ये लोग इतनी आसानी से घुलमिल जाते हैं कि लगता है वे इसी प्रकृति का एक हिस्सा हैं। लेपचाओं ने बुद्ध और ख्रिस्ती धर्म को अपनाया है लेकिन इनका लोक साहित्य कहानियों, घटनाओं से भरपूर है, जिसे वे झोंगु कहते हैं। सिक्किम के केन्द्रीय हिस्से में लेपचाओं की बस्ती है और वहीं पर वे स्थायी रूप से निवास करते हैं। लाचेन, लाचुंग और डिकचू नदियों के संगम पर इनकी ज़्यादा बस्ती है। लेपचाओं को अपना घर, बस्ती, परम्परा, संस्कृति से बेहद प्यार है और उनके बारे में उनकी दृढ़ श्रद्धा भी है। वे आसानी से न कोई बात अपनाते हैं और न ही अपनी कोई बात आसानी से छोड़ते हैं। उनके गाँवों में अन्य किसी जाति के लोग आकर रह नहीं सकते और न ही ज़मीन ख़रीद सकते हैं। वे किसी को अपनी बिरादरी में शामिल भी नहीं करते। आप उनके पास जायेंगे तो भी वे भरोसे से आपके साथ बात नहीं करेंगे। ज़िन्दगी और अपनी मान्यताओं को लेकर उनके विचार और सोच इतनी ठोस है कि वहाँ परिन्दा भी पर नहीं मार सकता।

लेपचाओं का एक महत्त्वपूर्ण गाँव है, टिंगवांग! इस गाँव में अन्य लोगों या जातियों के लिए प्रवेश वर्जित है। यह गाँव उत्तर सिक्किम में मौजूद है। इस गाँव में पूरी तरह से लेपचाओं का राज है और यहाँ और कोई नहीं आ सकता। ये पाबन्दी उस वक़्त के उनके राजा द्वारा लगायी गयी थी, जिसका सिक्किम सरकार द्वारा आज भी पालन किया जाता है। आज भी आप यदि टिंगवांग गाँव में जाना चाहते हैं, वहाँ रहना चाहते हैं तो आपको सिक्किम सरकार द्वारा विशेष अनुमति प्राप्त करनी पड़ती है और उसके बाद ही आप उस गाँव में प्रवेश कर सकते हैं। लेकिन यदि यह अनुमति आप प्राप्त करते हैं, आप टिंगवांग में प्रवेश करते हैं तो आतिथ्यशीलता तथा विनम्रता का एक नया नज़ारा आप देख सकेंगे तथा अपनेपन की एक नयी अनुभूति आपको निश्चित रूप से मिलेगी। लेपचा जाति के लोग जितने परम्परावादी हैं, उतने ही भोले भी हैं। यही वजह है कि इन लोगों का हरदम नाजायज फ़ायदा उठाया गया और उसी से बचने के लिए तथा इस जमाति/जाति को बचाने के लिए ही सही ये इस तरह के क़दम उठाये गये हैं। हालाँकि इससे लेपचा जमाति/जाति या लेपचाओं को कितना लाभ होता है या इससे यह जाति, लोगों से दूर या प्रचलित जीवन से दूर तो नहीं जा रही है, इस बारे में भी सोचा जाना चाहिए क्यों कि प्रवाह के साथ बहना, विकास की ओर उठाया गया पहला क़दम होता है। यदि लेपचा लोग अन्य लोगों से दूर रहेंगे तो समाज के साथ जुड़कर प्रगति की राह पर आगे कैसे बढ़ पायेंगे?

लेपचा स्वयं को 'रोंग' (Wrong) कहते हैं। लेपचाओं को मंगोलियन या तिब्बती वंश के लोग माना जाता है। अपने अतीत की किसी भी परम्परा को वो साथ में नहीं रखे हैं। लेकिन कंचनजंघा के आसपास ही वे निवास करना चाहते हैं। हालाँकि लेपचाओं का पुराना इतिहास इतना स्पष्ट नहीं है। वे लोगों के साथ ना तो ज़्यादा सम्पर्क बनाये रखते हैं और ना ही लोगों के साथ आकर घुल–मिल जाना चाहते हैं। बाहरी दुनिया के साथ उनका सम्पर्क वे सीमित

या कम ही रखते हैं। लेपचाओं पर पहले भूटिया लोगों ने, बाद में नेपालियों और अन्तिमतः अंग्रेज़ों ने राज किया।

लेपचाओं ने माउंट कंचनजंघा के दक्षिण और पूर्वोत्तर उतार पर अपनी बस्तियाँ बसायी हैं। ये पूर्वोत्तर हिमालय में बसे हैं, उसी तरह पश्चिमी भूटान और नेपाल में भी बसे हैं।

हालाँकि आज के सिक्किम में आप देखेंगे तो लेपचाओं की संख्या धीरे–धीरे कम होती जा रही है। यह अब धीरे–धीरे ख़त्म होती प्रजाति में शामिल होते जा रहे हैं। लेपचा भाषा को 'रोंगग्रिंग' कहा जाता है जो कि तिब्बती–बर्मन बोली है। यह 'नागा' परिवार की भाषा से आयी है। हालाँकि अब यह भाषा भी अस्त होने की कगार पर है। कुछेक लेपचा इस भाषा या लिपि को जानते हैं और बोलते हैं लेकिन ज़्यादातर लेपचा, नेपाली लिखना और बोलना पसन्द करते हैं। शायद लिपि की कठिनता, कम प्रयोग और अस्त होती प्रजाति, इन सब बातों के मद्देनज़र लेपचा प्रजाति ने नेपाली को अपनाया होगा, लेकिन यह प्रजाति अब धीरे–धीरे ख़त्म होने की कगार पर है। जो बदला नहीं, वह ख़त्म हो गया, समाप्त हो गया। यही बात आने वाले समय में लेपचाओं के लिए लागू होने का डर है।

सिक्किम के द्वितीय क्रमांक के महत्त्वपूर्ण निवासी हैं, भूटिया। भूटिया लोग तिब्बती मूल के हैं और यह माना जाता है कि पन्द्रहवीं शती के बाद या उसके आसपास ये लोग सिक्किम में आ गये हैं। उत्तरी सिक्किम में ज़्यादातर भूटिया लोगों की बस्तियाँ हैं। यहाँ वे लेचेनपांज और लाचुंगपांज के नाम से जाने जाते हैं। भूटिया लोग सिक्किमी या 'ल्होपो' भाषा का प्रयोग करते हैं और लेपचाओं की तरह इनकी भी अपनी अपनी मान्यताएँ हैं। भूटिया लोग अपनी जाति से बाहर शादी नहीं करते और यदि किसी लड़के ने बाहरी लड़की से शादी की तो उस लड़की को भूटिया परम्परा के अनुसार सभी मान्यताओं, परम्पराओं को अपनाना पड़ता है। ऐसा न करने पर दोनों को जाति बिरादरी से बाहर किया जाता है। जहाँ किसी भी बात पर उनका कोई अधिकार या दावा नहीं रहता।

भूटिया लोगों के गाँव भी लेपचाओं की तरह बड़े बड़े होते हैं और उन गाँवों में उनके आयताकार घर, जिन्हें वे 'खिन' कहते हैं, होते हैं। भूटिया लोग कला और त्योहारप्रेमी होते हैं। वे गाना, नृत्य और परम्पराओं का बड़े ही दिल से और शान से स्वीकार कर उनका मज़े से निर्वहन भी करते हैं। उनकी स्त्रियाँ भी अपनी परम्परागत वेशभूषा में, परम्परागत आभूषणों से लदी–फदी हर त्योहार को मनाती हैं। सोने के आभूषणों से लदी भूटिया औरतें इस बात की गवाही देती हैं कि स्त्रियों को सोने के आभूषणों का कितना शौक है। हस्त–कला और हैंडलूम के कपड़े उनकी विशिष्टता होती है, जिनमें भूटिया लोग माहिर हैं, ये उनकी विशिष्टता भी है। सिक्किम में भूटिया लोगों को 'डेन्जोम्पा' नाम से जाना जाता है।

लेपचाओं और भूटिया लोगों के बाद जो लोग सिक्किम में आये, वे थे, नेपाली! नेपालियों का सिक्किम में आगमन, बहुत बड़ी मात्रा में और बड़ी संख्या में हुआ। शायद नये बदलावों के साथ स्वयं को जोड़ने की इन नेपालियों की प्रवृत्ति ने उन्हें शीघ्र ही सिक्किम की सबसे ज़्यादा जनसंख्या में तब्दील कर दिया। आप यदि वर्तमान परिप्रेक्ष्य में देखेंगे तो पायेंगे कि सिक्किमी जनसंख्या का 80 प्रतिशत हिस्सा नेपालियों द्वारा वहन किया जाता है। नेपालियों द्वारा हिन्दू धर्म को अपनाया गया है। नेपालियों में जो भी शेरपा और तमांग लोग है, वे बुद्ध धर्म को मानते है, वहीं उपासना करते हैं। लेकिन आमतौर पर जो नेपाली हैं, वे परम्परागत तथा रूढ़िवादी हिन्दू हैं, जो पूरी जातिप्रथा को मानते हैं तथा उसका अवलम्बन करते हैं। नेपालियों की अपनी परम्पराएँ, श्रद्धास्थान हैं। उनकी कला, लोकसंगीत, लोकसाहित्य, सांस्कृतिक परम्पराओं का उनके पास अकूत भण्डार है। यह अमीरी उनके पास परम्पराओं, पीढ़ी–दर–पीढ़ी चली आयी है, जिसे उन्होंने बीते सालों के साथ और समृद्ध और अमीर बनाया है। अपने योगदान से नेपालियों ने सिक्किम राज्य के विकास में अहम भूमिका निभायी है और नयी पहल की शुरुआत भी की है। कला, साहित्य, लोक–भण्डार, खेती,

उद्योग आप कोई भी क्षेत्र चुनिये, आपको नेपालियों का योगदान वहाँ हर क्षेत्र में दिखायी देगा।

जिस तरह सिक्खों को हम किरपान से अलग नहीं कर सकते, उसी तरह नेपालियों को हम खुकरी से अलग़ नहीं कर सकते। विशेषतः 'खुकरी' के बिना गोरखाओं की हम कल्पना भी नहीं कर सकते। 'खुकरी' नेपालियों की परम्परा है, श्रद्धा है और उनकी संस्कृति है। बड़ी तेज़ धार वाला यह चाकू वे लकड़ी या चमड़े के 'दाब' में रखते हैं और कमर में बाँधते हैं।

इन तीन जाति–जमातियों के अलावा यहाँ क्रिश्चियन, मुस्लिम भी हैं और बिहारी, बंगाली भी हैं। लेकिन ख्रिश्चन, मुसलमानों की संख्या बहुत कम है जबकि बिहार, बंगाल से आए लोगों की संख्या आये दिन बढ़ती जा रही है। अन्य राज्यों से आकर सिक्किम में बसने वालों में प्रमुख हैं, मारवाड़ी लोग, जो दक्षिण सिक्किम तथा गंगटोक में दुकानें चलाते हैं। बिहारी यहाँ इमारतों, रास्तों, परियोजनाओं के निर्माण स्वरूप लगने वाले मज़दूरों के रूप में कार्य करते हैं। प. बंगाल यहाँ से काफ़ी नज़दीक होने की वजह से तथा ट्रेन और सड़क से जुड़ा हुआ होने की वजह से बंगालियों के लिए तो सिक्किम 'हिल स्टेशन' के रूप में काम करता है। छोटी–सी छुट्टी या अवकाश लेकर बंगाली यहाँ आते रहते हैं और इस छोटे–से राज्य को नये सिरे से पहचानने, जानने की कोशिश करते हैं। बंगाल में ही दार्ज़िलिंग है और दार्ज़िलिंग आये हुए बंगाली सिक्किम या गंगटोक में आना चाहते हैं, आते हैं। सिक्किम के मूल निवासी वैसे इन आने वाले लोगों के विरोधी नहीं हैं, लेकिन यदि आपके घर में कोई मेहमान चन्द दिनों का वास्ता देकर आता है, आप उसकी आवभगत दिल से करते हैं, उसकी सुख–सुविधा का पूरा ख्याल रखते हैं, लेकिन दिन बीतते हैं, महीनों गुज़र जाते हैं, वे सालों में तब्दील होते हैं लेकिन मेहमान आपके घर से जाने का नाम ही नहीं ले रहा है, तब जो आपकी मानसिकता बनती है, जो चिड़चिड़ापन आपको ठेल लेता है, वही मानसिकता से आज पूरा सिक्किम गुज़र रहा है। यहाँ के बाशिन्दों के अनुसार,

उन्होंने कभी अपने घरों में ताले नहीं लगाये थे। यहाँ कभी चोरी चकारी नहीं होती थी, लेकिन अब यह स्थिति बदल गयी है। अब सिक्किमीज अपना घर खुला छोड़कर कहीं नहीं जा सकते, क्यों कि वापस लौटने पर घर से क्या क्या ग़ायब हुआ होगा, उसकी गिनती वे नहीं कर सकते। शायद घर भी ग़ायब हो जाये? यही मानसिकता या यूँ कहिये सिक्किम की बदली हुई स्थिति की वजह से यहाँ बाहर से आये हुए लोगों के प्रति एक घृणा पनप रही है और उसका इज़हार यहाँ आये दिन होता रहता है। हालाँकि विपरीत भौगोलिकता और परिवेशिकता के कारण यहाँ सिक्किम के मूल निवासियों के पास नौकरी–व्यवसाय की कमी है। वैसे तो सिक्किम के 82% लोग शिक्षित हैं और उनकी प्रति व्यक्ति आय भी बेहतरीन है। यहाँ भिखारी और बेकार लोग बहुत कम दिखायी देते हैं लेकिन बावजूद इसके 70% सिक्किम का क्षेत्र जंगलों एवं पहाड़ियों से घिरा हुआ होने की वजह से यहाँ कृषिपयोगी भूमि का अभाव है। यहाँ सिर्फ़ 11% भूमि कृषिपयोगी है और जो खेती की जाती है, वह मुख्य रूप से चाय, नारंगी एवं बड़ी इलायची की की जाती है। आलू, मकई, अनानास की उपज भी यहाँ की जाती है। खेतों में चावल भी उगाये जाते हैं और औषधीय पौधों की भी उपज होती है। ऑर्कीड्स के फूलों की खेती भी यहाँ के चुनिन्दा खेतों में होती है। इसके अलावा गौपालन, मछली पालन और बागबानी से भी कुछ लोग जुड़े हैं। सबसे महत्त्वपूर्ण बात यह है कि सिक्किम की खेती में रासायनिक उर्वरकों का प्रयोग न के बराबर होता है और जैविक खाद का प्रयोग ज़्यादा किया जाता है।

सिक्किम भारत का ऐसा राज्य है, जिसकी जनसंख्या सबसे कम है। यह ऐसा राज्य है जो पहाड़ों की सीढ़ियों पर बसता है, खेती करता है और घर बनाता है। तकरीबन 89--90 प्रतिशत लोग यहाँ ग्रामीणता के रंग में रँगे हैं और सिर्फ़ 11 प्रतिशत लोग शहर के रंग में रँगे हैं।

हमारा सारथी मनीराम, हमसे हिन्दी में ही बात कर रहा था लेकिन उसका बात करने का लहज़ा थोड़ा अलग था। हमने जब उसे अन्य ड्राइवरों के साथ बात करते हुए सुना तो ज्ञात हुआ कि वह नेपाली है और अपनी मातृभाषा होने तथा सिक्किम में प्रचलित होने की वजह से नेपाली में ही बात करता है। नेपाली और हिन्दी में काफ़ी समानताएँ हैं। यदि मनीराम नेपाली में बोलता है तो तक़रीबन उसकी पूरी बातचीत हमारी समझ में आ जाती थी।

नेपाली बहुत परिश्रमी लोग हैं। उनकी कठोर परिश्रम करने की प्रवृत्ति तथा किसी भी स्थिति में तथा परिवेश में स्वयं को ढालने और समायोजित किये जाने की मानसिकता और स्वभाव की वजह से वे सिक्किम के बेहतरीन किसानों में गिने जाने लगे हैं। सीढ़ीनुमा खेतों में कठोर परिश्रम कर खेती करना, उनका मुख्य व्यवसाय बन गया है। वे इन सीढ़ीनुमा छोटे–छोटे खेतों में खेती कर बड़ी इलायची उगाते हैं, यह बड़ी इलायची यहाँ के किसानों का मुख्य नकदी देने वाला उत्पाद है। क्योंकि परफ़्यूम और औषधियों के उत्पाद में बड़ी इलायची का उपयोग बड़ी मात्रा में किया जाता है। परिणामस्वरूप बड़ी इलायची की माँग मार्केट में धीरे–धीरे बढ़ती जा रही है। इसके अलावा घरेलू उपयोग में भी बड़ी इलायची का स्थान बढ़ने लगा है।

नेपाली लोग बढ़िया किसान होने के साथ साथ बड़े जीवट वाले और इमानदार होते हैं। वर्तमान में आप देखोगे तो सिक्किम में आपको 'यत्र तत्र सर्वत्र' अनेक व्यवसायों, नौकरियों, कामों में नेपालियों की बढ़ती सहभागिता और योगदान दिखायी देगा। इसके साथ ही सिक्किम में अब राज्य विकास के काम तेज़ी से होने लगे हैं, जिनमें रास्तों, इमारतों का निर्माण, पुल और डैम का निर्माण आदि कामों में अनेक मज़दूरों की जरूरत होती है। ऐसे में नीचे के समतल भूभागों से तथा नेपाल से भी इन कार्यों हेतु लोगों का आना बढ़ गया है।

सिक्किम से जुड़े अनेक आयामों के बारे में जब हम बात करते है तब ये तीन जातियाँ और बाद में उनके साथ जुड़ी अन्य अनेक जातियाँ यहाँ अमन चौन से एक साथ रहती हैं।

यहाँ की ये विभिन्न जातियाँ सिक्किम में अनेक त्योहार मनाती हैं। हालाँकि सभी मुख्य त्योहारों जैसे कि दिवाली, दशहरा तो यहाँ मनाए ही जाते हैं। बौद्ध धर्म के ल्होसार, लूसोंग, सागा, दावा, ल्हाबाब ड्यूचेन, डूपका टेशि, भूमचू आदि त्योहार यहाँ विशेष रूप से मनाये जाते हैं। तिब्बती नव वर्ष–ल्होसार के दौरान तो यहाँ सभी सरकारी कार्यालय, पर्यटन केन्द्र हफ़्तेभर के लिए बन्द रहते हैं। 'बड़ा दिन' भी यहाँ मनाया जाता है। यहाँ के युवा नयी पद्धतियों की हेयर स्टाइल करने में अग्रसर हैं। रॉक संगीत के साथ–साथ यहाँ हिन्दी संगीत भी सुनायी देता है। विशुद्ध नेपाली रॉक संगीत पर नेपाली काव्य को भी आप यहाँ सुन सकते हैं।

माघे संक्रान्त, गूथोर छाम, साकेवा, दसैन (दुर्गा पूजा), तेनडॉग, ल्हो रम फाट, पाँग ल्हासोब जैसे त्योहार भी यहाँ मनाये जाते हैं।

नृत्य और लोक नृत्य तथा लोक संगीत भी सिक्किम के जन–जीवन में अहम भूमिका निभाता है। लेपचाओं का 'सिकमारी' यह रोमांटिक नृत्य, आपको युवा लड़का और लड़की की प्रेम कहानी बयाँ करता है। लेपचा गीत और वाद्यों जैसे कि सांगा (ड्रम), थांगजेय (तन्तु वाद्य), यारका, बाँसुरी और तंगबुक के साथ यह नृत्य युवा लड़कियों तथा लड़कों के साथ अपना समाँ बाँध लेता है।

'जो–माल–लोक' यह लेपचाओं का लोक नृत्य है जोकि युवा और वयोवृद्ध लोगों के साथ को दर्शाता है और खेती के कामों से जुड़ा हुआ है। इस नृत्य में स्त्री और पुरुषों की सुन्दर भंगिमाएँ और शारीरिक गतिविधियाँ लेपचाओं के वाद्य यन्त्रों के साथ मिलकर एक नयी दुनिया प्रस्तुत करती हैं।

कंचनजंघा की पर्वत–शृंखलाओं के सम्मान में किये जानेवाले 'चू–फाट' नृत्य में चू यानी बर्फीली चोटी और फाट यानी प्रार्थना–अर्थात् यह नृत्य कंचनजंघा के सम्मान में हाथों में घी के दीये और हरे बाम्बू के पत्तों के साथ धार्मिक रूप से भक्ति गीतों के साथ किया जाता है। पर्वतों की चोटियों से बहती नदियों के आक्रामक तेवरों से लोगों को बचाने के उद्देश्य से यह लेपचा लोक कहानी, नृत्य के ज़रिये पिछली

पीढ़ी से आने वाली पीढ़ी को गीतात्मक कविता के ज़रिये बतायी जाती है। इस नृत्य के ज़रिये दक्षिण सिक्किम के तेनडाँग पर्वत पर निवास करने वाले लेपचा अपनी प्रार्थनाएँ ईश्वर को अर्पण करते हैं। वे चाहते हैं कि बढ़ते पानी से उनकी रक्षा की जाये। किंवदन्ती के अनुसार ईश्वर, पंछी के रूप में आकर पानी पर पवित्र बाजरा बियर छिड़कता है और पानी का स्तर कम हो जाता है।

सिक्किम की प्राकृतिक सुन्दरता को बयाँ करता लेपचाओं का 'किचम–चू–बोम्सा' यह एक और लोक नृत्य है जोकि सिक्किम को स्वर्गीय सुन्दरता से जोड़ता है। रंगीन पारम्परिक पोशाकों में सजे लेपचा युवा और युवतियाँ अपनी जन्मभूमि के प्रति अपना जुड़ाव दर्शाते हुए यह नृत्य करते हैं।

भूटिया लोगों के बीच में भी अपने नृत्यों की एक अलग परम्परा है।

अपने पूर्व गुरुओं, सन्तों अर्थात् गुरु रिम्पोचे आदि तथा अपने वर्तमान गुरुओं से उनके आशीर्वाद पाने हेतु भूटिया लड़कों तथा लड़कियों द्वारा 'देनजोंग–नेह–ना' यह नृत्य बड़ी अदाकारी के साथ बाँसुरी, ड्रम, यागज्ये और यारका इन वाद्य यन्त्रों के साथ किया जाता है।

समृद्धि और सम्पत्ति की चाह में देवताओं, प्राणी देवताओं के आशीर्वाद प्राप्ति हेतु नये गृहनिर्माण या नवविवाहित दम्पती के लिए लड़के और लड़कियों द्वारा 'तादृशिदृयांग–कू' नृत्य किया जाता है।

भूटिया लोगों का बहुत पुराना नृत्य माना जाता है, 'ताशि शाब्दो'। पवित्र मौक़ों पर शान्ति, पवित्रता और समृद्धि हेतु नृत्य करने वाले समूहों द्वारा सफ़ेद स्कार्फ का आदान प्रदान किया जाता है। यह नृत्य बहुत मधुर गीत पर किया जाता है। समग्र शान्ति, समृद्धि और सुख प्राप्ति हेतु 'गुरु चिनलोप' यह समूह नृत्य भी लड़कों तथा लड़कियों द्वारा किया जाता है। सिर्फ़ वाद्य–यन्त्रों के ताल पर पाँच लड़कों के समूह को चरवाहे के नेतृत्व में 'स्नो लायन' (हिम सिंह), जो कि राज्य का सांस्कृतिक प्रतीक है, की तरह किया जाने वाला 'सिंघी छाम'

नृत्य दर्शकों को बाँधे रखता है। इसी तरह चरवाहे के नेतृत्व में चार पुरुषों द्वारा 'याक' के महत्त्व तथा उपयोगिता को दर्शाने वाला 'याक छाम' यह नृत्य प्रस्तुत किया जाता है। 'छाम' नृत्य वैसे तो सिक्किम की सभी मोनास्टरीज में किया जाता है। लेकिन पेमायांगत्से, रूमटेक, येन्चे मोनास्टरीज में प्रस्तुत किया जाने वाला 'छाम नृत्य' अपने आप में अनूठा और प्रभावशाली होता है। लेपचा और भूटिया लोगों के अलावा, सिक्किम में नेपाली समुदाय बहुत बड़ी संख्या में है। नेपाली लोग अपने त्योहार बड़े हर्षोल्लास के साथ मनाते हैं तथा इनके नृत्य भी अपनी लय और अदाकारी को लेकर कुछ अलग–सा समाँ बाँध देते हैं। नेपालियों का सबसे पुराना और प्रसिद्ध नृत्य प्रकार है–'मारूनी'। पूर्व में जब यह नृत्य किया जाता था, तब स्त्री की भूमिकाएँ भी पुरुषों द्वारा निभायी जाती थीं, लेकिन अब यह नृत्य तीन पुरुष और तीन स्त्री नर्तकों द्वारा किया जाता है। यह नृत्य अब नये सिरे से स्त्री द्वारा केन्द्रीकृत भूमिका में प्रस्तुत किया जाता है। नये रूप में इसमें पोशाक, परम्परा और पद्धति में भी परिवर्तन आया है। 'तिहार' त्योहार के दौरान यह नृत्य हर घर के आँगन में किया जाता है। गीत के शब्दों को हारमोनियम, मडल, बाँसुरी, घुँघरू का साथ देकर उसमें स्त्री–पुरुषों के संगीतमय लहराते बदन, इस नृत्य को अनूठा बना देते हैं।

कटाई के मौसम तथा अन्य ख़ुशगवार मौके पर स्त्री–पुरुष समूह द्वारा, जीवन की ख़ुशी को 'चुटकी' नृत्य द्वारा प्रस्तुत किया जाता है।

नेपाली लोगों की 'गुरुङ्‌ग' जाति द्वारा 3 पुरुष और 3 स्त्री नृत्य करने वालों द्वारा 'दोहोरी' नृत्य प्रस्तुत किया जाता है। पारम्परिक वेशभूषा 'रोधी घर' (मनोरंजन केन्द्र) में इकट्ठा होकर गाने और नृत्य के ज़रिये, संगीत के साथ यह नृत्य अपना मन्तव्य बताने के लिए किया जाता है।

'जेउरम सिली' यह नृत्य नेपाली 'राई' जाति द्वारा लड़की की शादी के अवसर पर एक लड़का और स्त्रियों द्वारा पेश किया जाता है।

इस नृत्य में युवा और बूढ़े शामिल होकर ढोल और झामठा के साथ नृत्य करते हैं। नेपाली में 'तमाँग' जाति के समूह द्वारा 'तमाँग सेलो' नृत्य भी किया जाता है। मानवीय सम्वेदनाओं को प्रस्तुत करने वाले 'हताई' तमाँग गीतों के साथ ख़ुशनुमा माहौल में पदताल और 'डाम्फू' वाद्य के साथ यह नृत्य किया जाता है। 'तमाँग सेलो' गाये बग़ैर कोई नेपाली शादी तय नहीं हो सकती।

समूह मुखौटा नृत्य जो कि नेवार जाति में 'लाखि' (मास्क) नृत्य के नाम से जाना जाता है, बुराई से बचाव और शान्ति, समृद्धि की कामना में खे (ढोल), झाली और धीमय इन वाद्य–यन्त्रों के साथ यह नृत्य किया जाता है।

धमई जाति के नेपालियों द्वारा 'नौमाटी' समूह नृत्य बड़े सुन्दर ढंग से प्रस्तुत किया जाता है। इस नृत्य में नौ प्रकार के वाद्य यन्त्र इस्तेमाल किये जाते हैं। दो प्रकार की शहनाई, तुरही (छोटी और बड़ी), दमहा (नगाड़ा)–यह भी दो प्रकार का, ढोलक और झिमंता (किम्बल), नौमाटी बाजा तो विवाह और अन्य पवित्र मौक़ों पर अवश्य बजाया जाता है। लिम्बू जाति के नेपाली लोगों द्वारा 'चियाप–बृन्ग' यह पारम्परिक नृत्य पारम्परिक वाद्य यन्त्रों के ताल पर किया जाता है। चियाप बृंग यह वाद्य–यन्त्र ढोलक से भी बड़ा होता है और नृत्य के दौरान उसे पुरुष नर्तक द्वारा गले में रस्सी की सहायता से बाँधा जाता है तथा एक ओर से हथेली और दूसरी ओर से छड़ी की सहायता से उसे बजाया जाता है। इसका तीव्र ताल पहाड़ियों और पूरे परिसर में गूँजता है। चार पुरुष और चार स्त्रियों द्वारा हार्मोनियम, मडल, बाँसुरी और घुँघरू के साथ 'धान नाच' बारिश और कड़कती धूप और गर्मी में भी किसान की ऊर्जा को सलाम करने हेतु किया जाता है। खेती के उन्हीं कामों को अंजाम देते हुए उस रूटीन से कुछ अलग ख़ुशी और माहौल देने हेतु यह नृत्य गीत–संगीत के साथ युवा और बूढ़ों द्वारा एक ही उत्साह के साथ पारम्परिक शैली में बहुत पहले से किया जा रहा है। अपने अपने रंगीन, पारम्परिक सलीकेदार पोशाकों में गीत, संगीत के साथ चलने वाले ये विविध नृत्य,

सिक्किमी जनमानस, परम्परा तथा उनकी संगीतमय संस्कृति से हमारा साक्षात्कार करवाते हैं। शान्ति, अमनप्रिय सिक्किमी, सालों से राजनीतिक रूप से भी स्थिर हैं। धैर्य, ठोस मानसिकता और संगीत की विरासत ने इस राज्य को एक अलग स्थान दे दिया है, जो यहाँ के लोगों ने अपनी कर्मठता से प्राप्त किया है तथा उसे साकार भी किया है।

कला और कलाकारी

सिक्किम की प्राकृतिक सुन्दरता तो आँखों में समाती नहीं। हिमालय की बर्फ़ से आच्छादित चोटियाँ, ऑर्किड और रोड़ेड़ोंनड्रेस के फूल, लम्बे–लम्बे, आसमान छूते पेड़ों के जंगल तो कहीं नुकीले पत्तों से भरे वृक्ष! पानी के स्रोतों का तो क्या कहना? यहाँ हर जगह आपको पहाड़ियों से बहते निर्मल जल के स्रोतों के साथ, कल कल करती, बहती, अठखेलियाँ करती नदियाँ, ठण्ड से सिकुड़ता फिर भी बहता पानी, लाल, काले मिट्टी का नक़्क़ाशीदार प्रदेश, बड़े बड़े पत्थरों से सजा इलाका तथा पर्वत–शृंखलाओं से उछलते, फव्वारों के रूप में नीचे आते झरने, बड़ा लुभावना दृश्य देता है सिक्किम!

यहाँ के लोग भी रंगों, फूलों के शौकीन हैं। विपरीत प्राकृतिक स्थितियाँ उनकी हरदम परीक्षा लेती हैं, लेकिन किसी भी सिक्किमी के चेहरे पर उदासीनता का कोई रंग चढ़ा हुआ दिखायी नहीं देता। अपनी छोटी छोटी आँखों और लटके हुए गालों से उनका मुस्कराना हरदम आपको मन्त्रमुग्ध–सा कर देता है और उनके वे प्यारे प्यारे से गोभी के गड्डे जैसे छोटे–छोटे बच्चे जब स्कूल यूनिफ़ोर्म पहनकर स्कूल के लिए निकलते हैं, तब लगता है, उन्हें गोदी में उठाकर उनके उन गालों को धीरे से चूम लिया जाये, उनके साथ दिल खोलकर मस्ती की जाये।

फूलों तथा रंगों के शौकीन सिक्किमी लोगों के घर के आँगन में तथा कभी कभी घर के छतों पर भी गमले दिखायी देते हैं, जिनमें चटख रंगों के फूल खिले हुए दिखायी देते हैं। पूरे सिक्किम में जगह

जगह बुद्ध के सन्देश के रूप में पताकाएँ लहराती हुई दिखायी देती हैं। ये पताकाएँ भी रंगबिरंगी होती है और बर्फ़ या पर्वतीय प्रदेश के पार्श्व में उनका लहराना बड़ा ही सुकून और जीवन्तता का एहसास दिलाता है। जीवन्तता, मैं इसलिए कहती हूँ क्यों कि सिक्किम के एक प्रदेश से दूसरे प्रदेश तक जाने की यात्रा में कभी–कभार ऐसी स्थिति आ जाती है कि मीलों कोई बस्ती दिखायी नहीं देती और ना ही कोई आदमी–पंछी या पशु का होना भी कम दिखायी देता है। मीलों प्रदेश ऐसा होता है जो बर्फ़ से ढँका होता है या फिर मिट्टी, पत्थरों से ओढ़ा हुआ होता है। ऐसे में ये लहराती हुई पताकाएँ इस बात का एहसास दिलाती हैं कि कोई मानव यहाँ आकर गया है और उसने ये पताकाएँ, बुद्ध का सन्देश देने हेतु लगायी हैं।

सिक्किमी लोग कलाप्रेमी हैं, यहाँ अनेक त्योहार मनाये जाते है, नृत्य और गान होते हैं। यहाँ के कलाकार लोग रंग–बिरंगी पोशाकें बुनते, बनाते हैं जो पारम्परिक होने के साथ कलापूर्ण होते हैं। कारपेट बनाना या कारपेट की बुनाई करना सिक्किमी लोगों का महत्त्वपूर्ण लघु उद्योग कहा जा सकता है। भूटिया जमाति की औरतें इस कला में विशेष रूप से माहिर मानी जाती है, यहाँ जो कारपेट की बुनाई की जाती है, वह हाथ से की जाती हैं और उन पर जो रूपांकन किया जाता है वह अपने आप में अनूठा और विशिष्ठ होता है। कलात्मक डिज़ाइनों के साथ लम्बी–लम्बी गाँठों के ज़रिये उनके कारपेट बनते हैं, जोकि काफ़ी कलापूर्ण माने जाते हैं। सिक्किम में बुनाई की जो परम्परा है, वह सम्भवतया विश्व की सबसे पुरानी परम्परा है। उनकी यह विशिष्टता और परम्परा का अनूठापन आप उनकी कारपेट की बुनाई से देख सकते हैं; सिक्किमी कलाकार अपनी इस अनूठी और विशिष्ट बुनाई–कला का जतन बड़े आन, बान और शान से करते हैं। यह कलाकारी करते समय उनके कठोर परिश्रम और विशिष्टता को भी आप देख सकते हैं। फ्रेम करघे के ज़रिये अपनी पारम्परिक डिज़ाइनों तथा पैटर्न को वे वास्तविकता में उतारते हुए कारपेट में उँडेल देते हैं। ऊनी बनावट के उनके ये कारपेट बहुत चलते हैं और

प्रसिद्ध भी हैं। उन पर जो डिज़ाइन बनायी जाती है, उस डिज़ाइन तथा कारपेट को भी पारम्परिक सब्ज़ी डाई से रंगाया जाता है। जो सिक्किमी लोग पीढ़ी–दर–पीढ़ी इस व्यवसाय से जुड़े हैं, वे बहुत ही अनूठे ढंग से डिज़ाइनों तथा पैटर्न को जन्म देते हैं, ये पैटर्न या डिज़ाइन, आपको दाँतों तले उँगली दबाने के लिए बाध्य करते हैं। इस अनूठी कला में वे माहिर हैं और उसके लिए वे जाने भी जाते है; लेकिन सिर्फ़ कारपेट बनाने तक ही उनकी यह कला सीमित नहीं है बल्कि ये लोग ऊनी ब्लैंकेट्स, बैग्ज, शालें और जैकेट्स भी बुनते हैं। सिक्किम की कलाकारी, उनके विशिष्ट 'चोकत्से'–टेबल के ज़रिये भी दिखायी देती है। सिक्किम का यह चोकत्से टेबल फ़ोल्डेबल अर्थात् तह किया जाने योग्य होता है। जब चाहे तब आप इसे खड़ा कर सकते हैं और जब चाहे तब उसे फोल्ड कर रख सकते हैं। यह टेबल सिर्फ़ भारत में ही नहीं बल्कि भारत के बाहर भी प्रसिद्ध है। ये टेबल तिब्बती शैली के अलग अलग डिज़ाइनों तथा तरीक़ों से और आयामों से बनाये जाते हैं। उन पर रंगीन कलाकारी भी की जाती है। रही बात लकड़ी पर उत्कीर्ण कर की गयी नक़्क़ाशी की! यह लकड़ी पर उत्कीर्ण करने की कला सिक्किम में आपको हर जगह दिखायी देगी। मोनास्टरीज और इमारतों में इनका दिखायी देना आम बात होती है। मोनास्टरीज के दरवाज़ों, दीवारों पर सिक्किमी प्रतीकों तथा चिह्नों को बड़ी संख्या में उकेरा हुआ दिखायी देता है। यह नक़्क़ाशी बड़ी सुघड़ और सुरुचिपूर्ण तरीक़े से की गयी होती है। सिक्किम का मास्क डांस जिसे 'ड्यूए चेन' कहा जाता है, लामाओं में यह 'मास्क डाँस (छाम) बहुत लोकप्रिय और प्रसिद्ध है। इस मास्क डांस में भी लकड़ी पर नक़्क़ाशी की जाती है और मुखौटों की ख़ूबसूरती में चार चाँद लगाये जाते हैं, रंगों से। सिक्किम में लकड़ी और पेपर मैश के बहुत ख़ूबसूरत मास्क बनाये जाते हैं। वैसे तो सिक्किम की सभी मोनास्टरीज में लकड़ी पर की गयी नक़्क़ाशी और उत्कीर्ण डिज़ाइनों का पारम्परिक और अनूठा रेला दिखायी देता है, लेकिन पेमायांगत्से मोनास्टरी, इस लकड़ी पर किये गये शिल्पों और

नक़्क़ाशी का अद्भुत और विशिष्ट नमूना है। थंगका पर की गयी चित्रकारी यानी सिक्किमी कला और चित्रकारी का बेहतरीन और नायाब नमूना! यह पारम्परिक स्ट्रेपट्री, सिक्किम में अपनी एक अलग भूमिका रखते हुए सामने आती है। हालाँकि थंगका यानी तिब्बती बुद्धिस्ट चित्रकारी जो सूती, सिल्क या प्लेट पर की जाती है, जिसमें बौद्ध धर्मीय देवता, दृश्य और मण्डल दिखाये जाते हैं। ये 'थंगका' बहुत पवित्र और पावन माने जाते हैं और इन्हें फ्रेम किये बिना प्रदर्शित किया जाता है। चीनी स्क्रोल चित्रकारी की शैली में 'थंगका' होता है, जिसमें आगे से सिल्क कवर होता है। कभी उसे सिल्क की फ्रेम भी लगायी जाती है। वैसे तो 'थंगका' छोटे–छोटे आकार में होते हैं। लेकिन मोनास्टरीज में तो कभी–कभी बहुत ही बड़े 'थंगका' प्रदर्शित किये जाते हैं। बुद्धिज़्म से सम्बन्धित देवी, देवताओं तथा उनकी ज़िन्दगी से सम्बन्धित घटनाओं के अलावा उससे सम्बन्धित दर्शन, को भी 'थंगका' के ज़रिये दिखाया जाता है। शुरू में पुजारियों तथा भिक्षुओं द्वारा ये 'थंगका' बनाये जाते थे, लेकिन समय के साथ ये कौशल आगे बढ़ते हुए पीढ़ी–दर–पीढ़ी विकसित होता गया। आज इस कौशल के ज़रिये मोनास्टरीज और 'थंगका' बनाने वालों का जीवन यापन चलता है। 'थंगका' आपको एक फीट का भी मिल सकता है या उससे भी बड़ा लेकिन वह 'शो–पीस' के हिसाब से इस्तेमाल करने के बजाय पवित्र चीज के रूप में इस्तेमाल करने की परम्परा है। सिक्किम की मोनास्टरीज इन 'थंगका'ओं से समृद्ध और सम्पन्न तथा कलाकारी के नायाब नमूनों के रूप में देखी जाती है। गंगटोक में सिक्किम की यह कला और कलाकारी आप आसानी से ख़रीद सकते हैं। महात्मा गाँधी मार्ग, गंगटोक में अनेक निजी दुकानों तथा सरकारी एम्पोरियम में भी आपको यह कलाकारी मिल सकती है। तिब्बती हैंडीक्राफ्ट सेंटर में इन चीज़ों के अलावा आपको तिब्बती कलाकारी की वस्तुएँ भी मिल सकती हैं।

सिक्किम के साथ ईश्वर का वरदान है। मैं कहूँ सिक्किम को हिमालय और हिमालय के कैलास पर बसने वाले शिव का वरदान है।

शिव नटराज है, शिव सार्थक है, अमर, अजर है, शिव सर्वत्र है। सिक्किम के हर पहलू से और सिक्किम के हर कोण से विशिष्ट सुन्दरता की रोशनी प्रस्फुटित होती है। यहाँ की शान्ति, अमन, माहौल की पवित्रता, सुन्दरता और यह सुन्दरता सिर्फ़ माहौल, प्रकृति, लोगों या स्थानों तक सीमित नहीं है, यह सुन्दरता यहाँ के लोगों की कलाकारी के ज़रिये भी दिखायी देती है। कारपेट की बुनाई हो, लकड़ी पर की जाने वाली नक़्क़ाशी हो, चोकत्से टेबल हो या थंगका चित्रकारी हो, सिक्किम की सुन्दरता हर चीज़ में दिखायी देती है।

सिक्किम की आस्था और विश्वास

वर्तमान में, सिक्किम के जनजीवन में आधुनिकता के साथ–साथ धर्म का भी अपना महत्त्वपूर्ण स्थान है। सिक्किम के दैनन्दिन जीवन में धर्म को इस कदर बुना गया है कि उसे जीवन से अलग ही नहीं किया जा सकता। सिक्किम में आप जहाँ भी नज़र दौड़ायेंगे, आपको मोनास्टरीज, मन्दिर, चर्च आदि धार्मिक प्रार्थनागृह दिखायी देंगे। यहाँ 750 से भी ज़्यादा प्रार्थनागृह हैं और इनके अलावा वो प्रार्थना वाली रंगीन पताकें, वो तो आपको क़दम–क़दम पर दिखायी देती हैं। यहाँ हिन्दू, बौद्ध, खिस्ती और मुस्लिम, सभी आपसी मेल जोल के साथ रहते हैं। यहाँ के मन्दिर का घण्टा नाद, मस्जिद की अजान के साथ मिलकर मोनास्टरी की तुरही के साथ बजकर चर्च की बेल के साथ घुल–मिल जाता है और एक नये संगीत को जन्म देता है। यह नया संगीत सलीकेदार है, मधुर है और एक हार्मनी लेकर चलता है। यहाँ आप एक ही प्रार्थना गृह में अनेक धर्मों के लोगों को इकट्ठा होकर अपनी अपनी प्रार्थनाओं का पाठ करते हुए पायेंगे।

प्रकृति और सिक्किम का जन–जीवन एक साथ चलता है। जब नया वर्ष शुरू होता है, मौसम बदलता है, कटाई होती है, तब सिक्किमी लोगों के त्योहार मनाये जाते हैं, कैलेंडर के अनुसार विशेष रूप से त्योहार मनाये जाने के एवज में इस तरह प्रकृति के साथ जुड़कर दैनन्दिन जीवन के अनुसार त्योहार मनाना, सिक्किमी लोगों को बहुत पसन्द है। वे धार्मिक पुस्तकों, शास्त्रों के अनुसार नहीं चलते

बल्कि प्रकृति के अनुसार चलते हैं। उनकी धन्यवाद ज्ञापन प्रार्थना कंचनजंघा के प्रति होती है, वे पेड़ों की, हिमालय की पूजा करते हैं। खेचोपालरी लेक उनके लिए पावनता का मानदंड है जबकि थांगु लेक पवित्रता की पहचान है। फूलों से उन्हें प्यार है जबकि पंछी प्राणियों से उन्हें स्नेह है। नदी का पानी उनका जीवन है जबकि बर्फ़ उनका साथ निभाता है।

सिक्किम के जनजीवन में विश्वास और धार्मिकता को इस तरह बुना गया है कि सिक्किम के लोगों का रोज़मर्रा की ज़िन्दगी से इसे अलग करना या यूँ कहिये अलग से पहचानना, आपके लिए सम्भव नहीं होगा। धर्म और धार्मिकता से लबालब यह राज्य अपनी दैनन्दिन ज़िन्दगी में जोकि बहुत ही ऊँचे नीचे, घुमावदार रास्तों पर प्रकृति के विभिन्न 'मूड्स' के अनुसार ऊपर नीचे होता रहता है। हर कोने पर या हर रास्ते पर सफ़ेद बर्फ़ से ढँकी पृष्ठभूमि में लहराने वाली रंग–बिरंगी प्रार्थना पताकाएँ, रास्ते में दिखायी देने वाले मन्दिर, सुन्दर मोनास्टरीज तथा चर्चेस के साथ साथ ही इनकी ज़िन्दगी चलती रहती है। आप सिक्किम में कहीं भी जाइये या यात्रा कीजिये, यहाँ के किसी भी गाँव या शहर में जाइये, आपका मन्दिर, मोनास्टरीज़ और चर्च से सामना जरूर होगा। इन मन्दिरों, मोनास्टरीज़ और चर्चेस के इर्द–गिर्द ही सिक्किम का जीवन घूमता, फिरता रहता है। सिक्किम का मुख्य धर्म हिन्दू है, लेकिन यहाँ बुद्धिस्ट भी है, ख्रिश्चन भी है और मुसलमान भी है। इस जातीय और धार्मिक विविधता के बावजूद भी यहाँ का जातीय मेलजोल या खुली सोच को आप भारत में अन्यत्र कहीं नहीं पायेंगे और उनके लिए यह कोई बड़ी बात नहीं है। उनके लिए यह आम बात है। यह ज़िन्दगी जीने का उनका अपना तरीका है। सिक्किम के लिए सभी जातिधर्म यूँ ही हाथों में हाथ डाले आगे बढ़ते हैं।

धर्म, इतिहास और संस्कृति के समीचीन और उचित मिलन ने सिक्किम को आगे बढ़ाया है और यही वजह है कि आज तीर्थ पर्यटन में सिक्किम भारत का प्रथम क्रमांक का राज्य है। यहाँ इतिहास और

लोगों की भावनाएँ तथा उनके जज़्बात सर्वोपरि हैं। सिक्किम में धर्म और धार्मिकता दो स्तरों पर चलती है। प्राकृतिक रूप से जो धार्मिक स्थल यहाँ हैं, उनकी बात पहले आती है और दूसरी बात है, मानवीय रूप से तैयार किये गये धार्मिक स्थलों की! मोनास्टरीज़, मन्दिर और चर्च इन तीनों धार्मिक स्थलों के साथ सिक्किम में प्राचीन और लोगों की आस्था और विश्वास की धरोहरों के रूप में ऐसे अनेक धार्मिक स्थान मौजूद हैं; जो सदियों से यहाँ के ही नहीं बल्कि भारत भर के भारतवासियों के साथ भारत से बाहर बसने वाले अन्य लोगों की आस्था के स्थान बने हुए हैं। परिणामस्वरूप यहाँ मलेशिया, थाईलैंड, जापान, तिब्बत, सिंगापुर आदि देशों से भी तीर्थयात्रियों का आवागमन होता रहता है। सिक्किम प. बंगाल से सटा हुआ है, इसलिए प. बंगाल के लोगों का यहाँ आना–जाना यानी किसी पड़ोसी का अपने पड़ोसी के घर बार बार आना और जाना।

बौद्ध धर्म और सिक्किम

प्राचीन काल में भारत 'जम्बूद्वीप' नाम से जाना जाता था। इसी जम्बूद्वीप में बुद्ध का जन्म, उत्तर भारत जिसे 'मध्य क्षेत्र' नाम से जाना जाता था और जो पृथ्वी के बीचोंबीच है, में हुआ। रोहिणी नदी के किनारे बसे शाक्य वंश के शुद्धोदन और मायावती से ईसा पूर्व 563 की अप्रैल–मई की पूर्णिमा को कपिलवस्तु के लुंबिनी वन में इस बोधिसत्व बालक का जन्म हुआ। पौराणिक कथा के अनुसार शुद्धोदन और मायावती को विवाह के उपरान्त 20 सालों में कोई सन्तान नहीं हुई थी। बुद्ध का गर्भ धारण करने से पूर्व मायावती को रात में स्वप्न आया, जिसमें एक सफ़ेद हाथी ने सूँड़ में सफ़ेद कमल धारण कर उनके पेट के दाहिने हिस्से से गर्भ में प्रवेश किया था।

'असित' जो विद्वान साधु होते हैं, उनके द्वारा इस बालक के बारे में यह भविष्यवाणी की गयी थी कि 'यह बालक या तो चक्रवर्ती सम्राट होगा और पृथ्वी पर राज करेगा या फिर बुद्ध होकर समस्त जीवों का कल्याण करेगा।' बुद्ध के जन्म के सात दिनों में ही

संक्रामक रोग से मायावती की मृत्यु हो गयी और बुद्ध को उसकी मौसी (मायावती की छोटी बहन), जिसकी शादी शुद्धोदन से हुई थी, उस प्रजावती गौतमी को लालन पालन हेतु सौंपा गया। उसने भी अपना दोहरा दायित्व निभाते हुए अपने स्वयं के पुत्र को दाई को सौंपकर बुद्ध का पालन–पोषण किया। जन्म के पाँचवें दिन इस बालक का नामकरण कर उसे 'सिद्धार्थ' नाम दिया गया तथा उसका पारिवारिक नाम 'गौतम' रखा गया।

इस अवसर पर विशेष रूप से आमन्त्रित 8 विशेष ब्राह्मणों में से 7 ब्राह्मणों ने 2–2 उँगलियाँ उठाकर यह बालक या तो सम्राट बनेगा या बुद्ध बनेगा, ऐसी भविष्यवाणी की। जबकि उनमें से कौंडिन्य नामक युवा ब्राह्मण ने सिर्फ़ एक उँगली उठायी। जिसका मतलब था, यह बालक संन्यासी–बुद्ध बनेगा। पिता की हर सम्भव कोशिश के बावजूद नगर में घूमते हुए देखे गये चार दृश्यों, जिसमें से एक में सिद्धार्थ ने एक बूढ़े आदमी को जरा जर्जर अवस्था में देखा, दूसरे में उसने एक रोगी को बहुत ही दयनीय स्थिति में देखा, तीसरे में उसने मृत व्यक्ति को ले जाते हुए देखा और चौथे में उसने संसार की सारी भावनाओं और कामनाओं से मुक्त प्रसन्नचित्त संन्यासी को देखा। इन चार दृश्यों ने सिद्धार्थ की सोच को आमूलचूल बदल दिया और अपनी पत्नी तथा सर्वसंग परित्याग कर 29 वर्ष की आयु में 534 ई.पू. में राजकुमार सिद्धार्थ ने बुद्ध बनने की अपनी ऐतिहासिक यात्रा प्रारम्भ की। यात्रा, त्याग, संन्यास, कठोर साधना, आत्म–संयम, कठोर तपस्या आदि सभी कठोरतम स्थितियों से गुज़रने के पश्चात् गौतम बुद्ध भार्गव मुनि के पास गये। उसके बाद वैशाली में अराड़ मुनि (कपिल मुनि के शिष्य) के पास गये। तत्पश्चात् 75 वर्ष की आयु वाले अद्रक मुनि के पास भी वह गये। लेकिन जो ज्ञान वह चाहते थे, उससे उनका साक्षात्कार नहीं हुआ। वह निराश हुए पर हताश नहीं। अन्ततः आधुनिक गया के समीप ऊरविल्व के जंगलों में वह पहुँच गये। वहीं पर उनकी 5 भिक्षुओं से भेंट हुई। संवेदना, कठोर साधना एवं आत्म संयम को उन्होंने देखा और वे उनमें शामिल हुए।

कौंडिन्य मुनि भी उनमें से ही एक थे। लेकिन यहीं पर उन्हें इस बात का भी एहसास हुआ कि कठोर तपस्या से लक्ष्य प्राप्ति नहीं होती। शारीरिक आवश्यकताओं की ओर भी उतना ही ध्यान देना आवश्यक है। उनके इस एहसास से 'योगी सिद्धार्थ भोगी हो गया', ऐसा भी कहा गया। उनके पाँच शिष्यों ने इस बात को लेकर उनका साथ छोड़ दिया। लेकिन गौतम बुद्ध को अन्ततः बोधिवृक्ष के नीचे ज्ञानप्राप्ति हो गयी। ज्ञानोदय के बाद सात दिनों तक वह बोधिवृक्ष के नीचे बैठे रहे। कौंडिन्य उनके प्रथम अनुयायी (शिष्य) बने। उन्होंने तत्पश्चात् संघ की स्थापना की। 523 ई.पू. में बुद्ध पुनः कपिलवस्तु, अपनी नगरी में आये तब उनकी पत्नी यशोधरा ने प्रजावती के साथ मिलकर बुद्ध से कहा, "कितना अच्छा होता यदि तुम्हारे द्वारा प्रवर्तित धर्म में स्त्री भी घर–बार छोड़कर परिव्राजक रूप में जीवन यापन करें।" यशोधरा ने बुद्ध से तीन बार 'संघ' में शामिल होने हेतु अनुरोध भी किया लेकिन बुद्ध ने उसे स्वीकार नहीं किया। मां प्रजावती ने भी इससे पूर्व संघ में शामिल होने की इच्छा जतलायी थी। लेकिन जब अन्य स्त्रियों के साथ माँ प्रजावती ने तथागत से विनती की तब उसकी विनती मान ली गयी। माँ प्रजावती बुद्ध की प्रथम शिष्या बनीं।

बाद में भिक्षुणी संघ की स्थापना का उल्लेख 'चुल्लवग्ग' में भी आया है, जिसमें गौतमी यानी प्रजावती को आठ उत्तरदायित्व सौंपे गये हैं। उन उत्तरदायित्वों के अनुसार भिक्षुणी कितने वर्ष भी संघ में रहे, वह छोटे बड़े सभी भिक्षुओं को प्रणाम करेगी, भिक्षु संघ से पूछकर ही वह धर्मोपदेश, उपदेश कर सकेगी, जहाँ भिक्षु नहीं, वहाँ भिक्षुणी नहीं रहेगी, चातुर्मास के बाद भिक्षुणी को भिक्षु संघ और भिक्षुणी संघ की प्रवारणा (स्वदोष बताने के लिए प्रार्थना) करनी होगी, संघादिशेष पर आपत्ति होने पर भिक्षुणी को दोनों संघों में 15 दिनों का मानत्त (विहार से बाहर रातें बिताना) होगा, जिसने दो वर्षों तक अध्ययन किया हो, ऐसी श्रमणेरी को दोनों संघ उपसम्पदा देंगे, किसी भी कारण से भिक्षुणी, भिक्षु को गाली नहीं देंगी आदि। हालाँकि ये बुद्ध के नियम थे या फिर भिक्षु संघ ने बाद में ये नियम बनाकर

उन्हें 'विनय' में शामिल किया, इस बारे में कोई स्पष्ट जानकारी नहीं है। लेकिन एक बात यहाँ महत्त्वपूर्ण है कि बौद्ध धर्म में पुरुषों की तरह स्त्रियाँ भी निर्वाण को पा सकती हैं, इस बात को गौतम बुद्ध ने स्त्रियों को संघ में शामिल करवाकर अधोरेखित कर दिया। हालाँकि नियमों, स्वतन्त्रता और अधिकारों को देखते हुए भिक्षुणियों को भिक्षुओं की तुलना में कम आँका गया, लेकिन भिक्षुणियों द्वारा लिखी गयी 'थेरिगाथा' ने स्त्रियों के प्रति एक नये दृष्टिकोण तथा नयी पहल को अंजाम दिया।

संन्यास लेने के पश्चात् 50–51 वर्षों की अपनी लम्बी यात्रा में बुद्ध ने अनेक देशों, प्रदेशों की यात्रा की, अनेक स्थानों पर उन्होंने वाद–विवाद किये, ज्ञान बाँटा। उनके अनेक शिष्य बन गये। संघ की स्थापना के बाद बौद्ध धर्म के दर्शन को लेकर उन्होंने अनेक प्रवचन दिये।

पौराणिक कथाओं के अनुसार गौतम बुद्ध न तो प्रथम बुद्ध थे और न ही अन्तिम। ऐसा माना जाता है कि बौद्ध धर्म में अब तक तीन बुद्ध का अवतार हो चुका है और इस श्रृंखला में गौतम बुद्ध का चौथा स्थान है। पौराणिक कथाएँ, यह भी कहती हैं कि इस ब्रह्मण्ड में 1000 बुद्ध अवतार लेंगे। बौद्ध धर्म में बुद्ध सृष्टि के रचयिता नहीं है, न ही साधारण मनुष्य और ईश्वर के बीच की कोई कड़ी है। बुद्ध ने कहा था कि प्रत्येक प्राणी 'बुद्धत्व' स्थिति तक पहुँच सकता है। वास्तव में बुद्ध वह व्यक्ति है जिसने शुभ विचारों का पोषण तथा अशुभ विचारों का परित्याग कर दिया है और निर्वाण प्राप्त किया है।

अपना जीवन कार्य समाप्त होने पर 483 ई.पू. में अन्ततः पावा में चुंडा के घर, गौतम बुद्ध ने अन्तिम भोज किया। वहाँ से निकलकर नेपाल के तराई क्षेत्र में 80 वर्ष की उम्र में पूर्वी क्षेत्र, कुशीनगर में गौतम बुद्ध ने देह त्याग दिया। मल्ल लोगों ने उनकी चिता को जल से बुझाया। उनकी अस्थियों को आठ भागों में विभाजित किया और उन अस्थियों पर स्तूप बनवाये गये। सम्राट अशोक ने इन अस्थियों का विभाजन कर 80,000 से अधिक स्तूप तथा दगोबा बनवाये।

बौद्ध धर्म का प्रचलन पहली से छठवीं शताब्दी के बीच हुआ और वह भी वज्रयान का मार्ग प्रशस्त करते हुए ई.पू. पहली, दूसरी और शताब्दी के बीच 'महायान' का अभ्युदय हुआ, ऐसा माना जाता है लेकिन यह बात भी स्पष्ट नहीं है। प्रथम शताब्दी में सुखवतिव्यूही सूत्र (विशुद्ध भूमि सूत्र) पर आधारित 'महायान' का प्रचलन रहा। चौथी शताब्दी में असंग योगाचार्य के समय 'महायान' में देवियों की पूजा होने लगी। छठीं शताब्दी में देवी तारा को अवलोकितेश्वर की शक्ति (कहीं कहीं उनकी पत्नी) के रूप में पूजा जाने लगा। हालाँकि थेरावाद के अनुयायी, उन्हें स्वीकार नहीं करते थे। छठवीं शताब्दी में बौद्ध धर्म में महत्त्वपूर्ण परिवर्तन आये। बौद्ध धर्म में भी 'तंत्र' का समावेश इसी शताब्दी में हुआ और रहस्यवाद को प्राधान्य प्राप्त हुआ।

7वीं शताब्दी में तिब्बत में यह माना जाता था कि तारा धर्मनिष्ठ और सदाचारी स्त्री के रूप में जन्म लेती है। 7वीं शताब्दी के प्रारम्भ में तिब्बत के सम्राट सांगसेन गांपो (617–50) ने दो राजकुमारियों से शादी की थी। एक चीनी और एक नेपाली। दोनों बौद्ध धर्म की अनुयायी थी। दोनों में अन्तर करने के लिए चीनी लोगों के लिए सफ़ेद तारा का चिह्न खिला हुआ कमल माना गया। नेपालवासियों के लिए हरित तारा का चिह्न आधा खिला नील कमल था। बाद में इन चिह्नों को दिन (पूरा खिला कमल–खुली आँखें) और रात्रि (आधा खिला कमल, आधी खुली आँखें) के रूप में माना जाने लगा। बौद्ध साहित्य में 21 ताराओं का भी उल्लेख मिलता है।

सम्राट सांगसेन गांपो बौद्ध धर्म से काफ़ी प्रभावित हुए। उन्होंने अपने मन्त्री थान्मी संभोता को बौद्ध धर्म की लिखित पांडुलिपि का संस्कृत से तिब्बती भाषा में अनुवाद करने हेतु भारत भेजा। उनके शासन में तिब्बत में बौद्ध धर्म की जड़ें फैलीं। 100 वर्षों के पश्चात् इनके उत्तराधिकारी त्रिसांग डेत्स्न (742–97) ने भारत के महान उपदेशक (गुरु) शान्तरसिता तथा पद्‌मसम्भव को तिब्बत बुलाया। परिणामस्वरूप अगली सदियों तक उतार–चढ़ाव के बावजूद बौद्ध धर्म पूरे तिब्बत में फैल गया। लेकिन 11वीं सदी के आरम्भ में तिब्बत

में बौद्ध धर्म का फिर से पतन होने लगा, भ्रष्ट रीतियाँ, कर्मकाण्ड पनपने लगा तब फिर से सम्राट ल्हालामा येशे ऑए ने तिब्बत की भूमि पर बौद्ध धर्म के पुनरुत्थान के लिए भारत के विद्वान सन्त अतिश (982–1054) को तिब्बत बुलाया। उन्होंने 'लाम–रिम' रचना (3 पृष्ठों की पुस्तिका) से फिर से तिब्बत को सही राह पर लाया। लेकिन भारत में तब बौद्ध धर्म, विनाशकारी ताकतों के बीच पिस रहा था। पश्चिमी हमलावर मठों को ध्वस्त कर बौद्ध भिक्षुओं को मार रहे थे। इस मार से यह धर्म उठ नहीं पाया। हज़ारों वर्षों तक यह धर्म इसी वजह से अपनी ही ज़मीन से लुप्त रहा। जबकि तिब्बत में 'महायान' सुरक्षित रहा। वैसे तो 'हीनयान, सूत्रयान और तन्त्रयान' इन सभी बौद्ध धर्म की शाखाओं का मूल भारत ही रहा। भारत से ही ये शाखाएँ तिब्बत में फैलीं। भारत सहित चीन, तिब्बत, श्रीलंका, जापान, अफ़ग़ानिस्तान, बर्मा, नेपाल, अनाम, थाईलैंड और मलाया यह पूरा एशिया क्षेत्र उस वक़्त 'बुद्ध क्षेत्र' से जाना जाता था। इसके अलावा डच अधिकृत क्षेत्रों, बाली द्वीप समूह, ब्रिटिश तथा रूस अधिकृत अन्य क्षेत्रों जैसे कोरिया, भूटान, सिक्किम, कश्मीर, मंगोलिया, मंचूरिया आदि भी बौद्ध धर्म से अधिक प्रभावित क्षेत्र थे। 19वीं सदी के आरम्भ में की गयी जनगणना के आधार पर पश्चिमी विद्वानों के निष्कर्ष के अनुसार एक समय ऐसा भी था, जब बौद्ध धर्मावलम्बियों की संख्या हिंदुओं से कहीं अधिक थी। आज भी बौद्ध धर्मावलम्बी विश्व के अनेक देशों में फैले हुए हैं और हिन्दुओं के देश मुख्यतः दो ही हैं, नेपाल और भारत। जबकि बौद्ध धर्म को हिन्दू धर्म की एक शाखा माना जाता रहा। तिब्बत की सीमाएँ सिक्किम से सटी हुई होने के कारण बौद्ध धर्म तिब्बत से होकर धीरे–धीरे सिक्किम में फैल रहा था। बौद्ध धर्म में ईश्वर के अस्तित्व या ईश्वरवाद को स्वीकार नहीं किया गया है, इसलिए बुद्ध या बौद्ध धर्म की शरण में आने वालों को किसी माध्यम की ज़रूरत नहीं पड़ी। बुद्ध का मुख्य उपदेश कहता है कि मानव जीवन लालच, क्रोध और मोह के मायाजाल में फँसा हुआ है। यदि इस मायाजाल से मुक्ति पाना है तो तपस्या या साधना का मार्ग

अपनाना होगा और यह काम हमारा मन कर सकता है। हमारा मन सांसारिक बन्धनों तथा उससे मुक्ति या मोक्ष, दोनों का स्रोत है। बौद्ध धर्म में जाति, धर्म का कोई बन्धन नहीं था, चातुवर्ण्य को इसमें स्थान नहीं था। परिणामस्वरूप बौद्ध धर्म को बड़े पैमाने पर अपनाया गया।

तिब्बती बौद्ध धर्म को भारत–तिब्बत बुद्धिज़्म, हिमालयन बुद्धिज़्म या उत्तरी बुद्धिज़्म भी कहा जाता है। भूटान और तिब्बत में बौद्ध धर्म प्रमुखता से अपनाया गया है और वहाँ से हिमालय के परिसर में अर्थात् लद्दाख और सिक्किम में, मध्य एशिया में और तुवा, मंगोलिया जैसे सैबेरियन क्षेत्रों में भी वह फैल गया। यहाँ वह महायान के साथ वज्रयान के कुछ तत्त्वों को लेकर चलता है, जिसमें कुछ तान्त्रिक प्रथाओं को भी जोड़ा गया है।

सिक्किम में बौद्ध धर्म आठवीं सदी के बाद अपनी विशिष्टताएँ तथा विशेषताओं के कारण तेज़ी से फैलने लगा। 17वीं शताब्दी में गुरु रिम्पोचे की भविष्यवाणी के अनुसार तीन लामाओं का तिब्बत से सिक्किम में आगमन हुआ। प्रथम लामा, ल्हाटसन चेम्पो, जिनका जन्म तिब्बत के कॉम्बु नगर में वर्ष 1595 में हुआ था, वे तिब्बत की कई मोनास्ट्रीज की यात्रा करते हुए वर्ष 1648 में ल्हासा पहुँचे और उन्होंने वहाँ ग्रांड लामा ग्यालवानगक वोंग को अपने ज्ञान से प्रभावित किया। ग्रांड लामा के आशीर्वाद को पाकर ल्हाटसन चेम्पो काबरू पर्वत शिखर को पार कर सिक्किम पहुँचे। यहीं पर उनकी भेंट अन्य दो लामाओं –सेम्पा चेम्पो और रिगसिंग चेम्पो से हुई। ये दोनों लामा सिक्किम की पश्चिम और दक्षिण दिशा से आए थे। इन तीनों की भेंट याकसम (Yaksum) में हुई, जिसे Place of threewise ones कहा जाता है। याकसम को सिक्किम की राजधानी के रूप में घोषित करते हुए इन तीन लामाओं ने फुन्तसांग नामग्याल को चोगील अर्थात् सिक्किम के राजा के रूप में नियुक्त कर दिया। राजा को सिंहासन सौंपने के बाद ल्हाटसन चेम्पो और अन्य लामा सिक्किम में बौद्ध धर्म की शिक्षा, प्रचार–प्रसार करने में जुट गये। कालान्तर में सिक्किम बौद्ध धर्म का अनुयायी तथा प्रतीक क्षेत्र बनता गया। इस पूरे क्षेत्र में

मोनास्ट्रीज स्थापित होती गयी। बौद्ध भिक्षुओं (Monks) को शिक्षा प्रदान करना, इन मोनास्ट्रीज का मुख्य उद्देश्य था। जो मुख्य मोनास्ट्री होती है, वह सम्प्रदाय (SECT) का प्रमुख सिंहासन (Seat) होता है।

बौद्ध धर्म का जैसे जैसे प्रचार प्रसार हुआ, उसकी मान्यताओं में भी भिन्नताएँ आने लगीं। आस्थाओं, वन्दनाओं, प्रार्थनाओं के तरीक़े अलग अलग हो गये और उन्हीं मान्यताओं तथा बौद्ध गुरुओं की शिक्षाओं के आधार पर बौद्ध धर्म में अलग अलग सम्प्रदाय (SECTs) स्थापित हो गये। सिक्किम में बौद्ध धर्म के मुख्यतया दो सम्प्रदाय अस्तित्व में आये--निइंग्मापा और काग्युपा (Nyingmapa & Kagyupa)। ऐतिहासिक तौर पर तिब्बत बौद्धों के लिए निइंग्मापा सम्प्रदाय ही अकेला सम्प्रदाय है जो सीधे गुरु पद्मसम्भव व उनके सिद्धान्तों से जुड़ता है, जिसमें उनके द्वारा दिये गये मन्त्र प्रमुख है। निइंग्मापा का प्रमुख सिंहासन पेमायांगत्से मोनास्ट्री है, जिसका निर्माण, वर्ष 1705 में हुआ। यह सिक्किम की दूसरी सबसे बड़ी मोनास्ट्री है। यहाँ छोटे बड़े भिक्षुओं को शिक्षा दी जाती है। यह पन्थ प्राचीन मान्यताओं पर विश्वास करता है तथा जीवन की वास्तविकताओं का सच्चा पथ प्रदर्शक है। महिलाओं के लिए यहाँ समान अधिकार है।

वज्रयान–सिक्किमी बौद्ध वज्रयान स्कूल के अनुयायी है। यह महायान बुद्धिज़्म की शाखा है। शिक्षा और धार्मिक मान्यताओं को बेहतर ढंग से सीखने की यह एक अधिमान्य पद्धति है। वज्रयान बुद्धिज़्म की तीन प्रमुख धुरियाँ हैं–मन्त्र (पवित्र सूक्तियाँ और वन्दनाएँ), मुद्रा (धर्म के प्रतीक चिन्ह) एवं मंडल (ब्रह्माण्ड की आकृतियाँ)। बोधिसत्व भी वज्रयान की एक विशेषता है, जिसके तहत आध्यामिक ज्ञान प्रदान करने वाले गुरुओं को श्रेष्ठ स्थान दिया जाता है।

काग्युपा सम्प्रदाय–इसे ब्लैक हैट सम्प्रदाय भी कहा जाता है। तिब्बत में 11वीं शताब्दी में यह सम्प्रदाय अस्तित्व में आया। सिक्किम में इसका मुख्यालय, रुमटेक धर्मचक्र केन्द्र है। यह सिक्किम की सबसे बड़ी मोनास्ट्री है। जिसका निर्माण वर्ष 1959 में 16वें करमापा ग्यालवा करमापा ने करवाया था। तिब्बत के खाम क्षेत्र के त्सुरफु

मोनास्ट्री में उनके सम्प्रदाय को जब चीन ने नुकसान पहुँचाया तब उसकी प्रतिकृति (Replica) रुमटेक में इस मोनास्ट्री के रूप में बनवायी गयी। ब्लैक हैट पहनकर इसके सिंहासन पर करमापा विराजमान होते हैं। यह हैट प्रथम करमापा द्वारा दी गयी होती है। हर बार यह हैट उत्तराधिकारी करमापा को सौंपी जाती है। आध्यात्मिक अवसरों पर यह हैट विशेष रूप से पहनी जाती है। माना जाता है कि यह हैट पहनते समय या बक्से में रखते समय यदि वह गिर जाये तो यह स्वयमेव विलीन हो जायेगी। तिब्बती सन्त मारपा (1012–1099) ने तंत्रों का गूढ़ अध्ययन कर इस पन्थ की शिक्षा को भिक्षु नारोपा के माध्यम से प्रसारित किया था। मिलारेपा (1040–1123) ने इसका विस्तार किया और वर्षों तक डंग्पो काग्यु वंश परम्परा जारी रही। करमा कारग्यु इनमें अधिक ख्यातकिर्त रहे।

वर्तमान में रुमटेक मोनास्ट्री के मुखिया 17वें करमापा, ओग्येन ट्रीनली दोरजे हैं, जिन्हें चीन ने लामा घोषित किया है।

साक्यापा सम्प्रदाय–भारतीय भिक्षु अतीसा ने वर्ष 1042 में तिब्बत की यात्रा की थी। उन्होंने बुद्ध की शिक्षा की समीक्षा, नवीनीकरण किया और बुद्ध धर्म को नये स्वरूप में ढाला। इस पन्थ के अनुगामी 'विनय' सिद्धान्त को मानते हैं। यह सम्प्रदाय 'साक्या' नाम से विख्यात हुआ।

गेलुग्पा सम्प्रदाय–इसे 'यलो हैट' सम्प्रदाय के नाम से जाना जाता है। यह सम्प्रदाय त्सोंगखापा (1358–1419) की शिक्षा पर आधारित है और तिब्बती बौद्ध धर्म का यह सबसे सशक्त सम्प्रदाय है। इसकी परम्परा को दलाई लामा और पंचेन लामा आगे बढ़ाते हैं।

बौद्ध धर्म की मान्यताओं को सहेजने, सँवारने तथा इसके प्रचार और प्रसार का कार्य मोनास्ट्रीज द्वारा किया जाता है। सिक्किम में यह कार्य कुछेक प्रमुख मोनास्ट्रीज द्वारा किया जाता है।

इन मोनास्ट्रीज और सिक्किम का बहुत गहरा नाता है और सिक्किम में हर गाँव, शहर, प्रदेश में आपको मोनास्ट्री मिलेगी। मोनास्ट्रीज यानी मठ या बौद्ध विहार! अपनी अपनी ऐतिहासिकता,

धार्मिकता और महत्त्व को लेकर यहाँ की हर एक मोनास्ट्री जानी जाती है। सिक्किम के जनमानस पर इन मोनास्ट्रीज का बहुत ही महत्त्वपूर्ण असर है, परिणाम है। यहाँ के जनजीवन में इन मोनास्ट्रीज का महत्त्व भी अक्षुण्ण है। बड़ी पुरानी कहानियाँ, कथाएँ, संस्कृति और परम्पराएँ लेकर ये मोनास्ट्रीज चलती हैं। हालाँकि लेह, लद्दाख, तिब्बत, भूटान आदि स्थानों पर इन मोनास्ट्रीज की अहमियत और महत्त्व है ही लेकिन सिक्किम की मोनास्ट्रीज अपने अनूठेपन को लेकर जानी जाती है जोकि पूरे सिक्किम में फैली हैं।

पश्चिम सिक्किम की पेमायांग्त्से मोनास्ट्री, सांगाचेलिंग मोनास्ट्री, नॉरबूगंग, कटोकलेक, दुबड़ी मोनास्टरी तथा ताशिडींग मोनास्टरी अपनी अलग अलग विशिष्टता तथा महत्त्व को लेकर जानी जाती हैं। सिक्किम की जो प्राचीन मोनास्ट्रीज हैं, उनमें से महत्त्वपूर्ण मोनास्टरी है, पेमायाङ्गत्से मोनास्ट्री, जो नियाग्मा सेक्ट की मानी जाती है, पर्वत शिखर पर अर्थात् 6300 फीट की ऊँचाई पर यह मोनास्टरी बनायी गयी है और यहाँ से कंचनजंघा की पर्वत–शृंखलाओं, आसपास की पहाड़ियों तथा आसपास के इलाक़े का बेहतरीन और विहंगम दृश्य ऊपर से दिखायी देता है। यह दृश्य इतना मनमोहिनी होता है कि वहाँ से उठने का मन नहीं होता। दिल कहता है कि रुक जा, यहीं पर कहीं रुक जा। उस शान्ति का, उस सुकून का एहसास हमेशा के लिए अपने दिल और आँखों में भर लें और फिर चला जा, तुम्हारी बाहरी दुनिया की जद्दोजहद में!

सिक्किम में घूमते समय, इन बौद्ध भिक्षुओं से हरदम हमारा मिलना हुआ। कहीं कहीं बालक बौद्ध भिक्षुओं को हमने खेलते, हँसते हुए देखा, तो कहीं आये हुए पर्यटकों की ओर बड़ी उत्सुकता से देखते हुए देखा। उनकी उन छोटी–छोटी आँखों में अन्य लोगों के प्रति उत्सुकता साफ़ झलकती है। वे हमारी ओर देखकर खिलखिलाये भी! लेकिन किसी की पदचाप से अचानक चुप भी हो गये। पता नहीं क्यों, लेकिन उन छोटे बौद्ध भिक्षुओं का वह छोटा–सा रूप मुझे बेचैन कर गया। जिस उम्र में ज्ञान, धर्म, शिक्षा क्या होती है,

उसका रत्तीभर भी एहसास या ज्ञान नहीं होने से अपने मासूम बचपन को लेकर मोनास्ट्री में बौद्ध भिक्षु के रूप में आने वाले ये बच्चे, क्या अपने बचपन को इस आपाधापी में खो तो नहीं देते होंगे? हालाँकि यह मेरा सवाल था और उसका उत्तर जानने की कोशिश भी मैंने की लेकिन सन्तोषजनक उत्तर कहीं से भी मिल नहीं पाया।

कुछ छोटे भिक्षु बात करना चाहते थे लेकिन पता नहीं, कौन–सी बात उन्हें रोक रही थी। अपने पीले और गहरे लाल रंग के चोगे में लिपटे ये बौद्ध भिक्षु बचपन, परिवार, पारिवारिक सुख, भौतिक सुख, गृहस्थी का सुख बिल्कुल नहीं ले पाते होंगे। जो बौद्ध भिक्षु, इसी में आने की चाह लेकर शुरू से बौद्ध भिक्षु बनने के लिए मानसिक रूप से तैयार होते होंगे, मैं उनकी बात यहाँ नहीं कर रही हूँ, लेकिन उन छोटे–छोटे मासूम बच्चों को उनकी नासमझी में और उनके अज्ञान में ही जब इस धार्मिक माहौल में झोंक दिया जाता है तब समझ आने के बाद उनकी मानसिक स्थिति क्या रहती होगी? क्या वे अपने नसीब को दोष देते होंगे या आयी हुई स्थिति का चुपचाप स्वीकार करते होंगे? क्या उनमें से किसी बौद्ध भिक्षु के मन में इस सर्व संग परित्याग की स्थिति को त्यागकर आम आदमी का जीवन यापन करने की इच्छा कभी पनपी नहीं होंगी? कितना नियन्त्रण, कितना दबाव राहते होंगे, ये भिक्षु? क्या कुछ लजीज खाना खाने या पलँग पर सोने या फिर लैंगिक सुख का उपभोग करने की इच्छा उनके मन में पनपी नहीं होगी? पर्यटक के रूप में या आसपास की सुन्दर स्त्री को देखकर उनका मन कभी डोला नहीं होगा? क्या कभी मोनास्ट्री को छोड़कर बाहरी दुनिया की सुन्दरता उनको लुभाती नहीं होगी? किस तरह वे अपने मन, भावनाओं, लालसाओं, विकारों को दबाते होंगे, जिससे बौद्ध भिक्षु के रूप में उनकी तस्वीर मलिन न हो? क्या कुछ बौद्ध भिक्षुओं ने इस व्यवस्था के प्रति कभी विद्रोह नहीं किया होगा? क्या किसी बौद्ध भिक्षु ने अनुचित (समाज के अनुसार) या प्राकृतिक कृत्य किया नहीं होगा? सवाल अनेक थे, दिल में उमड़ घुमड़ रहे थे, लेकिन मोनास्ट्री की वह असीम शान्ति, वह पवित्रता,

वहाँ का वह सामूहिक़ रूप से चलने वाला पठन और उसी के साथ माहौल में तैरती ठण्ड, सब प्रश्नों को मन में ही उलझाकर रख रही थी। दुबड़ी मोनास्ट्री में मोनास्ट्री के उस माहौल को मैंने अपने कैमरे में कैद करने की कोशिश की, लेकिन वहाँ के ज्येष्ठ लामाओं ने ऐसा न करने की मुझे ताकीद दी। मैं उनकी जानकारी बिना भी फोटो ले सकती थी, लेकिन उनकी मनाही सर आँखों पर! मुझे क्या हक़ बनता था, उनकी उस पवित्र शान्ति में मेरे कैमरे से खलल डालने का? किस अधिकार से मैं उस शान्ति को अपने कैमरे में कैद कर सकती थी? क्या वह लोबान की सुगन्ध, उस पवित्र शान्ति और उस सामूहिक़ धार्मिक पठन को अपने कैमरे में उतारना मेरे लिए सम्भव था? मैंने अपनी आँखों के कैमरे को उस माहौल को उतारने के लिए जागृत किया और फिर वहाँ से निकलते समय उस प्रार्थना चक्र की वह आवाज़ और माहौल में तैरती शान्ति को अपने दिल में उतारकर मैं वहाँ से निकल पड़ी।

सचमुच मोनास्ट्री का माहौल बड़ी शान्ति से भरा रहता है। यहाँ भिक्खु रहते हैं, लेकिन वे अपने अध्ययन और दिनचर्या में व्यस्त रहते हैं। मैंने सात–आठ साल के छोटे से भिक्खुओं को भी वहाँ देखा। मोनास्ट्री के बाहर हँसते, खिलखिलाते हुए, आपस में धींगामुश्ती करते हुए! इतनी छोटी–सी उम्र में उनका यूँ भिक्खु बनना, बौद्ध धर्म की दीक्षा लेकर इस तरह मोनास्ट्री में जीवन बिताना, भौतिकता को पीछे धकेलकर आध्यात्मिक जीवन की राह पर अग्रसर होना, क्या यही सच्चा धर्म है? क्या किसी भी आश्रम का पालन किये बिना या फिर जीवन के किसी भी सुख या आनन्द का उपभोग किये बिना, इस तरह से भिक्खु बनना, जीवन की सार्थकता होती है? मैं ना तो अध्यात्म के बारे में ज़्यादा जानती हूँ, ना ही जीवन को पूरी तरह से समझती हूँ, लेकिन मोनास्ट्री में गम्भीर चेहरे से पाठ करने वाले, अध्ययन करने वाले और मोनास्ट्री के बाहर धींगामुश्ती कर हँसते, खिलखिलाते वे छोटे से भिक्खुओं ने मुझे जीवन और उपभोग के बारे में सोचने के लिए निश्चित रूप से मज़बूर किया।

उनसे बात करने की भी मैंने कोशिश की, लेकिन 'हमें बाहरी लोगों से बात करने की मनाही है', मुझे कहा गया।

बाबा हरभजन सिंह मन्दिर से लौटते हुए रास्ते में अपनी अपनी बटालियन के साथ लौटने वाले हमारे अपने जवानों से भी हमने खुलकर बातचीत करना चाहा था, तब यही जवाब हमें वहाँ भी मिला था। 'हम ज़्यादा बातचीत नहीं कर सकते और ना ही आपके हर सवाल का जवाब दे सकते हैं।' यह उन जवानों का जवाब था। वे भिक्खु भी हमारे अपने थे और वे जवान भी हमारे अपने थे। एक ही भारत मां की हम सब सन्तानें हैं, लेकिन बावजूद इसके हम तीनों में जो अन्तर है, वह है ही! एक धर्म के लिए समर्पित था, दूसरा देश के प्रति, मातृभूमि की सुरक्षा को समर्पित था और तीसरे हम! अपनी भौतिकता के प्रति समर्पित!

पेमायांगत्से मोनास्ट्री की योजना 1705 में लामा ल्हासुन चेम्पो द्वारा बनायी गयी थी। उन्होंने ही इस मोनास्ट्री की संकल्पना, डिज़ाइन तथा स्थापना की ज़िम्मेदारी ली। तीसरे चोग्यिल चकदोर नामाग्यियाल द्वारा इसे और बड़ा किया गया। यह मोनास्ट्री तिब्बती बौद्ध धर्म की निङ्गमा परम्परा का पालन करती है और सिक्किम में इस परम्परा का पालन करने वाली मोनास्ट्रीज़ पर नियन्त्रण रखती है। यहाँ के भिक्खुओं को सिक्किम के भूटिया लोगों में से चुना जाता है। यह मोनास्टरी 'पवित्र भिक्खुओं' (ता–त्शांग) अर्थात् पवित्र वंशावली के भिक्खुओं के लिए निर्माण की गयी थी। ये भिक्खू अविवाहित तथा किसी भी शारीरिक असामान्यता वाले नहीं होने चाहिए, ऐसा नियम है। मायांगत्से मोनास्ट्री में महा गुरु का स्वर्गीय क्षेत्र 'झैगडोकपालरी' भी है, जो पूरी लकड़ी से बना हुआ है। पेलिङ्ग के पास पहाड़ी पर ताशीडिंग नामक गाँव है। इस गाँव में ही ताशीडिंग मोनास्ट्री है। यह मोनास्ट्री निइंग्मापा के नियन्त्रण में है। वर्ष 1641 में बनी यह मोनास्ट्री तीन लामाओं में से एक नागदाक सेम्पा चेम्पो द्वारा बनायी गयी थी। रंगीत और राथोंग नदियों के बीच यह मोनास्ट्री युक्सम से काफ़ी नज़दीक अर्थात् 19 कि.मी. पर है और यहाँ का भूमछू त्योहार

काफ़ी प्रसिद्ध है। कहा जाता है कि यह त्योहार सभी पापों को नष्ट करता है। तिब्बती बौद्ध धर्म के यहाँ के अनुयायियों का यह त्योहार यानी तिब्बत से लाये गये मूल्यवान बर्तन की भेंटवस्तु–जिसे छूने भर से इसके नाम के अनुसार 'थोंग–वारांग–ड्रोल' अर्थात् सभी पापों का नाश होता है। यहाँ छोएडटेन स्तूप भी है, जिसके धार्मिक महत्त्व के मद्देनज़र दूर दूर से यात्री यहाँ आते हैं, स्तूप का दर्शन करते हैं तथा मेंडोग स्मारक स्थलों का भी दर्शन करते हैं। यह सिक्किम का ही नहीं बल्कि हिमालय का बहुत ही महत्त्वपूर्ण धार्मिक स्थल है।

दुबड़ी मोनास्ट्री अर्थात् युक्सम मोनास्ट्री की स्थापना 1701 युक्सम के घने जंगल के बीच पहाड़ी पर हुई है। बौद्ध धर्मीय धार्मिक सर्किल का दुबड़ी मोनास्ट्री एक महत्त्वपूर्ण हिस्सा है। नॉरबूगंग चोर्टेन, पेमायांगत्से मोनास्ट्री, राबड़ान्त्से पैलेस खण्डहर, सांगा चोलिंग मोनास्ट्री और खेचरोपाली लेक, इस धार्मिक वृत्त का अन्तिम छोर यानी दुबड़ी मोनास्ट्री। यहाँ पहुँचने के लिए ट्रेक करना पड़ता है लेकिन यहाँ की शान्ति और सुकून लामाओं के लिए बहुत ही उपयोगी और उचित होता है। दुबड़ी की शान्ति में उनकी ध्यानधारणा, अर्चना और अध्ययन बेहतरीन ढंग से हो जाता है।

बौद्ध धर्म तथा उसकी शिक्षा को समर्पित ये मोनास्ट्रीज यानी सिक्किम का आध्यात्मिक और सुकून भरा प्रदेश! यहाँ हर जगह आपको मोनास्ट्रीज दिखायी देंगी। उनके वे झिलमिलाते शिखर तथा उनके आसपास की हवाओं में लहराती रंग–बिरंगी पताकाएँ, मोनास्ट्रीज का वह शान्ति और सुकून से भरा माहौल। मोनास्ट्री के अन्दर की वे नक़्क़ाशी की हुई छतें, दीवारें, दरवाज़े और गवाक्ष! खिड़कियों पर पड़े हुए रंगीन और कलापूर्ण पर्दे, छतों पर, दीवारों पर तानी हुई चद्दरें या फिर लामाओं की सीख से भरे ग्रन्थ, बहुत कुछ होता है, इन मोनास्ट्रीज में! सबसे महत्त्वपूर्ण होते हैं, इन मोनास्ट्रीज के लामा! जो कभी बचपन से ही इस क्षेत्र में आने के लिए लालायित रहते है, तो कोई घर–बार छोड़कर मोनास्ट्री में आकर बस जाते हैं। 'लामा' यह शब्द वैसे तिब्बती बुद्धिज़्म का बहुत ही महत्त्वपूर्ण शब्द है।

'धर्म के शिक्षक' के रूप में लामा को जाना जाता है। अर्थात् लामा यानी धर्म का गुरु। लामा यानी धर्म का ज्ञान देने वाला व्यक्ति। वैसे आमतौर पर किसी भी तिब्बती बौद्ध भिक्खु को लामा कहा जाता है। सिक्किम की संस्कृति तिब्बती बौद्ध धर्म के बहुत करीब है और इसलिए सिक्किम के जीवन में मोनास्ट्रीज का बहुत ही महत्त्वपूर्ण स्थान है। सिक्किम जैसे छोटे से राज्य में आपको 250 से ज़्यादा मोनास्ट्रीज दिखायी देंगी। इनमें से अधिकतर मोनास्ट्रीज निइंग्मापा सेक्ट या कारग्युपा सेक्ट से सम्बन्धित या उनके तहत आती हैं। सिक्किम में आप घूमते हैं तो आपको रास्ते पर, धार्मिक स्थलों पर या मोनास्ट्रीज के आसपास विभिन्न रंगों के तिकोनी, चौकोर आकार में चार प्रकार की प्रार्थना पताकाएँ हवाओं में लहराती हुई दिखायी देती हैं। हवाओं में लहरानेवाली इन पताकाओं को प्रार्थना पताकाएँ या 'वायु के पंख' कहा जाता है। इन पर luckys signs भी प्रिंट किये होते हैं। 'लुंग्टा' (wind horse) यानी सफ़ेद रंग की पताकाएँ, जो पवित्रता और शान्ति की परिचायक होती हैं। जिन्हें चोपेन या लक–पेड़ों की शाखाओं से बाँधा जाता है। इन पताकाओं के अलावा अन्य पताकाएँ भी होती हैं, जैसे ग्यालत्सेन (victory Banner) अर्थात् पवित्र विजय की प्रतीक पताका या फिर 'स्टोब रियास' अर्थात् भाग्यशाली पताका! इन मोनास्ट्रीज के आसपास या अलग पवित्र स्थानों पर प्रार्थना चक्र की भी स्थापना की गयी है, जिसे ध्यान करते समय या शान्त भाव से पूजा करते समय घड़ी की दिशा के अनुसार घुमाया जाता है। ये प्रार्थना चक्र भगवान बुद्ध के अस्तित्व का स्मरण दिलाते हैं। शुभ या फलदायी इच्छापूर्ति के भाव से इसे 108 राउंड के लिए घुमाया जाता है। मोनास्ट्री या मोनास्ट्री जैसे धार्मिक स्थलों पर पत्थर की दीवार पर 'ओम मणि पद्म से हम' शब्द भी उकेरे होते हैं। आमतौर पर ये मोनास्ट्रीज ऊँचाई पर या पहाड़ी पर स्थित होती हैं। वहाँ से नीचे का नजारा और ऊपर की साँय–साँय करती हवाएँ, एक अनूठा एहसास दिलाती हैं। मोनास्ट्री के चार गुम्बद आकार के स्मारक अर्थात् स्तूप बने हुए होते हैं। इनकी प्रतिकृति बनाकर उनका ध्यान के लिए

उपयोग किया जाता है। ये चार्टेन्स वायु, पृथ्वी, जल, अग्नि और आकाश इन पाँच तत्त्वों के प्रतीक माने जाते हैं।

मोनास्ट्री के निर्माण में लकड़ी का इस्तेमाल ज़्यादा किया जाता है तथा इनके दरवाज़ों पर जीवन चक्र पेंट किया जाता है। मोनास्ट्री के दीवार पर बड़े बड़े 'थंगका' टाँगे हुए होते हैं। ये 'थंगका' यानी रंग और चित्रकारी का बेहतरीन नमूना होता है। 'थंगका' पर हमारे जीवन की विविध दशाएँ, भगवान बुद्ध की प्रतिकृतियाँ दर्शायी हुई होती है। 'थंगका' कभी कभार इतने बड़े होते हैं और बड़ी मोनास्ट्री की विशाल दीवारों पर टँगे रहते हैं कि वहाँ तक पहुंचते हुए आँखें थक–सी जाती हैं तथा उनकी सुन्दरता और रंगों के हम कायल हो जाते हैं। यहाँ के कपड़ों पर भी भगवान बुद्ध के शुभ संकेतों के अलावा वज्र, मंडला, प्रार्थना मालाएँ, मन्त्र जाप, गोम्पास या छाम के प्रतीक होते हैं जो अपनी रंग–बिरंगी और नक़्क़ाशी की वजह से सबका दिल जीत लेते हैं।

सिक्किम की हर गली, नुक्कड़, सड़कों पर तथा हर मोनेस्ट्री में हमें भिक्षु दिखायी देते हैं; हमने बहुत छोटे भिक्षु से लेकर बूढ़े भिक्षु तक सब तरह के तथा हर उम्र के भिक्षुओं को देखा तथा उनके साथ बातचीत करने की कोशिश की। 8 से 12 वर्ष की आयु के तथा शारीरिक परीक्षण में शुद्ध तिब्बती रक्त के पाये जाने वाले बच्चे को मोनास्ट्री में शिक्षा हेतु दाख़िला मिल जाता है। उसे मोनेस्ट्री में किसी परिचित भिक्षु के संरक्षण में सौंप दिया जाता है। ग्रेट असेम्बली हॉल में इस बारे में घोषणा की जाती है। तीन वर्षों तक बालक पवित्र ग्रन्थों, मन्त्रों, तन्त्रों का प्राथमिक पठन और पाठन करता है और मोनास्ट्री में स्थापित या अपनाये जाने वाले रूटीन का पालन करता है। गुरु लामा उसे वन्दनाएँ, प्रार्थनाएँ, विनय व ध्यान सिद्धान्त सिखाते हैं। इस शिक्षा के लिए सार्वजनिक रूप से वाद–विवाद और प्रतियोगी परीक्षाएँ होती है। इन परीक्षाओं में सफल होने पर गुरु लामा उसे पुनः ग्रेट असेम्बली हॉल में लेकर आते हैं; जहाँ मोनेस्ट्री के वरिष्ठ गुरु लामा द्वारा उस प्रशिक्षित बालक को

विभिन्न प्रश्न पूछे जाते हैं। यदि वह बालक उस परीक्षा तथा साक्षात्कार में सन्तोषजनक पाया जाता है तब उसके भिक्षु बनाये जाने की पात्रता पर मुहर उठायी जाती है। इसके बाद पेमायांगत्से मोनास्ट्री में लामा ल्हात्सन चेम्पो द्वारा रेजर से बालक के बाल उतरवा दिये जाते हैं, उसे पवित्र कर उसे भिक्षु के कपड़े पहना दिये जाते हैं। बालक फिर भिक्षु बनते समय धर्म, शिक्षा के ज्ञान और प्रसार का वचन देता है और शपथ ग्रहण करता है। फिर उसे भिक्षु घोषित किया जाता है और दूसरी मोनास्ट्री में उसे अगली शिक्षा हेतु भेज दिया जाता है। पवित्र धर्म ग्रन्थों के पठन, दीये की पवित्र रोशनी, लोबान के सुगन्धित माहौल में मोनास्ट्री में जब यह शपथ विधि समारोह सम्पन्न होता है तब पूरी मोनास्ट्री एक अलग और अनूठे माहौल से भरी हुई होती है। बड़ा पवित्र वातावरण होता है। पेमायांगत्से मोनास्ट्री से जब यह बालक भिक्षु शपथ ग्रहण कर बाहर निकलता है तब वह वहाँ से आवासीय स्कूल की तरह बौद्ध धर्म में डिग्री आदि की शिक्षा ग्रहण करने हेतु दूसरी मोनास्ट्री में चला जाता है।

पूर्व सिक्किम की रूमटेक मोनास्ट्री काग्यु सेक्ट की बहुत ही महत्त्वपूर्ण मोनास्ट्री गंगटोक से 24 कि.मी. की दूरी पर है। यह भारत का सबसे बड़ा बौद्धिक मठ है, जिसे धर्मचक्र केन्द्र के नाम से भी जाना जाता है। वांगचुक दोरजे, 9वें करमापा लामा के निर्देशन में बने इस गोम्पा की स्थिति, जब वर्ष 1959 में रांगजंग रिंग्पे दोरजे, 16 वें करमापा, सिक्किम में आये तब बहुत ही खराब थी। करमापा को मोनास्ट्री बनाने के लिए दूसरी जगह दी गयी थी लेकिन करमापा ने रूमटेक को ही फिर से बनाने का निर्णय लिया। उनके अनुसार यह स्थान बहुत–सी पवित्र बातों को लेकर चलता है। सिक्किम राजपरिवार की आर्थिक सहायता तथा स्थानीय लोगों की मदद से 16वें करमापा ने रूमटेक मोनास्ट्री का पुनः निर्माण किया और विजनवास का वह उनका महत्त्वपूर्ण स्थान बन गया। उन्होंने उसे धर्मचक्र केन्द्र के नाम से नवाज़ा।

लिंगडम मोनास्ट्री (राँका मोनास्ट्री) पूर्व सिक्किम की वर्ष 1999 में बनायी गयी सिक्किम के झुरमांग काग्यु सेक्ट की और एक महत्त्वपूर्ण मोनास्ट्री है।

उत्तर सिक्किम का हिस्सा सिक्किम का महत्त्वपूर्ण तथा पर्यटन की दृष्टि से बहुत ही दिलचस्प हिस्सा है। भूतिया और लेपचा समुदायों के बीच Blood brotherhood pact सिक्किम में जिस स्थान पर हुआ, वह महत्त्वपूर्ण स्थान यानी काबी लोंगस्टोक। इस पैक्ट के बाद इन दोनों समुदायों में घनिष्ठ भाईचारा हुआ है। वैसे दोनों समुदायों में बहुसंख्यक बौद्ध हैं। लेकिन आपसी रंजिश से दूर रहने के लिए सिक्किम के मूल निवासी लेपचा तथा 15वीं शती में सिक्किम में आये भूटिया, इन दोनों का यह मिलन स्थल अपनी अलग अहमियत रखता है।

यहाँ, गंगटोक से 40 कि.मी. की दूरी पर उत्तरी सिक्किम की फोडोंग मोनास्ट्री, कोग्यु सेक्ट की और एक महत्त्वपूर्ण मोनास्ट्री है, जो रॉयल चैपेल के नाम से भी जानी जाती है। 9वें करमापा को जब सिक्किम के राजा द्वारा सिक्किम में आमन्त्रित किया गया तब उनके कर्मा काग्यु स्कूल की तिब्बती बुद्धिज़्म की रूमटेक, रालांग और यह फोडोंग मोनास्ट्री बहुत महत्त्वपूर्ण मोनास्ट्री मानी गयी और मानी जाती है।

लाबरांग मोनास्ट्री, मंगन में स्थित है। इसे पाल्डेन फूंटसोक मोनास्ट्री भी कहा जाता है। इस मोनास्ट्री का निर्माण 1826 सी.ई. में शुरू हुआ और 1843 सीई में यह बनकर तैयार हुई। ग्यालशे रिगझींग चेम्पा ने यह मोनास्ट्री, कोंग्पु के लाटसन चेम्पो की याद में बनवायी। यह मोनास्ट्री अपनी शान्ति और ध्यान धारणा के लिए जानी जाती है।

दक्षिणी सिक्किम के लावा नगर में, तिब्बत की सीमा के नज़दीक जामगोन कोग्युल रिनपोचे-III द्वारा 1990 में कर्मा थेकचेनलिंग मोनास्ट्री का उद्घाटन किया गया। यह भिक्षुओं की शिक्षा, अध्यापन और अध्ययन का संगम क्षेत्र माना जाता है। यह विश्व के बौद्ध धर्म अनुयायियों के मिलने का भी केन्द्र है, जो अपनी अनूठी सुन्दरता के

लिए जाना जाता है। रंग–बिरंगी थंगकाज, अनवरत जलता दीया, विभिन्न चक्र और दीवार पर बनाये गये रंग–बिरंगे, बड़े–बड़े चित्रों से यह मोनास्ट्री अपनी एक अनूठी सुन्दरता को लेकर विश्वभर में जानी जाती है। यहाँ के चोरटेन बहुत ही सुन्दर दिखायी देते हैं। राज परिवारों के उत्सवी कार्यक्रमों तथा आयोजनों को लेकर त्सुखलाखाना मोनास्ट्री बहुत प्रसिद्ध है। यह गंगटोक के रिड्ज (Ridge) के नज़दीक राजमहल के प्रांगण में स्थित है।

हर एक मोनास्ट्री अपनी अपनी विशिष्टता को लेकर चलती है। यहाँ कुछेक मोनास्ट्रीज के बारे में ही बात की गयी है। लेकिन सिनोंन, यांगांग, जुरमाँग, इंचे, जुरमांग काग्यु, थोलुंग, फोन्संग, बरमोइक, ग्नाथांग, क्वेजिंग, नामची, सिंमीक आदि अनेक मोनास्ट्रीज यहाँ आये दिन अपनी साख और इतिहास को लेकर चलती हैं। हालाँकि मोनास्ट्रीज का इतिहास बहुत प्राचीन है और इनकी स्थापना को लेकर इतिहास में अनेक कहानियाँ प्रचलित हैं। जैसे जैसे धर्म का प्रसार हुआ, मान्यताओं में भी परिवर्तन और भिन्नताएँ आती गयीं। धर्म में आस्थाओं, वन्दनाओं, प्रार्थनाओं के तरीक़े भी अलग अलग हो गये। इन्हीं मान्यताओं व बौद्ध गुरुओं की शिक्षाओं के आधार पर बौद्ध धर्म में अलग अलग सम्प्रदाय (sects) भी स्थापित किये गये। इन सम्प्रदायों के आधार पर अलग अलग गोम्पास की स्थापना भी की गयी। ये गोम्पास बौद्ध धर्म के प्रचार–प्रसार में बहुत अग्रणी और महत्त्वपूर्ण भूमिका अदा करते हैं। यहाँ की शान्ति, माहौल, दीये की ज्योति और लोबान की ख़ुशबू आपको एक नयी दुनिया में ले जाती है। जहाँ सिर्फ़ आप, शान्ति और बुद्ध के अलावा और कोई नहीं होता।

पूर्व सिक्किम

पूर्व सिक्किम का हेडक्वार्टर है, गंगटोक। गंगटोक में आये जाये बिना आपकी सिक्किम की यात्रा पूरी नहीं हो सकती। सबसे महत्त्वपूर्ण बात यह है कि सिक्किम के किसी भी कोने में आपको जाना है, आपको गंगटोक आना ही पड़ता है। पूर्व सिक्किम वैसे भी मोनास्ट्रीज का प्रदेश है। प्रसिद्ध रूमटेक मोनास्ट्री के साथ पाल जुरमाँग काग्युड मोनास्टरी, रुमटेक धर्मचक्र केन्द्र भी यहाँ स्थित है। यहीं पर गंगटोक के पास ही गणेश टोक (गणेश मन्दिर), हनुमान टोक (हनुमान मन्दिर) जैसे धार्मिक स्थलों के साथ ताशी व्यू पॉइंट भी है, जहाँ से आप कंचनजंघा तथा सिनिओलचु पर्वत की चोटियों का लुभावना दृश्य देख सकते हैं।

फॅमबोंग ल्हो वन्यजीव अभयारण्य में आपको ओक, काटुस, किम्बू, चम्पा और घने बाम्बू और फ़र्न भी दिखायी देते हैं। जंगली ऑर्किड, रोड़ेड़ेंड्रॉस और वन्य जानवरों की अनेक प्रजातियाँ यहाँ आपको दिखायी देती हैं। क्योंगनोस्ता अल्पाइन अभयारण्य भी यहाँ अन्य विविध जंगली प्रजातियों के जानवरों से आपका परिचय करवाता है। गंगटोक के आसपास ही एंचेय मोनास्ट्री, हर–हुराय दारा (नाम–नांग), चोग्यील पाल्डेन थंडुप नामग्याल पार्क, पाल जुमाङ काग्युड (लिंगडम) मोनास्ट्री, बनजाखरी फॉल्स, हिमालयन जुलोजिकल पार्क, अरितर लेक, गोन्जांग मोनास्ट्री, बक्थांग झरना आदि अनेक दर्शनीय स्थल हैं। गंगटोक का तिबेटॉलॉजी का अध्ययन

करवाने वाली रिसर्च इंस्टीट्यूट, रिड्ज गार्डन भी देखने लायक है। गंगटोक के अनेक रेस्तराँ में आपको भारत के विभिन्न प्रदेशों के व्यंजनों के अलावा स्थानीय सिक्किमी व्यंजन और खाना मिल जाता है।

सिक्किम में बारिश कभी भी होती है। आप गंगटोक में हो, तो यह बारिश अच्छी भी लगती है क्यों कि न तो आप पहाड़ियों, बर्फ़ के बीच होते हो या ना ही आप किसी मानुषविहीन इलाके में होते हो। गंगटोक में घूमते हुए हमारा सामना ऐसी ही अचानक बारिश से हुआ। शाम को हम गंगटोक के इकलौते मुख्य रास्ते पर, जिसे एम.जी. रोड कहा जाता है, दोपहर के बाद घूमने निकले थे। कुछ देखना, एहसास कर लेना, ख़रीददारी करना हमारा उद्देश्य था। हम यूँ ही घूम रहे थे कि अचानक आसमान भर–भरकर बरसने लगा। हम घूमते–घूमते बारिश की वजह से एक बड़ी–सी दुकान–वह शराब बेचने की दुकान थी, का आश्रय लेकर रुक गये। दुकान में शराब बेचने वाली स्त्री थी, जो बड़े आत्मविश्वास के साथ बारिश की वजह से रुकी हुई भीड़–दस–बारह लोग तो थे ही, जिनमें से ज़्यादातर पर्यटक थे और चार–पाँच स्थानीय लोग भी थे, संवाद स्थापित कर रही थी। सिक्किम में शराब पर उत्पाद शुल्क नहीं है, अतः शराब सस्ती होती है। "यहाँ बारिश कभी भी होती है लेकिन आप चिन्ता मत कीजिये। यह रुक जायेगी, 15–20 मिनट में" उसका अनुमान और बातें जारी थी। साथ में, ग्राहकों को शराब के बारे में भी वह जानकारी दे रही थी। "यहाँ शराब सस्ती मिलती है और अलग अलग तरीके की मिलती है।" वह बता रही थी। मैं सुन रही थी। आसमान इतना स्याह दिखायी दे रहा था और बारिश इतने जोरों से हो रही थीं कि बारिश 15–20 मिनटों में रुकेगी,' यह उसकी बात मेरे कुछ पल्ले नहीं पड़ रही थी। लेकिन जब तक बारिश रुक नहीं सकती, तब तक हमारा वहाँ रुकना ज़रूरी और अनिवार्य था, क्यों कि हमारी किराये पर ली गयी गाड़ी पार्किंग लॉट में थी। गंगटोक के एम.जी. रोड पर ना तो वाहनों को चलाने की अनुमति है और ना

ही वाहनों के चक्रों को भागने की अनुमति है। यहाँ सिर्फ़ 'पैरों' को चलने की अनुमति होती है। आपकी गाड़ी आपको एक नियत जगह पर छोड़ देती है और गाड़ी उसी जगह पर या किसी दूसरे कोने पर आपको ले जाने के लिए आयेगी भी, लेकिन इस मुख्य रास्ते पर गाड़ी बिल्कुल नहीं आएगी। यदि चलते चलते, ख़रीददारी करते या दुकानों को देखते हुए आप थक गये हों तो वहीं रखे हुए बेंच पर आप बैठ सकते हैं लेकिन गाड़ी तक आपको पैदल चलकर पहुँचना होता है ना कि गाड़ी आप तक पहुँचेगी।

गंगटोक बहुत ही साफ़–सुथरा और स्वच्छ शहर है। हालाँकि रास्ता भी कुछ ज़्यादा लम्बा नहीं है। यदि आप यूँ ही घूमते रहेंगे तो घण्टेभर में ही यह रास्ता ख़त्म हो जायेगा। लेकिन यदि आप दुकानों में ख़रीददारी करते रहेंगे, देखेंगे तो हो सकता है आपको तीन–चार घंटे भी लग सकते हैं। लेकिन एक बात है, इस साफ़–सुथरे हिल स्टेशन पर न तो आपको धूल मिलेगी, न धुआँ मिलेगा, न आवाज़ों से आपका सामना होगा और ना ही कोलाहल से आपके कान दुखेंगे। वाहनों को मुख्य रास्ते पर आने की अनुमति न होने की वजह से हॉर्न की आवाज़ें भी आपके आसपास फटकती नहीं। वैसे भी सिक्किम की पूरी यात्रा के दौरान हमने हॉर्न की बहुत ही कम आवाज़ सुनी। यहाँ लोग या गाड़ी चालक ना तो उतनी तेज़ गति से वाहन चला सकते हैं और ना ही जल्दी मचा सकते हैं। यहाँ पतले रास्तों और ऊबड़–खाबड़ ज़िन्दगी को ढ़ोते हुए ड्राइवर लोग भी बड़ी शान्ति से गाड़ी चलाते हैं और एक–दूसरे के वाहन को रास्ता देने के लिए शान्ति से अपनी गाड़ी एक ओर रोकते हैं, इन्तज़ार करते हैं। उनके धीरज या सब्र की जितनी भी तारीफ़ की जाये उतनी कम है। साथ में इन उलटे सीधे, घुमावदार रास्तों पर गाड़ी चलाने की उनकी कुशलता भी काबिले–तारीफ़ है।

गंगटोक की बारिश के थमने के इन्तज़ार में और मेरी इस बातचीत और सोच में कितना समय बीत गया, पता ही नहीं चला। लेकिन गर्दन उठाकर बाहर देखा तो बारिश थम गयी थी।

हमारी मेहमान नवाज, उस दुकान की चालक–औरत के अनुसार और उसके अनुमान के अनुसार बारिश सही मायने में 25 मिनटों में रुक गयी थी। गंगटोक के रास्ते, दुकानें गीली हो गयी थीं। पेड़–पौधे भीग गये थे। रास्ते पर अब दीयों की रोशनी फैल गयी थी। सिक्किम में शाम बहुत जल्दी हो जाती है। चार–पाँच बजे तक अन्धेरा होने लगता है। इसलिए शाम को ही बिजली के दीयों की रोशनी में रास्ता उजला हो गया था। रास्ते पर बारिश का पानी कहीं कहीं इकट्ठा हुआ था और उस पानी में इन दीयों की रोशनी का प्रतिबिम्ब दिखायी दे रहा था। वह माहौल एक अजीब–से समाँ का निर्माण कर रहा था। जिस तरह दिवाली में, रंगों से रंगोलियाँ बनायी जाती हैं, ठीक उसी तरह दीयों की रोशनी उस भीगे रास्ते पर एक अद्‌भुत समाँ बाँध रही थी। हम दुकान से उस दुकान–चालिका के प्रति आभार व्यक्त करते हुए निकले। उस भीगे रास्ते पर चलना, अपने आपमें एक अनूठा अनुभव था। वहीं से चलते हुए हम एम.जी. रोड के दूसरे छोर तक आ पहुँचे।

गंगटोक की खासियत यह है कि यहाँ से, कहीं से भी आप गर्दन उठाकर देखेंगे तो कंचनजंघा की पर्वत–शृंखलाएँ आपको दिखायी देंगी। बारिश के बाद अब वहाँ से पर्वत–शृंखलाएँ उतनी स्पष्ट रूप से दिखायी नहीं दे रही थीं, लेकिन उनके आकार की छवियाँ तो कहीं से भी नज़र आ रही थी। सिक्किम के रास्ते पहाड़ों के सीनों को चीरकर बनाये जाते हैं। ये रास्ते छोटे या पतले होते हैं क्योंकि दुर्गम पहाड़ियों को चीरना आसान नहीं होता। इन रास्तों का रख–रखाव भी बहुत बड़ी बात होती है क्योंकि यहाँ भौगोलिक स्थितियाँ इतनी तेज़ी से बदलती हैं कि कब कौन से रास्ते पर भूस्खलन हुआ, कौन–सा रास्ता धँस गया या कौन–से रास्ते पर बर्फ़ गिरी या कौन–सा रास्ता पेड़ों के गिरने से आवाज़ाही, यातायात के लिए बन्द हो गया, यह कहना मुश्किल होता है। यहाँ बड़ी बड़ी बसें या नाज़ुक–सी कारों का चलना बहुत मुश्किल होता है। यही वजह है कि पर्यटकों या यात्रियों की आवाजाही के लिए यहाँ बसें

नहीं चलतीं बल्कि यहाँ सूमो, जीप आदि मज़बूत गाड़ियाँ स्थानीय चालकों द्वारा चलायी जाती है। इन रास्तों पर या सिक्किम के रास्तों पर गाड़ी चलाने का काम यहाँ के स्थानीय चालक ही कर सकते हैं। पता नहीं कौन–सा रास्ता कहाँ जाता है और कहाँ से मुड़ता है? लेकिन इन चालकों की ड्राइविंग कुशलता और उनका सब्र, दोनों की आपको दाद देनी पड़ेगी। हम तो उनकी ड्राइविंग कुशलता के कायल हो गये।

पूर्व सिक्किम में 'त्सोगमो लेक' अपनी विशिष्टता को लेकर जाना जाता है। गंगटोक से नथुला पास तक के रास्ते पर स्थित यह त्सोगमो लेक सिक्किमी लोगों में पवित्रता और पावनता के लिए जाना जाता है। यहाँ हमने याक की सवारी भी की। ये मज़बूत याक सिक्किमियों का महत्त्वपूर्ण पालतू जानवर है, जो उनके कमोबेश सभी कामों में उपयोगी साबित हो जाता है।

नथुला पास तक का रास्ता, विशेष रूप से पहाड़ी रास्ता चुनौतीभरा है। एक ओर पर्वत की ऊँची श्रृंखलाएँ और दूसरी ओर पाताल तक पहुँचे गहरे दरीचे और इन दो विपरीत स्थितियों को जोड़ते, एक बार सिर्फ़ एक ही गाड़ी को जाने की अनुमति देते पतले रास्ते और वे भी ज़्यादातर मिट्टी और पत्थरों से भरे! हालाँकि नथुला पास तक का रास्ता यात्रियों की आवाज़ाही को देखते हुए काफ़ी अच्छी स्थिति में माना जाता है, बावजूद इसके यहाँ की भौगोलिक स्थितियाँ इस क़दर बनती बिगड़ती रहती हैं कि कब आसमान फट पड़ेगा या कब रास्ता टूट जायेगा, इसका अनुमान नहीं लगाया जा सकता। नथुला पास तक का रास्ता बीच में इतना खराब था कि पूछिए मत! तिस पर बीच बीच में रुककर बरसती बारिश से रास्ता और बेहाल हो गया था। नथुला पास तथा जेलेप–ला–पास के बीच में स्थित बाबा हरभजन सिंह की याद में बनाया गया मन्दिर और वहाँ की चहल पहल देखते ही बनती है। नथुला पास यानी भारत और चीन की सीमा रेखा। इस ओर लम्बी–लम्बी मूँछों पर हाथ फेरते, पगड़ियों–टोपियों में सजे लम्बे तगड़े भारतीय जवान और

दूसरी ओर ठिगनी कद–काठी, छोटी–सी आँखें और छोटे से मुँहवाले चीनी सैनिक। और इन दोनों के बीच लोहे के तारों की बाड़ यानी भारत चीन की सीमा रेखा। हालाँकि दोनों ओर के जवान हँसी–ठिठोली करते, कभी–कभार गप्पें हाँकते दिखायी देते हैं। चीन की मंदारीन और भारत की हिन्दी के बीच चलती उनकी बातचीत देखते ही बनती है। वैसे इस बातचीत में भाषा का कोई काम नहीं होता बल्कि इशारों, भंगिमाओं के ज़रिये उनका काम चलता रहता है। ठण्ड से ठिठुरता और बर्फ़ से चमकता यह पूरा प्रदेश चन्द महीनों की यात्रियों की चहल पहल के अलावा बर्फ़ से ढँका हुआ और ठण्ड से जमा हुआ रहता है, लेकिन ज़िन्दगी चलती रहती है। नथू–ला–पास के उस ऊबड़ खाबड़ पतले रास्ते से लौटते समय आमीर–हमारे ड्राइवर ने अचानक बीच रास्ते में, एक घुमाव पर गाड़ी रोक दी। हमें लगा, सामने से दूसरी गाड़ी आती होगी लेकिन बहुत देर तक गाड़ी यूँ ही रोक दी गयी तब हमने झुंझलाकर उसे कारण पूछा। उसने शान्ति से अपनी दाहिनी ओर उँगली उठायी और हमारी साँस रुक–सी गयी। अभी अभी हुई बारिश की वजह से दाहिनी ओर की पहाड़ी से मिट्टी और पत्थर नीचे गिर रहे थे। स्थिति ऐसी थी कि कभी भी वहाँ से मिट्टी–कीचड़–पत्थर का बड़ा–सा मलबा नीचे गिरेगा और वह रास्ता पूरी तरह से बन्द हो जायेगा। हमारे पीछे और भी गाड़ियाँ रुकी हुई थी। हमारी गाड़ी पर भी कुछ मिट्टी के ढेले, छोटे–छोटे पत्थर आकर गिर रहे थे। हमने आमीर से गाड़ी आगे लाने के लिए कहा। हालाँकि वह तैयार नहीं था लेकिन हमें जल्दी थी। अन्ततः उसने बड़ी ही सावधानी से और पलक झपकते ही वह छोटा–सा 'ख़तरनाक पैच' पार कर लिया। हमारी गाड़ी इस ओर आ गयी और हमने पीछे मुड़कर देखा और हम देखते ही रह गये। जहाँ से हटकर हम आगे आये थे, उसी जगह पर गीली मिट्टी और पत्थरों का एक बड़ा–सा मलबा गिरा था और वह पूरा रास्ता बन्द हो गया था। हमारे पीछे सिर्फ़ एक गाड़ी आ पायी थी और अब रास्ता कट–सा गया था। आमीर हमारी सुरक्षा को लेकर काफ़ी ख़ुश था, हम बच गये थे।

अब मलबा हटाना, साफ़–सफ़ाई और ऊपरी फ़िसलन को रोकना (जो धीरे–धीरे नीचे ढल रही थी) कब पूरा हो पायेगा, कह नहीं सकते थे। एक तो सर्पीले, ऊबड़–खाबड़, ऊँचे–नीचे रास्ते, दूसरी तरफ इस तरह से बनती–बिगड़ती प्राकृतिक और भौगोलिक स्थितियाँ, सहायता और सामग्री पहुँचाने के लिए काफ़ी समय लेती है और यह काम करने में तकलीफ़ भी ज़्यादा होती है। हम बच गये थे, वहाँ से छूट गये थे लेकिन जो गाडियाँ उस ओर छूट गयी थीं, वे वहाँ से कितने दिनों के बाद छूट पायी होंगी, यह कहना मुश्किल है। यह सिक्किम है!

बाबा मन्दिर

नथुला पास की ओर मुड़ने से तीन साढ़े तीन कि.मी. पहले एक रास्ता दूसरी दिशा में दायीं ओर चलता है। यह रास्ता बाबा मन्दिर की ओर जाता है। नथुला पास जाने हेतु गंगटोक से ही परमिट लेना पड़ता है, यह परमिट गंगटोक से बाहर पड़ने के पश्चात् नथुला पास की ओर जाने वाले रास्ते पर ही जाँचा जाता है। हम जब सुबह नथुला पास के लिए निकले थे तब काफ़ी देर हो गयी थी और यह देर इसलिए हो गयी थी कि नथुला पास के पास ढेर सारी बर्फ़ गिर रही थी। पूरा रास्ता बर्फ़ से ढँक गया था, कहा जा रहा था कि बर्फ़ दो–दो फीट लम्बी पर्त जमाकर पसर गयी है और इसलिए वहाँ के लिए परमिट दिया जाये या नहीं; इसी उधेड़बुन में अथॉरिटी थी। अन्ततः परमिट का मामला सलटाकर जब हम निकले तब 10.30 बज गये थे। अब क्या और कितना, कितनी देर तक देखने को मिलेगा, इस बारे में हमें भी कोई निश्चितता नहीं मिली थी। ठण्ड तो थी, रास्ते भर में कहीं–कहीं बर्फ़ गिर रही थी। जैसे जैसे हम गंगटोक से दूर पहुँचने लगे, बर्फ़ की मात्रा कुछ ज़्यादा दिखायी देने लगी थी। ठण्ड का ज़ोर बढ़ रहा था। हमारे हैंड ग्लोव्ज, टोपी, स्वेटर, बॉडी वार्मर कुछ ज़्यादा सहायक नहीं लग रहे थे क्योंकि इतना सब होने के बावजूद भी ठण्ड कम होने का नाम नहीं ले रही थी। बन्द गाड़ी में भी बदन का कँपकँपाना जारी था।

लेकिन बावजूद इसके बाहर का नज़ारा दिल थामकर बैठने के लिए मज़बूर कर रहा था। कहते हैं, स्वर्ग की यदि हम परिकल्पना करते हैं तो वहाँ की सुन्दरता का कोई सानी नहीं है। प्राकृतिक सौन्दर्य, हरापन, फूल, पौधे, जलवायु सब कुछ सुन्दर ही होगा। लेकिन यहाँ तो मुझे अलग से स्वर्ग का एहसास हो रहा था। यह स्वर्ग अपनी उस आमतौर की सुन्दरता की परिकल्पना में नहीं बैठता होगा। कश्मीर को भी स्वर्ग कहा जाता है, लेकिन वहाँ सुन्दरता की व्याख्या कुछ अलग होती है। लेकिन स्वर्ग यानी शान्ति, सुकून, स्वर्ग यानी महफ़ूज़ता, स्वर्ग यानी कलकल करती पानी की धाराएँ, स्वर्ग यानी पहाड़ियों की सुन्दरता और विराटता, स्वर्ग यानी साफ़–सुथरापन, साफ़गोई और यदि इस भावना से देखेंगे तो सिक्किम निश्चित रूप से स्वर्ग है, स्वर्गीय है।

बर्फ़ से ढँकी पहाड़ियाँ, इन पहाड़ियों के नीचे फिसलकर आये पानी के सोते और ज़मीन के साथ मिलकर इन स्रोतों में आयी अलग–सी आरपार दिखायी देती सुन्दरता! आप जब मिट्टी, पत्थरों को यूँ ही देखते हैं, तो शायद उनकी सुन्दरता आपको उतनी अपील नहीं करती होगी, लेकिन यदि आप इन पानी के स्रोतों को इन पत्थरों, मिट्टी पर से बहते हुए देखोगे तो पानी के स्रोतों के नीचे बिल्कुल उतने ही साफ़ सुथरे दिखायी देनेवाले पत्थरों, मिट्टी का सौन्दर्य कुछ अलग–सा, थोडासा रहस्यमयी और गहराई से भरपूर लगता है। लगता है, पानी के नीचे छुपकर इतने साफ़ साफ़ दिखायी देने वाले इन पत्थरों, मिट्टी का सौन्दर्य बहुत अलग और गूढ़गम्य–सा लगता है। लगता है, अपने नीचे भी पाताल की गहराई लेकर यह मिट्टी और पत्थर कुछ नयी बात, गहराई भरी बात कहने के लिए व्याकुल हैं, कुछ कहना चाहते हैं। आप उन पानी के स्रोतों के पास अपना कान लेकर जायेंगे तो पायेंगे कि पानी की आवाज़ के अलावा भी कोई और आवाज़ वहाँ आपका साथ दे रही है, कुछ और कहानी सुनाने का प्रयास कर रही है। लेकिन उस कहानी को सुनना, इतना आसान नहीं है, इस बात से भी हम वाकिफ थे, इसलिए रास्तेभर

साथ देते (बीच बीच में आकर और फिर कभी ग़ायब होकर) इन स्रोतों को पार कर, कभी उनके साथ चलते हुए हम आगे बढ़ रहे थे। जब हम चौकी के पास पहुँचे, जहाँ से एक रास्ता नथुला पास की ओर जाता है और एक बाबा मन्दिर की ओर जाता है, वहाँ पता चला कि नथुला पास के रास्ते पर बर्फ़ की मोटी पर्त जमी हुई है और गाड़ियाँ उस रास्ते पर नहीं जा रही हैं, यदि रास्ता खुला या फिर जवानों ने बर्फ़ को रास्ते से दूर किया तो लौटते समय आप नथुला पास जा सकते हैं लेकिन अब नहीं। 'हमने वहीं से देखा, सही मायने में नथुला की ओर जाने वाली सड़क पूरी तरह से बर्फ़ से ढँकी हुई थी। सड़क ही नहीं, आसपास का इलाका भी बर्फ़ से इस तरह अटा हुआ था कि रास्ता और आसपास के परिसर को अलग पहचानना मुश्किल हो गया था। सेना की एक जीप उसी बर्फ़ में फँसी हुई थी। हालाँकि सेना के वाहनों के साथ एक अलग व्यवस्था होती है। इनके सभी वाहनों के टायरों पर ऐसे बर्फ़ीले प्रदेश में लोहे की जालियाँ लगी हुई होती हैं। ये जालियाँ बर्फ़ पर अपनी पकड़ मज़बूत करते हुए टायरों को बर्फ़ में फिसलने से बचाती हैं और इस तरह से सेना के वाहन अपना रास्ता तय करते हैं। लेकिन यह उपाय भी यदि बर्फ़ की पर्त कम हो तो चलता है, अन्यथा ज़्यादा बर्फ़ होने पर यहाँ की आवाज़ाही भी बन्द की जाती है।

चौकी के पास फँसी हुई फौजी गाड़ी को देखकर हमारे ड्राइवर ने गाड़ी बाबा मन्दिर की ओर मोड़ दी। माहौल में ठण्ड तो थी लेकिन ब़ाबा मन्दिर की ओर उतरते समय हमने महसूस किया कि हवाओं का ज़ोर भी बढ़ता जा रहा है। चारों ओर से पहाड़ियों से घिरा बाबा मन्दिर, जिस रास्ते से हम उस इलाक़े में घुसे थे, उसी ओर से खुला था। अन्यथा बाबा मन्दिर को दोनों ओर से पहाड़ियों ने और तीसरी ओर से वैली ने घेरकर रखा था। पहाड़ियों पर बर्फ़ जमी थी और माहौल में रुई के फाये जैसी बर्फ़ झर रही थी। हमने जब गाड़ी से नीचे क़दम रखा, लगा, हाथ पैर जम जायेंगे, नाक अब लाल लाल होती हुई दिखायी दे रही थी, महसूस हो रही थी।

दस्तानों के होते हुए भी उँगलियाँ जमने का एहसास दिला रही थीं। मुख खोलने पर निकलने वाली हवा भी जमने का एहसास दिला रही थी। हवाएँ सांय सांय कर बह रही थी। इतने ठण्ड के बावजूद भी वहाँ पहुँचे हुए यात्री उस सफ़ेद ठण्ड की फोटो उतारने में बढ़ चढ़कर आगे बढ़ रहे थे। वैली वैसे काफ़ी खतरनाक लग रही थी, गहरी भी थी। यदि फोटो लेने की इस आपाधापी में किसी का पैर फिसल जाये या सन्तुलन बिगड़ जाये तो उसका 'बाबा ही मालिक'। लेकिन बावजूद इसके फोटो खींचने की होड़–सी लगी थी। हम भी फोटो ले रहे थे लेकिन पहाड़ियों के, बर्फ़ से ढँकी चोटियों के! फ़ोटो में हमारा होना आवश्यक नहीं था। वहाँ फ़ौजियों द्वारा चलाये जाने वाली 'सोविनर्स' की एक दुकान भी थी। इस दुकान में तिब्बती कला के बेहद सुन्दर नमूने बिक्री के लिए रखे हुए थे। पर्स, स्वेटर्स, शॉल्स, चुन्नियों से लेकर, नक़्क़ाशीदार पीतल के नोब्स, वॉल हैंगिंग, खंज़र, तलवार, सब कुछ था वहाँ और वहाँ यात्रियों की भीड़ उमड़ रही थी। हम भी उस भीड़ में शामिल हो चुके थे। कुछ पीतल पर की गयी कलाकारी, शॉल्स या पर्स लेकर हम वहाँ से लौट पड़े। 'बाबा मन्दिर' में जाकर दर्शन किये। इस बाबा मन्दिर की कहानी भी अपने आप में अनूठी है।...

बाबा हरभजन सिंह की कहानी कुछ इस तरह से सुनायी जाती है। इस कहानी का अपना आधार है, रिकार्ड है। उस रिकार्ड के अनुसार 'बाबा'–सिक्किम में हरभजन सिंह को प्यार और सम्मान से 'बाबा' कहा जाता है, का जन्म पंजाब के सिख परिवार में 3 अगस्त, 1941 को बाथे भैनी गाँव में हुआ था। गाँव में अपनी प्राथमिक शिक्षा पूरी करने के बाद डी.ए.वी. स्कूल, पट्टी से 'बाबा' ने वर्ष 1955 में मैट्रिक्यूलेशन पूरा किया और एक सोल्जर के रूप में अमृतसर में संकेतवाहिनी में आर्मी में भर्ती हुए। वर्ष 1965 में कमीशन प्राप्त होने बाद 'बाबा' को 14 राजपूताना रेजिमेंट में पदस्थ किया गया। भारत–पाकिस्तान की लड़ाई में अपनी यूनिट के एडजुटंट के रूप में सेवा देने के बाद में सिपॉय के रूप में 'बाबा' को पहले 18 और

बाद में 23 पंजाब बटालियन में स्थानान्तरित किया गया। वहीं पर सिक्किम में 4 अक्तूबर, 1968 में 'बाबा' की मृत्यु हुई। वैसे भी वर्ष 1968, राष्ट्र के लिए दुर्भाग्यपूर्ण रहा। इसी वर्ष सिक्किम और उत्तर बंगाल पर अनेक प्राकृतिक विपदाओं ने आक्रमण किया। भूस्खलन, बाढ़, मूसलाधार बारिश जैसी आपदाओं ने इन दो राज्यों में हज़ारों लोगों की बलि ले ली। अपनी बटालियन हेडक्वार्टर से अर्थात् टेकुला से डेंगचुकला तक अपने खच्चर कारवाँ का मार्गरक्षण करते हुए हरभजन सिंह रास्ते में पानी के बहुत बड़े स्रोत में नीचे गिर गया और पानी के साथ बह गया। उसके मृत देह की बहुत खोज की गयी लेकिन कुछ पता नहीं चला। पाँचवें दिन हरभजन सिंह ने अपने साथी प्रीतम सिंह को सपने में दर्शन दिये और उसे अपनी मृत्यु का समाचार देते हुए यह भी सूचित किया कि उसकी मृतदेह बर्फ़ के ढेर के नीचे दबी हुई है। उसने यह भी इच्छा जतायी कि उसकी समाधि बनायी जाये। यह अपनी कल्पना का खेल हो सकता है, ऐसा सोचकर प्रीतम सिंह ने इस ओर कुछ ध्यान नहीं दिया, लेकिन जब हरभजन सिंह का मृतदेह, उसके द्वारा सपने में बतायी गयी जगह पर ही मिल गया तब प्रीतम सिंह ने हरभजन सिंह की इच्छा का सम्मान करते हुए छोक्या छो के पास उसकी समाधि बनायी।

आज भी सीमाओं पर होने वाली ख़तरनाक गतिविधियों की जानकारी बाबा अपनी सेना के लोगों के सपने में आकर देते हैं। यही नहीं, सीमा पर पेट्रोलिंग करते हुए मानवी आकृति को देखने के बारे में चीनी सैनिकों ने भी हामी भरी थी। यह नियमित रिपोर्ट मिलती थी कि सीमा पर भारतीय सेना के जवान, जो रात को अनजाने में झपकी लेते थे, उन्हें किसी अनदेखे व्यक्ति द्वारा थप्पड़ लगाये जाने की बात होती थी। कैप्टन के रूप में बाबा सेवानिवृत्त हो गये और उनकी समाधि का कुप्पूप ग्वानथाँग रोड जंक्शन पर पुनर्निर्माण किया गया।

नथुला बॉर्डर पर बाबा की इच्छानुसार मन्दिर का निर्माण किया गया। इस समाधि पर जो भी निधि प्राप्त हुई, उसकी माँ तक पहुँचायी गयी।

वर्तमान में, बाबा मन्दिर यानी तीन कमरों की संरचना है। बीच के कमरे में बाबा का बड़ा फ़ोटो लगाया गया है तथा उसी कमरे में अन्य हिन्दू देवी–देवताओं और सिख गुरुओं के भी फ़ोटो लगाये गये हैं। यहाँ नियमित रूप से पूजा अर्चना की जाती है। इस कमरे की दायीं ओर जो कमरा है, वह 'बाबा' का व्यक्तिगत कमरा है, जिसमें दैनन्दिन ज़रूरतों का घर का सब सामान जैसे कि कपड़े, जूतें, स्लिपर्स तथा तैयार बिस्तर हैं। जूतों को हर दिन पॉलिश किया जाता है तथा यूनिफ़ॉर्म को उचित ढंग से इस्तिरी की जाती है। यह देखा गया है कि रात को ठीक से तैयार किये गये बेड की चद्दर पर सुबह सिलवटें होती हैं और पॉलिश किये गये जूतों पर कीचड़ के धब्बे! यह बात आज भी हर दिन दिखायी देती है। बाबा के इस कमरे के सामने जो तीसरा कमरा है, वह कार्यालय–सह–स्टोर कमरा है। यह कमरा 'बाबा' को लोगों द्वारा भेंट चढ़ायी गयी पानी की बोतलें, नये स्लिपर्स, टूथ ब्रश और अन्य चीज़ों से भरा रहता है। यह विश्वास है कि इस मन्दिर में चढ़ाया गया पानी सप्ताह के बाद पवित्र जल में तब्दील होता है और सभी बीमारियों को दूर करता है। वहाँ रखी गयी स्लिपर्स वात रोग और पैरों की तकलीफ़ों से निजात देती है। जिन भक्तों को यहाँ तक आना सम्भव नहीं होता, वे बाबा को पत्र लिखते हैं और उन पत्रों को बाबा के सहकर्मियों द्वारा खोला जाता है। इन पत्रों द्वारा लोग बाबा से अपनी व्यक्तिगत बातें, समस्याएँ शेयर करते हैं तथा उनके प्रति आभार भी व्यक्त करते हैं। रविवार और मंगलवार को इस मन्दिर में पूजा की जाती है और भक्तों को मन्दिर में मुफ़्त में खाना खिलाया जाता है।

हर साल 15 सितम्बर से 15 नवम्बर तक बाबा छुट्टी लेकर अपने गाँव जाते हैं। इस यात्रा के लिए विशेष व्यवस्था की जाती है तथा अन्य आर्मी वालों को उन्हें कम्पनी देनी होती है। जब भी बाबा छुट्टी पर होते हैं, उस माह के दौरान 'नथुला' पर 'हाई एलर्ट' होता है और अन्य आर्मी वालों की छुट्टियाँ रद्द की जाती हैं। गाड़ी के ड्राइवर ने रिपोर्ट किया है कि पिछली सीट पर न्यू जलपाईगुड़ी रेलवे स्टेशन

तक आर्मी के कर्मचारी को उनके साथ बैठे हुए देखा गया था। न्यू जलपाईगुड़ी से अमृतसर तक की यात्रा ट्रेन से की जाती है।

अब सालों से, बाबा मन्दिर के लिए सीमाओं से पार भी भक्तों की संख्या बढ़ी है। सिक्किम की आर्मी के हर जवान द्वारा 'बाबा' को सम्मान दिया जाता है तथा उनकी पूजा की जाती है। वैली में कोई बुरी घटना घटने से बहुत पहले 'बाबा' द्वारा बतायी जाती है। भारत–चीन सीमा पर अशान्ति की कोई बात होती है तो बाबा तीन दिन पहले ही भारतीय जवानों को आगाह करते हैं। यह भी सुना गया है कि भारत–चीन शान्ति समझौते के समय, जब चीनी आर्मी ने समझौते को ताक पर रखते हुए फायरिंग की, तब भारतीय सीमा से भी अथक फायरिंग हुई थी, जबकि समझौते के अनुसार भारतीय सैनिक वहाँ से कबके हट गये थे। वहाँ एक भी सैनिक मौजूद नहीं था। यह भी कहा जाता है कि बाबा ने चीनी ट्रूप्स के मुख्य कमांडेन्ट के सपने में जाकर उसे कहा था कि भारतीय भूमि पर एक इंच का भी अतिक्रमण नहीं करे और ऐसी गतिविधियों से बचें अन्यथा उसे बहुत बुरे परिणामों का सामना करना पड़ेगा। तब से भारत चीन सीमा पर नथुला में कोई तनाव नहीं रहता। आज भी नथुला में दोनों देशों की फ्लैग मीटिंग में यह प्रथा है कि चीनी सैनिक, उस महान देशभक्त के सम्मान में एक कुर्सी अलग से रख देते हैं। 'बाबा' की देशभक्ति, उसके आशीर्वाद या शुभकामनाओं के बारे में अनेक कहानियाँ कहीं जाती हैं। 'बाबा' एक किंवदन्ती, आश्चर्य, विश्वास, या लोगों की श्रद्धा का प्रतीक, कुछ भी हो सकता है लेकिन शहीद की आत्मा, सम्मान चाहती है। वह उसे मिलना चाहिए और वह उसे मिलता है। सिक्किम के लोग आज भी उस शहीद की आत्मा का सम्मान करते हैं। कंचनजंघा का जो सम्मान है, उसी सम्मान के साथ 'बाबा' को भी सिक्किम में देखा जाता है। प्यार, समर्पण, कर्तव्य, अनुशासन, त्याग और राष्ट्रभक्ति के प्रतीक के रूप में 'बाबा' को देखा जाता है।

देश की रक्षा हेतु शहीद होने वाले अन्य वीरों तथा बाबा हरभजन सिंह की भूमिका के सम्मान में भारतीय सेना द्वारा हर 4 अक्टूबर को एक विशेष समारोह आयोजित किया जाता है। यह सत्य है कि सिपाही हरभजन सिंह की मृत्यु हुई है, लेकिन बाबा हरभजन सिंह आज भी अदृश्य रूप में हमारे साथ जीवन्त है। नथुला पास के पास 'बाबा' आज भी ज़िन्दा है, अपना कर्तव्य निभाता है, एक सच्चे राष्ट्रभक्त की तरह, एक सच्चे भारतीय की तरह!

भगवद् गीता में शरीर के नश्वर होने तथा आत्मा के अमर होने की बात कही गयी है। 'बाबा' का शरीर कब का मिट चुका है, लेकिन 'बाबा' की अज़र अमर आत्मा आज भी सक्रिय है, जीवन्त है और अपने देश के प्रति ईमानदार है।

मृत्यु ने बाबा के शरीर को हर लिया लेकिन उसकी राष्ट्रभक्ति के सामने मृत्यु ने कब की हार मान ली है। 'बाबा' आज भी नथुला पास में भारतीय सीमा पर उसकी सुरक्षा हेतु डटा हुआ है।

हालाँकि यह सत्य घटना है या किंवदन्ती, इस बारे में भाष्य करना कठिन होगा लेकिन जहाँ लोगों की आस्था होती है, भरोसे और विश्वास की बात होती है, वहाँ इन भाष्यों या अनुमानों की कोई आवश्यकता नहीं होती। बाबा मन्दिर के प्रति सेना के जवानों की आस्था और विश्वास देखकर आप मानो या ना मानो, आप उस बात पर, उस कहानी पर विश्वास करने के लिए मज़बूर हो जाते हैं। वहाँ किसी भी सेना जवान से इस कहानी या कथ्य के बारे में पूछिये, वह बड़ी श्रद्धा से आपको उस कहानी से अवगत करायेगा और साथ में इस बात का भी यक़ीन दिलाएगा कि आज भी किसी युद्ध में सेना के जवान शामिल होते हैं तो बाबा उनकी मदद करता है, युद्ध में उनकी सहायता करता है। मन्दिर में स्थापित बाबा की तस्वीर, (पूरी सेना पोशाक में) उसकी यूनिफ़ोर्म, जूते सब कुछ इतना सही और वास्तविक है कि आपके पास विश्वास करने के अलावा कोई विकल्प ही नहीं बचता।

क्या सचमुच बाबा युद्ध में जवानों की सहायता करता होगा, क्या सचमुच बाबा की आत्मा उस इलाके में भटकती होगी, क्या यह सेना के जवानों की अन्धश्रद्धा तो नहीं है, ऐसे कितने ही सवाल आपके दिमाग़ में कुलबुलाते रहते होंगे, लेकिन बाबा मन्दिर में जाने के बाद आप वहाँ शीश नवाये बगैर वापस लौटते नहीं।

हम भी बाबा मन्दिर में अपना शीश नवाकर बाहर आये। ठण्ड अपने पूरे होशोहवास में हमें लपेट रही थी और हम उसे झेलते झेलते थरथरा रहे थे। दोपहर के बारह बजने के लिए शायद पाँच सात मिनट का समय बचा होगा। हम गाड़ी की ओर मुड़ने वाले थे, इतने में उद्घोषणा सुनायी दी कि 'ठीक बारह बजे झण्डा फहराया जायेगा और राष्ट्रगान शुरू होगा। सभी यात्री राष्ट्रगान गाकर देश के प्रति अपनी मान–वन्दना दें।' हमने मुड़कर देखा, ऊँची ऊँची बर्फ़ से ढँकी पहाड़ियों से घिरे उस बाबा मन्दिर की दाहिनी ओर एक खुला,वृत्ताकार आँगन तैयार किया गया था। यह छोटा–सा ही परिसर था लेकिन उसमें लम्बी छरहरी ध्वजा की काठी पर आसमान की पृष्ठभूमि में या यूँ कहिये नीले आसमान के आँगन में हमारा अपना तिरंगा, जोरदार चलती हुई, तेज़ ठण्डी हवाओं के साथ फहरा रहा था। उसका यूँ फहरना देखकर, सच कहती हूँ, दिल भर–भर आया। कितने देशभक्तों, कितने वीरों और जवानों ने इस तिरंगे को इस तरह फहराने हेतु अपनी जान की बाजी लगायी होगी? कितने वीरों ने अपने ख़ून से इस तिरंगे को सींचा होगा?

बारह बजे का घण्टा बजा और 'जन गण मन'–राष्ट्रगान की शुरुआत हुई। सभी सेना के जवान बिल्कुल सीधे खड़े होकर सैल्यूट की मुद्रा में तिरंगे की ओर अभिमान और गर्व से निहार रहे थे। सभी यात्री भी सैल्यूट की मुद्रा में बड़े अभिमान से तिरंगे की ओर देख रहे थे। यह एक अलग–थलग पल था, जिसमें सभी भावनाएँ शामिल थीं। तिरंगे की ओर देखते हुए सैल्यूट करने वाली मैं जब 'जन गण मन' गा रही थी, तब मेरा सीना तना हुआ था, हाथ सीधा उठकर माथे पर जा टिका था और पता नहीं कब और कैसे 'जन गण मन'

गाते हुए मेरी आँखों से झर झर आँसू बह रहे थे। मैं अपनी स्थिति पर विस्मित थी, मैंने आँखें पोंछने की भी कोशिश नहीं की। आँखें सिर्फ़ बरस रही थीं। जब 'जन गण मन' समाप्त हो गया तब 'भारत माता की जय' इस नारे से पूरा आसमंत गुंजायमान था। उस नारे में सभी की आवाज़ें शामिल थीं, वहाँ पूरा भारत खड़ा था, जो अपनी माँ को वन्दना देकर स्वयं को गौरवान्वित महसूस कर रहा था। बड़ा ही अद्भुत और रोमांच पैदा करने वाला वह दृश्य था। सफ़ेद बर्फ़ से लदी वैली और उस वैली के किनारे यहाँ वहाँ सेल्फी और फोटों खींचने में व्यस्त यात्री और पर्यटकों का वह 'जन गण मन' गाता हुआ जमावड़ा और राष्ट्रगान को गाते समय उनके चेहरे पर मौजूद रवानी, वह गर्व, वह अभिमान! बड़ा ही लुभावना दृश्य था वह! हालाँकि चाहते हुए भी वहाँ आप अपने जवानों से दिल खोलकर बात नहीं कर सकते और न ही उनके साथ बतिया सकते हैं। सुरक्षा और गोपनीयता की वजह से वे जवान भी अपनी बातें कह नहीं सकते लेकिन अपनी मिट्टी, परिवार और अपनों से दूर उन जवानों के चेहरे पर आपको कोई शिकन नहीं दिखायी देती। वे मुस्कराकर आपसे बातें करेंगे, हँसेंगे लेकिन आप उनसे कोई व्यक्तिगत जानकारी पूछने जायेंगे तो आपको जवाब हिचकते हुए या फिर टालते हुए मिलेगा। हो सकता है, उन्हें आम नागरिकों के साथ मेल जोल बढ़ाने की या फिर सुरक्षितता के मद्देनज़र कोई जानकारी शेयर करने की इजाज़त नहीं दी गयी होगी और कहा जाये तो उनकी यह बात भी जायज है। अत्यन्त संवेदनशील इलाके में मौजूद वह जवान तीनों ओर से विभिन्न देशों की सीमाओं से घिरे हुए हैं। शत्रु या विरोधी देशों के जासूस या जानकारी पाने वाले लोग कहीं भी, कैसे भी हर बात की ताक में मौजूद होंगे। ऐसे में सावधानी बरतना, उतना ही लाजमी है, जितना की सीमाओं पर मौजूद होना, डटे रहना, अपने देश की रक्षा करना। हम उन सिपाहियों के आगे अपना शीश नवाते हैं जो उन विपरीत परिस्थितियों, बेदम हालातों में अपने, अपनों से दूर रहक़र अपने कर्तव्य का निर्वहन करते हैं। सच, कितना बड़ा दिल होगा उनका, उनके परिवारजनों का।

हम तो यात्री थे, पर्यटक थे, कहीं कहीं से, भारत के किसी कोने से अपना स्वार्थ और सन्तुष्टि को लेकर वहाँ पहुँचे थे, सिक्किम की सिक्किमाई को देखने, महसूस करने और उन बर्फ़ीली वादियों, सुनसान जगहों की सुन्दरता का अनुभव करने। हम तो उस आनन्द का लुत्फ़ उठाकर, उस विपरीत माहौल को चन्द दिन झेलकर वापस लौटेंगे। लेकिन उनका क्या? वहाँ जाने वाले, भारत के हर भारतवासी के दिल में यह बात आनी चाहिए। उसे सोचना होगा, उनके हालातों के बारे में। सम्वेदना बरतनी, रखनी होगी, उन सबके प्रति। उतना तो हमें करना ही होगा। नहीं, हमें यह करना ही चाहिए।

नथुला पास

नथुला पास जाने का रास्ता भी गंगटोक से ही निकलता है। हालाँकि सिक्किम में आपको पूर्व, पश्चिम, दक्षिण, उत्तर, किसी भी ओर आप जाना चाहते है तो सर्वप्रथम गंगटोक ही आना पड़ता है। पूर्व सिक्किम से आप पश्चिम सिक्किम में जाना चाहोगे तो आपको पहले पूर्व सिक्किम से गंगटोक आना पड़ेगा और फिर गंगटोक से पश्चिम सिक्किम की दिशा में बढ़ना होगा। अर्थात् सिक्किम में आपको कहीं भी जाना हो, आपका बेस कैम्प गंगटोक होगा। गंगटोक से नथुला पास 50 कि.मी. की दूरी पर है और चीन की सीमा से सटा हुआ यह दर्रा देखना, अपने आपमें एक अनूठा अनुभव है। नथुला के लिए परमिट लेना पड़ता है, जो गंगटोक में ही मिल जाता है। गंगटोक से नथुला दर्रे तक रास्ते पर ही छांगु लेक है जिसमें आप अपना प्रतिबिम्ब तो देख ही सकते हैं, लेकिन आसमानी नीले रंग का प्रतिबिम्ब इस लेक के पानी को भी नीला बना देता है। यहाँ का वह नीला पानी, दिल और आँखों को भी ठण्डक देने का काम करता है। छांगु लेक के पास सेना का बड़ा–सा केन्द्र है। यहीं से आगे चलकर भारत–चीन सीमा पर 14,140 फीट की ऊँचाई पर मौजूद नथुला–दर्रा है। प्राचीन भारत का प्रसिद्ध सिल्क रूट यहीं से आगे जाता था। इसी दर्रे से कैप्टन यंग हजबंड के नेतृत्व में ब्रिटिश सेना ने तिब्बत में प्रवेश किया था।

भारत के लिए यह दर्रा इसलिए अभिमान और गर्व की बात है क्योंकि वर्ष 1962 में चीन के साथ हुए युद्ध में अपमानजनक हार के बाद वर्ष 1967 में इसी दर्रे में भारतीय सेना ने चीनी सेना को धूल चटाई थी। इस युद्ध में भारतीय सेना के तोपख़ाने ने महत्त्वपूर्ण भूमिका अदा करते हुए चीनी बंकरों को तहस–नहस किया था और लगभग 400 से ज़्यादा चीनी सैनिकों को मार गिराया था। उस जीत की याद में यहाँ स्मारक–स्तम्भ बनवाया गया है, जिसका दर्शन करते हुए दिल गर्व से भर जाता है।

नथुला पास जाने के लिए जब हम निकले तब माहौल में ठण्ड की सरगर्मी थी। स्वेटर, शॉल और गर्म कपड़े पहनने के बावजूद भी ठण्ड हमारा साथ दे रही थी। नथुला पास के लिए जब हम सुबह निकले थे, तब हमारा ड्राइवर 'आमीर' जो वहीं, सिक्किम का ही निवासी था, हमें सभी तरह की जानकारी दे रहा था।

'आमीर, अब तक तुमने शादी नहीं की? शादी–वादी करने का कुछ इरादा है या नहीं?' मैंने सहजता से पूछा।

'मैडम, शादी तो करनी है लेकिन यहाँ लड़कियाँ नहीं मिलतीं।'

'लड़कियाँ नहीं मिलतीं? क्या बात कर रहे हो? यहाँ तो मुझे हर जगह लड़कियाँ ही दिखती है और तुम्हें शादी के लिए लड़की नहीं मिलती?'

''मैडम जी, लड़कियाँ तो यहाँ बहुत हैं। हर जगह वे काम करती हैं लेकिन हमारे यहाँ अच्छी लड़की मिलना बहुत मुश्किल है।''

'अच्छी लड़की? अच्छी लड़की से तुम्हारा क्या मतलब है?' अब मुझे थोड़ा गुस्सा भी आने लगा था।

'मैडम जी, यहाँ की लड़कियाँ बहुत डिमांडिंग है।। उन्हें अच्छा लड़का चाहिए होता है, जो उनकी हर माँग को पूरा करें। उनके मेकअप का ख़र्च करे, उन्हें अच्छी अच्छी चीज़ें गिफ्ट करें और यदि ऐसा कुछ नहीं होता, तो वे लड़के को छोड़ देती हैं, शादी तोड़ देती हैं और यह अनेक बार भी हो सकता है। इसलिए यहाँ लड़की–शादी के लिए लड़की–मिलना बड़ा मुश्किल काम है।'

मेरी कुछ समझ में नहीं आ रहा था। 'अच्छी' लड़की, डिमांडिंग लड़की, माँगें पूरी न होने पर पति को छोड़ देने वाली लड़की। मेरा भ्रम 'आमीर' की उन बातों से टूटता–सा जा रहा था।

मैंने अपने सिक्किम दौरे के दौरान अब तक यह महसूस किया था कि सिक्किम में 'स्त्री' का स्थान बहुत अहम और महत्त्वपूर्ण है। वहाँ के दैनन्दिन कामों में मैंने स्त्री की अहमियत हर क़दम पर देखी थी। चाय के स्टॉल पर स्त्री, दुकान में स्त्री, शराब के शॉप में स्त्री, रास्ते पर बिठाये गये खाने के स्टॉल पर स्त्री, ऐसी कोई भी दुकान मैंने देखी नहीं कि जिसमें स्त्री नहीं थी। वहाँ स्त्री को मैंने टीपटॉप कपड़ों में ऑफिस जाते हुए देखा, घास की बोरियाँ ढोते हुए देखा, चाय की पत्तियाँ तोड़ते हुए देखा, कारखानों में मशीन पर काम करते हुए देखा। यही नहीं होटलों, रेस्टोरेंट में खाने का, शराब का ऑर्डर्स लेते हुए भी देखा था। कुल मिलाकर लाल लिपस्टिक वाले होंठों से हर ग्राहक् का मुस्कराते हुए स्वागत करने वाली स्त्री को मैंने सिक्किम के दैनन्दिन जीवन में बहुत ही महत्त्वपूर्ण भूमिका और जिम्मेदारीपूर्ण निर्वहन करते हुए देखा था। ऐसे में आमीर की बात मुझे कहीं से भी जँच नहीं रही थी, लेकिन उसकी बात को पूरी तरह से टाल भी नहीं सकते थे। आमीर भुक्तभोगी था, वह अपने अनुभवों की बात कर रहा था और सबसे महत्त्वपूर्ण बात यही थी कि वह वहीं का निवासी था, वहीं का बाशिन्दा था। उसका अनुभव, उसका अपना था, उस अनुभव को पूरी तरह से ग़लत साबित करना भी उचित नहीं था। उसकी बातों में कुछ ना कुछ तथ्य तो होगा ही! लेकिन एक बात तो सत्य थी कि सिक्किम के हर क्षेत्र में मैंने स्त्री का बोलबाला देखा था, अनुभव किया था। उनकी निर्णय–क्षमता, उनकी आजादी तथा आधुनिकता मैंने देखी थी। वहाँ की मातृसत्तात्मक संस्कृति का मैंने अनुभव लिया था और इसलिए आमीर जो भी कह रहा था, उसे पूरी तरह से खारिज करना भी सम्भव नहीं था। आमीर की बातों पर कोई टिप्पणी करना, मैंने मुनासिब नहीं समझा क्यों कि वहाँ की संस्कृति, लोगों की मानसिकता, वहाँ के समाज जीवन के बारे में अपना मंतव्य

देने जितना, वहाँ का समाज, संस्कृति या लोगों को अभी तक और उतनी नज़दीकता से मैंने नहीं देखा था। मामले को वहीं पर छोड़ते हुए हम खिड़की से बाहर देखने लगे। हम नथुला पास की ओर बढ़ते जा रहे थे। पहाड़ियों से घूमता हुआ रास्ता! इसलिए ज़्यादा दूर न होने पर भी ज़्यादा समय ले रहा था। एक ओर खाई, दूसरी ओर पहाड़ियाँ! बारिश का तो कोई भरोसा ही नहीं था। अब सूरज, छनछनाती धूप से दमक रहा था। रास्ता उबड़–खाबड़ था। बिल्कुल पत्थरों, मिट्टी से भरा हुआ।

हम यूँ ही धक्के खाते हुए, उछलते हुए जब नथुला पास तक पहुँचे तब तक रास्ते को बर्फ़ ने ढँक लिया था। आसपास का पूरा इलाका बर्फ़ से अटा हुआ था। ठण्ड इस तरह से हावी हो रही थी कि बात करना भी मुश्किल हो रहा था। जैसे–तैसे हम गाड़ी से नीचे उतरे। गाड़ी पार्किंग लॉट में रच बस गयी और हम सीढ़ियाँ चढ़ते हुए उस चौकी की ओर बढ़ रहे थे, जहाँ भारतीय सैनिक और चीन के सैनिकों को अलग अलग करने का काम सिर्फ़ एक लोहे की बाड कर रही थी। एक ओर हमारे सैनिक थे, जो ऑलिव्ह ग्रीन पोशाक में बिल्कुल तैयार खड़े थे। एक सैनिक बिल्कुल ऊँचा, तगड़ा और उसकी मूँछें, माशाअल्ला, इतनी लम्बी और दोनों ओर से इतनी बढ़िया ढंग से उसके गालों से नीचे उतरकर फिर से ऊपर की ओर मुड़कर कानों के पास बालों में इस तरह से मिल–जुल गयी थीं कि उन मूँछों ने एक अलग–सा समाँ बाँध दिया था। उनकी मूँछें इतनी सुन्दर और शानदार लग रही थीं कि आने वाला हर यात्री उनसे मिले बगैर जा नहीं रहा था। कुछ लोगों ने उनके साथ खड़े होकर तस्वीरें उतारीं। कुछ लोगों ने उनके साथ बातचीत की तथा वे उनकी इन काली, घनी और रोबदार मूँछों का राज जानने की कोशिश में लगे हुए थे। उनके साथ बात करने तथा उनके साथ फोटो खिंचवाने के लिए लोग लालायित थे और वह भी बड़े ज़ोर–शोर और उत्साह से लोगों का मनोरंजन कर रहे थे। दोनों ओर की सेना के जवान और उन दोनों के बीच की वह लोहे के तारों से बनी बाड़!

क्या दो विरोधी देशों को ये लोहे की बाड़ रोक सकती है? हम देख रहे थे। भारत की ओर का एक जवान अपने कानों में हेडफोन डालकर पुरानी हिन्दी फिल्मों के गाने सुन रहा था। हमारी समझ में नहीं आ रहा था कि यह जवान उस फेंस (बाड़) के पास से हिल क्यों नहीं रहा है? वह बाड़ से बिल्कुल सटकर बैठा था। बाद में जब हमने नज़दीक जाकर देखा तो उसके हेडफ़ोन का एक छोर (सिरा) दूसरी ओर के चीनी सैनिक के कान में लगा हुआ था। पता नहीं, वह चीनी सैनिक उस गाने को समझ रहा था या नहीं? लेकिन एक–दूसरे की भाषा का एक अक्षर भी न समझने वाले उन दोनों सैनिकों का एक–दूसरे के साथ यूँ जुड़ना, या एक–दूसरे के साथ यूँ सुरों के सहारे बँध जाना, एक अद्भुत दृश्य था। शायद संगीत की कोई भाषा नहीं होती, इसी बात की वे पुष्टि कर रहे थे।

वो दोनों सैनिक–एक भारतीय और एक चीनी। दोनों एक–दूसरे के जानी दुश्मन। उस बाड़ को कोई पार न करे, इस बात को लेकर आँखों के पलक झपकने तक को भी दूर रखने वाले वे एक–दूसरे के ख़ून के प्यासे सिपाही... रात–दिन एक–दूसरे को देखकर, एक–दूसरे का मुँह देखकर, एक–दूसरे के इतने आदी हो चुके हैं कि शायद वे भूल चुके हैं कि वे एक–दूसरे के दुश्मन हैं या उनके देश एक–दूसरे के प्रतिस्पर्धी हैं। शायद वह चीनी सैनिक भारतीय संगीत या हिन्दी फ़िल्मी गीतों का रसास्वादन करने से ख़ुश होता होगा या उसे ख़ुशी मिलती होगी या फिर भारतीय सैनिक उनकी चीनी धुनें सुनकर अपना समय बिताते होंगे। अन्यथा, चारों ओर बर्फ़ से लदी पहाड़ियाँ, ऊँची–नीची खाइयाँ, मिट्टी, पत्थर से भरी उस भूमि की सुरक्षा करते समय और अपने परिवारों, अपनों को छोड़कर वहाँ मुस्तैदी से डटे उन सैनिकों के पास समय बिताने का और कौन–सा ज़रिया होता होगा?

नथुला पास–अर्थात् जिसे सिल्क रूट–कहा जाता है, सालों पूर्व यहाँ, इस रास्ते से ईरान आदि देशों में से भारत के साथ व्यापार करने हेतु व्यापारी आया–जाया करते थे। यह रास्ता बहुत ही महत्त्वपूर्ण माना जाता था। लेकिन समय की करवटें कभी आसमान

को ज़मीन बना देती हैं तो कभी ज़मीन को आसमान और यह कब होगा, कह नहीं सकते। समय का पहिया जब घूमता है तो उस पहिये की आरी से हर चीज़ बदलती है। ख़ाक नन्दनवन बन जाती है और महफ़िल वीराने में भी तब्दील हो सकती है।

नथुला पास के पास सब कुछ है। वहाँ राजनीति, रणनीति, व्यापार, लेन–देन, आपसी भाईचारा, दिखावे के लिए ही सही, सब कुछ है। चीनी सैनिकों, पदाधिकारियों के साथ वहाँ बड़ी बड़ी बैठकें होती हैं, चर्चा विमर्श होते हैं। चीनी सेना के वरिष्ठ अधिकारी और भारतीय सेना के वरिष्ठ अधिकारी, वहाँ विशेष रूप से निर्मित उस इमारत के बैठक कक्ष में बैठकें करते हैं। शायद उन्हीं बैठकों का परिणाम होगा कि यहाँ दोनों ओर के सैनिक एक–दूसरे के साथ आपसी मेल–जोल के साथ रहते हैं। सही देखा जाये तो लड़ाइयाँ, दोनों देशों, विचारों, स्वार्थ के मद्देनज़र होती हैं। लड़ाइयाँ दो लोगों के बीच नहीं होती हैं। मैं नथुला पास से जो दीवार चीन द्वारा उठायी जा रही थी या जो इमारत निर्माण किया जा रहा था, उसे देखकर दंग रह गयी थी। किसलिए यह सब? यही सवाल मुझे वहाँ परेशान कर रहा था और यह सिलसिला आज भी जारी है। लेकिन उस सवाल का जवाब न तो उन दोनों ओर के सैनिकों के पास था और न ही हमारे पास था। हम सिर्फ़ उन दृश्यों के मूक, अवाक् गवाह थे। हमें सिर्फ़ देखना था, उस बारे में बोलना नहीं था। नथुला पास ऊँचाई पर है, वहाँ से 'सिल्क रूट' भी दिखायी देता है और उस ओर से चीन को भी आप देख सकते हैं। वहाँ से एक दीवार भी जाती हुई दिखायी देती है जो आगे चलकर ऊँची पहाड़ियों में गुम हो जाती है। नथुला पास के पास बड़ी संख्या और तादाद में भारतीय सैनिक (इस ओर) तथा चीनी सैनिक (दूसरी ओर) मौजूद रहते हैं। वे हथियारबन्द, चाक–चौबन्द होते हैं। मेरे मन में एक सवाल बार बार उठ रहा था कि वैसे तो हम कहते हैं कि दो दिन के लिए हमारे साथ कोई जानवर भी रह लेता है तो वो हमसे अभ्यस्त हो जाता है। उसके प्रति हमारे मन में अपनत्व, अपनापा जाग जाता है।

ये भारतीय और चीनी सैनिक महीनों एक–दूसरे के समक्ष रहते हैं, एक–दूसरे को दिन–रात देखते हैं, क्या उनके मन में अपनापन, अपनत्व नहीं जगता होगा, एक–दूसरे के प्रति? और यदि वह अपनापन, अपनत्व जगता होगा तब एक–दूसरे को मारने के लिए उन्हें हथियार उठाने होंगे या हथियार उठाने पड़ेंगे तब उन्हें क्या महसूस होगा? हालाँकि यह मौक़ा 1962 के बाद अब तक नहीं आया है और वह भविष्य में भी नहीं आये लेकिन एक–दूसरे के शत्रु बने ये सैनिक बिना कुछ किये या बिना उस भावना के एक–दूसरे के साथ सुबह, शाम, रात रहते हैं, तब उनकी भावना या प्रतिक्रिया के बारे में जानना ज़रूरी हो जाता है। हालाँकि यह जानने, पूछने की हमने कोशिश भी कि लेकिन हमें उचित या यूँ कहिये, सही जवाब नहीं मिल पाया और वह मिलना भी नहीं था। क्यों कि हम सिविलियंस की भावनाएँ अलग–सी होती हैं, हमारे सोचने का ढंग अलग होता है जबकि सेना के जवानों की सोच, उनका सोचने का ढंग और उनकी प्राथमिकताएँ अलग होती है। फिर वह जवान भारतीय सेना का हो या चीनी सेना का। नथुला पास पर उस दिन भारी बर्फ़ गिरी थी। हम दोपहर बारह बजे पहुँचे थे। सूरज की किरणें बड़ी तपी तपी–सी थीं लेकिन बावजूद इसके बर्फ़ वैसी की वैसी जमी हुई थी। ठण्डी, तेज़ हवाएँ चल रही थीं और ठण्ड से बदन (गर्म कपड़ों के बावजूद) कँपकँपा रहा था। तथापि नथूला पास तक पहुँचकर वहाँ के माहौल को, वहाँ की स्थिति को देखना, अपने आप में एक अनूठा अनुभव था। ऑलिव ग्रीन वर्दी में सजे अपनी सेना के जवानों को देखकर सीना गर्व से फूल रहा था। यही वे लोग हैं, जो हमारी ख़ातिर शत्रु की गोलियाँ सीने पर झेलते हैं। यही वे लोग हैं जो हमारी सुरक्षा करते हुए विपरीत माहौल में भी डटे रहते हैं। यही वे लोग हैं जो अपने, अपनों को छोड़कर हमारे लिए कितनी दूर आकर संघर्ष और चुनौतियों का डटकर मुकाबला करते है। वैसे इन्हें 'लोग' भी कैसे कहा जाये? जो अपनों द्वारा नहीं किया जाता, वही, या फिर उससे भी बेहतरीन और सार्थक काम हमारे 'अपने' जवान कर रहे हैं और पूरा

देश उनके हवाले कर हम चैन से अपने अपने घरों में सो जाते हैं। मेरी सोच यूँ ही, वहीं पर आकर घूम रही थी। वहाँ खड़े उन जवानों की मुस्तैदी, उनका अपनापन देखकर तथा उनका त्याग, समर्पण याद कर आँखें डबडबा आयीं।

नथुला पास से जब हम लौट रहे थे, तब उस मूँछ वाले जवान ने हमें 'बाई बाई' किया। जब हम नीचे उतरे तब पलटकर देखा, मूँछ वाले जवान के साथ थोड़ी देर पहले हमसे बात करने वाले वे दो अन्य जवान भी हाथ हिलाते हुए तथा हमारी ओर देखते हुए खड़े थे। शायद मेरी बातूनी बेटी ने, उन्हें अपनी बेटी, माँ, बहन की याद दिलायी होगी, उनके घर की याद दिलायी होगी। नथुला पास से लौटते हुए हमारी आँखें भी गीली हो गयी थीं। हमारी गाड़ी मुड गयी, हमने गिली आँखों के कोरों से देखा, वे जवान अब भी वहीं पर खड़े थे, उनके हाथ उठे हुए थे, शायद हमें यूँ बिदा करते समय, उनकी आँखों में भी वह गिलेपन का एहसास तैरता होगा।

नथुला पास पीछे छूट रहा था, हमें भी यह महसूस हो रहा था कि हमारा कुछ तो पीछे छूट रहा है, पीछे छूट गया है जो शायद ही फिर कभी वापस मिलेगा। बर्फ़ अब माहौल में झरने लगी थी, लेकिन पनीली आँखों से बाहर का कोई भी दृश्य साफ़ नज़र नहीं आ रहा था। चारों ओर धुन्ध छायी हुई लग रही थी। हथेली के पिछले हिस्से से चेहरे पर आयी नमीं को पोंछते हुए हमने अपनी नम आँखों को भी पोंछ लिया। गाड़ी अब उलटी दिशा में दौड़ रही थी, अपनी गति से लेकिन हमारा मन अब भी वहीं—नथुला पास के पास घूम रहा था।

सिक्किम का राजभवन

सिक्किम का राजभवन अर्थात् सिक्किम के गवर्नर का निवासस्थान। गंगटोक में स्थित यह इलाका सही मायने में 'राजसी' ठाठ बाट वाला है। गंगटोक वैसे भी साफ़–सुथरा है, लेकिन राजभवन की जो हरी भरी सुन्दरता और स्वच्छता है, वह गंगटोक में और कहीं नहीं दिखायी देगी। सिक्किम के इस राजभवन के निर्माण की कहानी बड़ी ही दिलचस्प और उतनी ही सुन्दर और अद्‌भुत भी है। सिक्किम और तिब्बत के बीच सन् 1888 में जब युद्ध छिड़ गया तब ब्रिटिशों ने जॉन क्लाउड़े व्हाईट को शीघ्र बल के साथ सहायक राजनयिक अधिकारी के रूप में सिक्किम भेज दिया। वर्ष 1889 में उसे सिक्क़िम के राजनीतिक अधिकारी का पद दे दिया गया। वैसे देखा जाये तो जे. क्लाउडे व्हाईट लोकनिर्माण विभाग में सिविल इन्जीनियर के रूप में कार्यरत थे लेकिन सिक्किम के साथ उनका मोहित होना, इतना जबर्दस्त था कि उन्होंने उन्हें प्रस्तावित किये गये पद हेतु कुछ सोचे बिना, स्वीकृति दे दी।

आज सिक्किम के जिस 'राजभवन' की हम बात करते हैं, आज गंगटोक में जिस विस्तृत और सुन्दर परिसर की हम तारीफ़ करते हैं, वह 'राजभवन' यानी सर क्लाउडे व्हाइट द्वारा निर्माण किया गया अपना निवासस्थान है जो आज भी 'व्हाइट हाउस' के नाम से जाना जाता है, और सिक्किम का 'राजभवन' है। इस स्थान को मैंने कैसे, किस तरह और क्यों चुना, इस बात का लेखा–जोखा सर व्हाइट

ने अपने यादों का गुलदस्ता जब पहली बार वर्ष 1909 में प्रकाशित किया, तब उसमें उसने इस जगह के चुनाव के बारे में तथा अपनी पसन्द के साथ इस भवन निर्माण के दौरान उसे जो झेलना पड़ा, उस बारे में विस्तृत वर्णन किया है।

व्हाइट लिखते हैं, "सिक्किम में मेरी नियुक्ति के बाद जो सबसे पहली बात मुझे करनी थी, वह अपने लिए घर बनाना था। सिक्किम ऐसी जगह है कि यहाँ राज मिस्त्री और बढ़ई मिलना, बड़ी महत्त्वपूर्ण और विशिष्ट बात होती है क्यों कि यहाँ ये लोग होते ही नहीं हैं। यह ऐसी जगह थी, जहाँ गृह निर्माण हेतु आवश्यक पत्थर, पहाड़ी को तोड़कर, काटकर वहाँ से लाने पड़ते थे और लकड़ी के लिए जंगल जाकर पेड़ काटने पड़ते थे। गंगटोक के आसपास यूँ ही घूमते हुए उस आदिम जंगल के बीचोंबीच मुझे एक ऐसी सुन्दर जगह दिखायी दी कि मुझे लगा, मुझे यहीं, इसी स्थान पर अपने लिए घर बनाना है। मैंने वहाँ घर बनाने का दृढ़ निश्चय तो कर लिया लेकिन यह आसान नहीं था। वहाँ बड़े बड़े पेड़ थे, कुछेक पेड़ तो 140 फीट लम्बे थे और वहाँ घर बनाने के बाद घर के लिए वे हानिकारक हो सकते थे। घर की सुरक्षा के मद्देनज़र मुझे उन्हें काटना ज़रूरी हो गया था। अन्यथा बरसाती मौसम में बादलों की भयावह गड़गड़ाहट के साथ आने वाले आँधी तूफ़ान को साथ देने वाली तेज़ी से बहती हवाओं के रहते इन लम्बे–लम्बे पेड़ों का ढह जाना, टूटकर गिरना आदि सबके लिए तकलीफ़देह स्थिति पैदा करता, जिससे घर में रहने वालों या आस पास रहने वाले लोगों की जान पर बन आती थी। ऊबड़–खाबड़ ज़मीन को समतल बनाते हुए जो ज़्यादा मिट्टी, गारा निकला, उसे सामने फैलाकर मैंने अपने घर के लिए पर्याप्त जगह बनायी, जिससे सामने हरी घास का लॉन और फूलों की क्यारियाँ भी बन पायीं। घर के पीछे पर्वत की ऊँची–ऊँची चोटियाँ और घना जंगल है जो कि पूर्वोत्तर की बर्फ़ीली हवाओं से हमारी रक्षा करता है। सामने जो खुला मैदान बना हुआ है, उसके ख़त्म होते ही सामने वैली का लुभावना दृश्य, जहाँ कंचनजंघा के आसपास का बर्फ़ आसमान

तक पहुँचा हुआ दिखायी देता है। इस जगह का कोई सानी नहीं है और दुनिया में इतनी सुन्दर जगह शायद ही कहीं मिलेगी।''

वर्ष 1908 में जब व्हाइट सेवानिवृत्त हुए तब यह जो उनका निवास स्थान था, जो उन्होंने ख़ुद बनाया था, उसे उन्होंने विरासत के रूप में पीछे छोड़ दिया। उन्होंने जो यह विला तैयार किया था, उसका सुकून भरा एहसास और वहाँ रहने का सुख गंगटोक में रहनेवाले सिक्किम, भूटान और तिब्बत के राजनयिक अधिकारियों ने ख़ूब भोगा। सर एच.जे. हॉपकिन्सन, सिक्किम के अन्तिम ब्रिटिश राजनीतिक अधिकारी थे। जब वर्ष 1947 में भारत को ब्रिटिश सरकार से स्वतन्त्रता मिली तब यह निवास स्थान भारतीय राजनीतिक अधिकारी का निवास स्थान बन गया, जिसे स्थानीय भाषा में 'बुर्रा कोठी' के नाम से जाना जाता है।

सिक्किमी लोगों ने ऐसा घर या निवास स्थान इससे पहले कभी देखा नहीं था। उनके लिए यह कल्पना से परे, कोई अद्‌भुत बात थी, जिसके बारे में उनके दिल में हरदम एक उत्सुकता और कौतूहल रहता था। इसलिए सिक्किम के लोग हर बार वहाँ फोन कर उस घर के आस–पास घूमने हेतु अनुमति माँगते हुए दिखायी देते थे। इस घर के लोग किस तरह से रहते हैं, उनका यूरोपियन फर्नीचर कैसा है, उसे किस तरह से इस्तेमाल किया जाता है आदि बातों के बारे में जानने की उत्सुकता उन्हें हरदम रहती थी। इस रेसीडेंसी की 'बे–खिड़कियाँ' और 'राउंड ड़ाइनिंग टेबल' ने तो यहाँ के स्थानीय सिक्किमी काज़ियों को कल्पना की उड़ान भरने के लिए मज़बूर किया और उन्होंने अपने घरों के लिए ऐसी ही 'बे–खिड़कियाँ' (दीवार से आगे निकली हुई) और 'राउंड डाइनिंग टेबल' बनवाये। इतनी उच्च्व पसन्द तथा वैसी ही बेहतरीन गृह निर्माण की वजह से जे. क्लाउडे व्हाइट ने सिक्किम के इतिहास में अपना नाम अलग से दर्ज किया है।

इस बेहतरीन राजभवन के बारे में मेरी जानकारी बहुत कम थी। यह भवन और परिसर इतना सुन्दर और दिलचस्प है,

इसका साक्षात्कार जब मैंने सिक्किम जाने के बाद राजभवन को भेंट दी, तब मुझे हुआ।

सिक्किम के मेरे इस दौरे के दौरान वहाँ आदरणीय श्रीनिवास दादासाहेब पाटील, सिक्किम के गवर्नर के रूप में पदस्थ थे। सिक्किम जैसे सुदूर, पूर्वोत्तर राज्य के गवर्नर होने का सम्मान 'एक मराठी माणूस' को प्राप्त हुआ था और यह बात मेरे लिए मेरे 'दिल के करीब' थी। आदरणीय पाटील जी ने गवर्नर के रूप में वहाँ दिनांक 20 जुलाई, 2013 को शपथ ग्रहण की थी। भारतीय प्रशासनिक सेवा के पूर्णकालिक अधिकारी, तदुपरान्त तेरहवीं और चौदहवीं लोकसभा के सदस्य के रूप में पाटील जी का कार्य और योगदान किसी पैरामीटर या मापदंड का मोहताज नहीं। सिक्किम में पाटील जी से मिलना, मेरे अजेंडे में शामिल था। मुम्बई से मैंने उनके निजी सचिव इरफ़ान जी से बात भी की थी।

जब गंगटोक में कब रुकना है, इस बात का मेरा निर्णय हो गया तब मैंने सर्वप्रथम इरफान जी को फ़ोन किया। वे उस वक़्त सिक्किम में मौजूद नहीं थे, लेकिन उन्होंने सिक्किम में हमारे आने पर ख़ुशी व्यक्त करते हुए सिक्किम में खेमराज भट्टराई जी का सम्पर्क सूत्र हमारे हवाले किया।

फिर फ़ोन पर बातचीत हुई। दोपहर 2.30 बजे के बाद का समय हमारे लिए निर्धारित किया गया। हमें बताया गया कि हमें जीरो पॉइंट गेट से प्रवेश करना है।

हम समय से आधा घण्टा पहले ही वहाँ पहुँच गये। किसी महत्त्वपूर्ण व्यक्ति से मिलने हेतु समय से पहले उपस्थित होना, मेरी आदत में शामिल है और उसी आदत के अनुसार हम वहाँ पहुँच गये थे। हमारा स्वागत राजभवन के नीचे वाले गेट पर ही किया गया। वहाँ से राजभवन में फोन कर हमारी अपॉइंटमेंट के बारे में पुष्टि की गयी। साथ ही हमें कहाँ और कैसे पहुँचना है, यह भी बताया गया। गाड़ी पार्क कर हमने राजभवन की दिशा में कुछेक क़दम बढ़ाये ही थे कि सामने से एक व्यक्ति हमारे पास आयी और हमारा स्वागत करते

हुए हमें साथ लेकर राजभवन तक आयी। हम अब राजभवन के मुख्य दरवाज़े पर थे। वहीं से हमने आसपास नज़र दौड़ाई। पूरा राजभवन फूलों की क्यारियों से संजा हुआ था। राजभवन के दाहिनी ओर जो दूसरा दरवाज़ा था, वह सिर पर लताओं को सहेजकर तथा गेरूए रंग के फूलों से लदा हुआ था। सामने फैला हुआ हरा भरा लॉन और लॉन के उस पार दिखायी देती वह हरी भरी वैली और हिमालय की चोटियाँ, कहाँ कहाँ नज़र घुमायी जाये, क्या क्या देखा जाये, कुछ समझ में नहीं आ रहा था। आँखों को ठण्डक मिली थी, दिल को सुकून मिल रहा था और साथ में चारों ओर की सुन्दरता, मेरे पास शब्द नहीं थे। मैं मन्त्रमुग्ध होकर राजभवन के दूसरे गेट के ऊपर चढ़ी हुई हरी बेल के गेरूए रंग के फूलों को देख रही थी और दूसरी ओर क्यारियों में खिले ऑर्किडस के रंग–बिरंगे फूलों की रंगीनियों को भी देख रही थी। बेचारी मेरी दो आँखें और इतनी सुन्दरता और पवित्रता! क्या देखा जाये, क्या छोड़ दिया जाये? "मैडम, आपका बैग...?" दरवाज़े पर तैनात प्रहरी बैग को दिखा रहा था। उसने बैग को वहीं छोड़ने के लिए कहा। बैग में से कुछ किताबें और एक छोटा–सा उपहार लेकर हम भीतर आये।

वह 'इन्तज़ार कक्ष' था, जोकि सिक्किम की सुन्दरता और पारम्परिकता को वहाँ प्रदर्शित चीज़ों के ज़रिये बयाँ कर रहा था। पाटील जी के अर्दली ने हमारा स्वागत किया। साथ में खेमराज भट्टराई जी की मुस्कान भी थी। वह कक्ष सिक्किम के आठ भाग्यशाली संकेतों अर्थात् बुद्धिज़्म के 'ताशी ताग्ये' से सुशोभित था। हालाँकि राजभवन के प्रवेशद्वार पर भी हमने इन संकेतों को राष्ट्रीय प्रतीक के साथ देखा था, लेकिन उनका सन्दर्भ, यहाँ आने के बाद तथा एम. थापा जी के साथ बातचीत करने के दौरान लगा था।

चाय, पानी, बिस्कुट्स के साथ आवभगत की गयी, स्वागत हुआ। बहुत अच्छी तरह से बातचीत का दौर चला। बिल्कुल 2.30 बजे हमें अन्दर से बुलावा आया। थापा जी हमें गवर्नर महोदय के कार्यालयीन कक्ष के दरवाज़े तक छोड़ गये। दरवाज़ा खोलकर उन्होंने

हमें गवर्नर पाटील जी के ऑफिस में छोड़ दिया। हम दो लोग थे, मैं और मेरी बहन। ऑफिस बहुत बड़ा–सा, विशाल था। टेबल की दूसरी ओर पाटील जी बैठे थे। टेबल पर छोटा–सा तिरंगा शान से लहरा रहा था। पाटील जी की बड़ी बड़ी मूँछों ने देखते ही मन मोह लिया। साथ ही उनके चेहरे और आँखों से झलकते अपनेपन, प्यार और स्नेह ने आश्वस्त कर दिया। हम उनके सामने बैठे। बातचीत का दौर चला। उनकी अपनेपन से भरी बातें, सादगी भरा व्यक्तित्व, सिक्किम के प्रति उनका अपनापन, वहाँ के लोगों तथा युवाओं के प्रति अपने दायित्व को लेकर उनकी भूमिका, हम बातें करते रहे। आधा घण्टा कब बीत गया, पता ही नहीं चला। कमिशनर–सह गवर्नर के सचिव, आर. तेली, आई.ए.एस. से भी पाटील जी ने हमारा परिचय करवाया और उनके साथ भी मुलाकात हो गयी। बड़ा ही प्यार भरा और अपनत्व भरा माहौल। क्या कोई बड़ी हस्ती, इतनी सादगीपूर्ण हो सकती है, हमारी कुछ समझ में नहीं आ रहा था, लेकिन सब कुछ भला–सा लग रहा था। राजभवन का फ़ोटोग्राफ़र आया। पाटील जी ने सिक्किम के पारम्परिक तरीक़े से हमारा स्वागत किया। फ़ोटोग्राफर ने फ़ोटो ले ली। पाटील जी ने उस फ़ोटो के पीछे हस्ताक्षर किये और उस महीन याद को फ़ोटो के रूप में सँजोकर हमें दे दिया। हमने भी अपनी ओर से उनका छोटा–सा सम्मान किया। उन्हें दो किताबें भेंटस्वरूप दे दी। गवर्नर महोदय पाटील जी ने भी हमें उनकी ओर से दो किताबें भेंट की और स्वयं पाटील जी हमें छोड़ने के लिए दरवाज़े तक आये। इतनी बड़ी शख़्सियत और इतनी विनम्रता! हम अभिभूत थे। शायद जिस तरह से उनकी विनम्रता, शालिनता थी, उसी तरह उनके स्टाफ सदस्यों की सहयोग की भावना भी थी। थापा जी ने हमें पूरा राजभवन घुमाया। आगे–पीछे का पूरा एरिया दिखाया। सिक्किम के उन आठ भाग्यशाली संकेतों के बारे में भी जानकारी दी, जो कि 2.30 बजे की अपॉइंटमेंट का बुलावा आने की वजह से रह गयी थी। ये आठ भाग्यशाली प्रतीक चिह्न यानी डग (छत्र), भूम्पा (फूलदान), धूँगकर (सफेद शंख), ग्यालत्सेन (विजय पताका),

सेरन्या (सुनहरी मछली), पेमा (कमल), पालभेऊ (अन्तहीन गाँठ), चोइक्यी खोरलो (धर्मचक्र), इन्हीं आठ चिह्नों को संयुक्त रूप से 'ताशी ताग्ये' कहा जाता है तथा ये पवित्र चिह्न बुद्ध के जीवन और उनकी शिक्षा से सम्बन्धित हैं। ये प्रतीक चिह्न आपको थंगका, पेंटिंग्ज़, फ़र्नीचर की नक़्क़ाशी और इमारत की दीवारों पर ही नहीं बल्कि सिक्किम सरकार की हर महत्त्वपूर्ण चीज़, दस्तावेजों पर दिखायी देंगे।

डग, दुनिया की तकलीफ़ों, कष्टों से छुटकारा पाने के छत्र के रूप में सामने आता है। भूम्पा, स्वास्थ्य, लम्बी आयु और भौतिक सम्पत्ति का कभी ख़त्म न होने वाला भाग्य देता है, धूँगकर, अपने और विश्व के कल्याण हेतु अच्छे कर्मों की दिशा में प्रेरित करता है। ग्यालत्सेन, गौतम बुद्ध द्वारा दी गयी शिक्षा के पथ की अवरुद्धता को दूर कर बुरे पर अच्छाई की जीत को दर्शाता है। सेरन्या, सांसारिक समूह में आसानी से तथा सहजता से तैरकर पार लगना मायने रखता है। पेमा, हमें कमल की तरह कीचड़ से स्वयं को मुक्त रखने की बात करता है, पालभेऊ, हमें जीवन के हर पहलू से रूबरू करवाता है। जबकि चोइक्यी खोरलो समय के गुज़र जाने की बात करता है।

हम शान्ति और उत्सुकता से सुन रहे थे। वहाँ की टेबल, वहाँ की पेंटिंग्ज़, लकड़ी पर उत्कीर्ण नक़्क़ाशी, बहुत ही सुन्दर तरीक़े से सजाये गये ऑर्किड के फूल, रंगीन पर्दे, सब कुछ पारम्परिकता का एहसास करा रहा था और यह भी जतला रहा था कि सिक्किम का गवर्नर भी सिक्किम के रंग में कितने गहरे तक उतर गया है।

सचमुच महाराष्ट्र की पारम्परिक तथा सांस्कृतिक सम्पन्न भूमि से आये पाटील जी ने सिक्किम की संस्कृति तथा परम्परा को बड़े सम्मान के साथ आगे बढ़ाने की कोशिश की थी। सिक्किम के युवाओं के साथ जुड़ना हो, सिक्किमी कला, नृत्य को बढ़ावा देना हो, लोगों से मिलना हो या राजभवन में सिक्किमी परम्परा तथा संस्कृति को सम्पन्न रूप से प्रदर्शित करना हो, पाटील जी का संवेदनशील नजरिया सर्वत्र दिखायी दे रहा था। सिक्किम में पाटील जी का गवर्नर के रूप में जो कार्यकाल था, वह समाप्ति के कगार पर था,

लेकिन अपने 5 साल की कार्यावधि के दौरान पाटील जी सिक्किम के सिर्फ़ गवर्नर नहीं रहे बल्कि मार्गदर्शक, प्रगति के सलाहकार, नयी योजनाओं के कार्यान्वयन के अध्वर्यू, नयी संकल्पना के प्रणेता, नयी सोच के आरम्भकर्ता, सांस्कृतिक परम्परा के सिपाही आदि अनेक भूमिकाओं से गुज़रे। उन्होंने सांस्कृतिक मेल–मिलाप को बढ़ावा देने के साथ साथ आम आदमी की भूमि पर उसी वक़्त ख़ुद को ढाल दिया, जब उन्होंने 'हिज एक्सीलेंस' यह गवर्नर के आगे लगनेवाला अपना प्रतिमान नकार दिया था, गवर्नर के रूप में सिक्किम के कार्य ग्रहण करने के तुरन्त बाद! अपनी सादगी और ज़मीनी परिवेश के साथ पाटील जी ने सिक्किम की सांस्कृतिक परम्परा को अधिक उन्नत और प्रगतिशील कर आगे बढ़ाया। राजभवन से जब हम बाहर निकले तब दिल भरा भरा था। एहसासों और अपनेपन से भरपूर था। पाटील जी के प्रति उनके स्टाफ या अन्य लोगों के बीच जो सम्मान दिखायी दे रहा था, वह सम्मान उनके अपने गवर्नर के प्रति तो था ही लेकिन उससे भी ज़्यादा एक ऐसी शख़्सियत के प्रति था, जो सही मायने में 'अच्छे इन्सान' के रूप में स्वयं को साकार करती हो। वैसे भी पद, प्रतिष्ठा तो कुर्सी के साथ उतर भी सकती है, लेकिन यदि आप 'अच्छे इन्सान' हैं तो यह सम्मान ताउम्र आपके साथ रहता है, ज़िन्दगी के साथ भी और ज़िन्दगी के बाद भी!

'राजभवन' के बाहर आने पर फिर एक बार हम उस प्रकृति की गोद में ख़ुद को सुकून से देख रहे थे जोकि सुन्दर भी थी और अद्वितीय भी थी। 75 एकड़ के विस्तृत क्षेत्र में फैली यह राजभवन की भूमि जीरो पॉइंट, बालुखानी से सेलेप टैंक से शुरू होती है और वी.आई.पी. एन्क्लेव तक ख़त्म होती है। इस परिसर में आप पंछियों की चहचहाट, गिलहरियों की सरसराहट या अन्य किसी अनजाने छोटे–छोटे प्राणियों या पंछियों की आवाज़ाही देख, सुन सकते है। यहाँ का हरियाली भरा लॉन, आपसे कहता है, "जूता उतारकर दो–चार क़दम चलकर तो देख, मेरी हरी घास पर!" यहाँ का ऊँचा, आसमान छूता, राजभवन के पीछे का जंगल कहता है,

"आओ, सूरज की रोशनी ढूँढ़ते हैं और उस रोशनी के साथ लुका–छिपी खेलते हैं" और क्यारियों में खिले हुए ऑर्किडस के रंगबिरंगे फूल पूछते हैं, "तुम्हें कौन–सा रंग दे दूँ, ज़िन्दगी के लिए!"

'राजभवन' से अपने होटल की ओर जाते समय, एक ही बात दिल में सवाल उठा रही थी कि 'यह सुन्दरता, यहाँ तक ही सीमित क्यों है?"

मैंने ख़ुद को समझाया, 'सुन्दरता के मायने तभी महत्त्वपूर्ण होते हैं, जब वह सर्वत्र नहीं होती।' हमने सुन्दरता के दो मायने सिक्किम के राजभवन में अनुभव किये थे–पाटील जी के व्यवहार और मुस्कराहट की सुन्दरता और राजभवन की प्राकृतिक सुन्दरता।

सानु लामा जी से भेंट

सानु लामा जी से मिलना, एक अलग–थलग अनुभव था। उनसे मिलते समय यह बिल्कुल ही नहीं लगा कि हम एक ऐसे लेखक से मिलने जा रहे हैं, जो सिक्किम की साहित्यिक पहचान है और जिसे साहित्य के लिए साहित्य अकादमी सम्मान मिला है। एक सीधा सादा व्यक्तित्व, वैसा ही रहन–सहन। आमतौर पर सिक्किमी लोगों की जितनी ऊँचाई होती है, उतना ही ठिगना–सा शरीर, वैसे ही नाक–नक़्श और पीला–सा वर्ण! लेकिन अपनी प्यारी–सी मुस्कराहट के साथ उन्होंने हमारा स्वागत किया, उनके गंगटोक स्थित उतने ही पारम्पारिक लेकिन आधुनिक घर में! उनके घर की दीवारें बड़े बड़े पुरस्कारों तथा स्मृति–चिह्नों से अटी हुई थी। उनके घर में उन रंगबिरंगी फूलों से लदे आँगन से होकर प्रवेश करना, दीवारों को ढँकने वाले पुरस्कारों का अवलोकन करना तथा उनके पुस्तकालय में मौजूद किताबों को देखना एक अलग अनुभव था, लेकिन उनसे बातचीत करना, वह भी उनकी नेपाली ढंग से बोली जाने वाली हिन्दी को सुनना, उससे भी बेहतरीन अनूठा अनुभव था।

स्व. लामा चन्द्रमन घिसिंग और उनकी धर्मपत्नी श्रीमती फुलमाया घिसिंग, अपने सबसे छोटे बेटे को 'गरुड़ सिंह लामा' को बहुत प्यार से 'सानु लामा' कहक़र बुलाते थे। यह 'प्यारा' या प्यारभरा नाम ही फिर लोगों को प्यारा लगने लगा और उस नाम के उस प्यारभरे उच्चारण को ही लोग इतना पसन्द करने लगे कि

लोग 'गरुड़ सिंह लामा' इस नाम को बिल्कुल भूल गये। 'सानु लामा' यानी छोटा लड़का और घिसिंग दम्पती के इस छोटे बेटे ने अपने नाम को भविष्य में इतना बड़ा किया कि यह नाम अपनी एक पहचान और रुतबा लेकर पूरे भारत में मशहूर हो गया। माँ–बाप द्वारा प्यार से दिया गया यह छोटा–सा 'सानु लामा' नाम फिर भारतीय साहित्य क्षेत्र में अपनी एक अलग पहचान लेकर जाना जाने लगा।

'सानु लामा' पढ़ाई में बहुत होशियार था। सर ताशी नामग्याल हाईस्कूल से वर्ष 1956 में मैट्रिक परीक्षा उत्तीर्ण करने के पश्चात् आगे पढ़ाई करने की मंशा तो थी, लेकिन सिर्फ़ पढ़ाई करने की ही मंशा नहीं थी। बल्कि आगे बहुत कुछ करना था। स्कूल में भी सिर्फ़ 'पढ़ाई' सानु लामा की पहचान नहीं थी बल्कि पढ़ाई के साथ साथ अन्य गतिविधियों में भी वह सक्रिय सहभागिता देता। एक होशियार और सक्रिय विद्यार्थी के रूप में वह जाना जाता था।

वे दिन भी क्या दिन थे। स्कूली पढ़ाई तो ख़त्म हो गयी थी, लेकिन उन दिनों में कुछ अलग–सी बात थी। एक नये परिवर्तन को लेकर दिन पंख लगाकर उड़ रहे थे। सिक्किम एक नये परिवर्तन को लेकर एक नयी राह पर अग्रसर हो रहा था। वर्ष 1954 तक सिक्किम एक अलग देश के रूप में जाना जाता था। लेकिन भारत में शामिल हो जाने के बाद सिक्किम की पहली सप्तवर्षीय विकास योजना की शुरुआत वर्ष 1956 में हो गयी, लेकिन उसी वक़्त तक भारत की दूसरी विकास योजना की शुरुआत हो चुकी थी। वे अभिभूत होकर, विकास योजनाओं को साथ लेकर चलने वाले दिन थे। तकनीकी ज्ञान की आवश्यकता थी। सरकार को नये ख़ून की आवश्यकता हर नये क्षेत्र अर्थात् मानव संसाधन क्षेत्र, तकनीकी सभी क्षेत्रों में शिक्षित, तकनीकी ज्ञान से परिपूर्ण युवाओं की आवश्यकता थी। अनेक नये विकास कार्यक्रमों की शुरुआत करने की आवश्यकता थी और यह शुरुआत युवाओं के अलावा कौन कर सकता था? अपनी इस आवश्यकता को पूरा करने हेतु सरकार को नये युवाओं की आवश्यकता थी। अतः सरकार ने अन्य युवाओं के साथ सानु लामा

को भी बर्दवान की एम.बी.सी. इंस्टीट्यूट ऑफ़ इंजीनियरिंग में आगे की पढ़ाई हेतु चुन लिया। वहाँ से सिविल इन्जीनियरिंग का डिप्लोमा लेकर ही सानु लामा सिक्किम लौटे।

नौकरी मिलना, उन दिनों इतना कठिन नहीं था लेकिन उतना आसान भी नहीं था। वर्ष 1959 को सानु लामा जी को जूनियर इन्जीनियर के रूप में सिक्किम पब्लिक वर्क विभाग में नौकरी मिल गयी और तकनीकी से भरपूर एक अलग दुनिया, उनके समक्ष खुलने लगी। रंगपो का सिक्किम माईनिंग कार्पोरेशन कॉम्पलेक्स, ताशी नामग्यियल सीनियर सेकंडरी स्कूल कॉम्पलेक्स, पाल्जोर स्टेडियम (1965) के साथ साथ सिक्किम के पूर्व और दक्षिण जिलों की मोटरेबल सड़कों का निर्माण कार्य उन्होंने सम्पन्न कर दिया। सिक्किम की ग्रामीण विकास योजनाओं के कार्य में वे पहले से जुड़े थे। पानी की आपूर्ति और ग्रामीण सैनिटेशन इन दो विषयों में उनकी कुशलता के क्या कहने? परिणामस्वरूप इन दो विषयों से जुड़ी योजनाओं के कार्यान्वयन हेतु उनकी विशेष रूप से नियुक्ति की गयी। सिंगतम में फल परीक्षण फ़ैक्टरी का काम जब ख़त्म हुआ तब उन्होंने पेबांग टरकूबेन गाँव में स्थित मोटरेबल सड़क, अनेक फैक्टरियों, इमारतों, अनुसन्धान केन्द्र, कार्यालयों, घरों और सिविल योजनाओं को अन्ज़ाम दे दिया। वर्ष 1974 को जब योजना और विकास विभाग की स्थापना की गयी तब उनकी नियुक्ति उस विभाग में हुई। 29 सालों की अपनी दीर्घावधि नौकरी के समय में उन्होंने ग्रामीण विकास की अनेक योजनाओं को पूरा किया था और यही नहीं, हर योजना को पूर्ण करते समय उस योजना पर अपनी अनूठी कार्यपद्धति की मुहर भी लगायी थी। अमरीका, मेक्सिको, कोलम्बिया तथा लैटीन अमेरिकन देशों के अभ्यास दौरों के लिए भारत सरकार द्वारा विशेष सदस्य के रूप में उन्हें आमन्त्रित किया गया था। अपने क्षेत्र में किये गये इस गौरवास्पद कार्य हेतु उन्हें कोस्टारीका की ओर से उनके कार्य के सम्मान में विशेष गुणवत्ता प्रमाण पत्र देकर भी गौरवान्वित किया गया। वैसे उनकी व्यावसायिक ज़िन्दगी तथा कैरियर के बारे में हमने

बहुत कुछ कहा। लेकिन 'सानु लामा' जी को उनकी जिस अलग हैसियत के बारे में हम मिलने गये थे, उस बात के बारे में हमने अब तक बात भी नहीं की है। उनके लेखन, सृजनशील लेखन के बारे में हमने अब तक कुछ भी नहीं कहा है। सानु लामा जी के लेखन की शुरुआत उनके बचपन से ही हुई थी। शुरुआत लघुकथाओं तथा निबन्ध लेखन से हुई थी। स्कूल की मासिक पत्रिका हेतु लेखन करते हुए यूँ ही लेखन का यह चस्का उन्हें लगा। उनके नेपाली शिक्षक स्व. रश्मि प्रसाद अलाय जी ने सानु लामा और उनके दोनों भाइयों को लेखन हेतु प्रेरित किया। सानु लामा भी छुटपुट लेखन किया करते थे। लेकिन 1962 के बाद उन्होंने लेखन की ओर गम्भीर रुख अपनाया।

अपनी बचपन की यादों को ताजा करते हुए सानु लामा जी का गोल चेहरा कुछ ज़्यादा ही उजाला लेकर दमकने लगता है। "सच कहा जाये तो बचपन में मैं कुछ ज़्यादा ही नटखट था। दिनभर मैं घर से बाहर ही रहता था। दोस्तों के साथ घूमना, मस्ती करना, मटरगश्ती करना, मेरा शगल था। मुझे बहुत पसन्द था ये सब।"

वर्ष 1962 में सिंगतम की पृष्ठभूमि पर उन्होंने एक दम्पती की कहानी बुनी और इस कहानी से उनके लेखन की गम्भीर यात्रा शुरू हुई। "दिया लो', 'हिमलोक,' 'दियो मालिंगो', 'प्रक्रिया', 'श्रष्टा', 'कनका' आदि नेपाली मासिकों में उनकी कहानियाँ छपने लगीं। उनकी कहानियों के अनुवाद हिन्दी, उर्दू, असमी, उडिया, अंग्रेज़ी भाषाओं में होने लगे। उनकी कहानियों को किसी भाषा या विषयों की सीमाएँ नहीं रोकती थीं। किसी भी विषय पर लिखना उनकी खासियत थी। विषयों की विविधता को लेकर उनकी कहानियाँ चलती थीं। समाज में मौज़ूद सांस्कृतिक और सामाजिक विसंगतियों तथा सिक्किम का ग्रामीण परिवेश, उनके कहानी–लेखन को खाद देने का काम करते थे। सानु लामा जी के लेखन में स्त्री की जो तस्वीर उभरकर आती है, वह बहुत उदार और महान है।

स्त्री को सम्मान देने और महानता देने की शुरुआत सानु लामा जी ने घर से की है और फिर वह उनके लेखन में विस्तार पाती गयी। घर से लेखन और फिर समाज, इस तरह से यह विस्तार समाज में भी आ गया। 'सिक्किम की स्त्री सृजनात्मकता' इस विषय पर सेमीनार का आयोजन होने दो, स्त्रियों को कारपेट बुनना, सिलाई या कढ़ाई का प्रशिक्षण देने का कार्यक्रम होने दो या फिर एकाध कार्यशाला का आयोजन, सानु लामा जी हर एक कार्यक्रम के आयोजन में आगे रहते हैं। स्त्री, स्त्री–जीवन, स्त्री–प्रगति या उत्थान को मदद करने वाला कोई भी कार्यक्रम लामा जी को आमन्त्रित करता रहता है और वे इस तरह के किसी भी कार्यक्रम को अपनी ओर से मदद करते हैं।

अपनी कहानियों के जरिये सानु लामा हरदम सिक्किम के ग्रामीण परिवेश से आपका साक्षात्कार करवाते रहते हैं। ग्रामीण परिवेश की सादगी, ग़रीब–अमीरों के बीच का संघर्ष इन बातों को सानु जी बहुत बेहतरीन ढंग से, उत्कृष्टता से अपनी कहानियों के जरिये बुनते रहते हैं। अपने पाठकों को कल्पना सृष्टि में विचरण करने की स्वतन्त्रता भी वे दे डालते हैं। सिक्किम का ग्रामीण परिवेश, सिक्किम के सामाजिक जीवन के साथ सानुजी का रिश्ता, वहाँ के ग्रामीण ज़िन्दगी में शामिल विविधता और उस विविधता में बसी हुई एकता, ये सब बातें, सानुजी को एक लेखक के नाते उनकी सोच को और एक इन्सान होने के नाते उनकी समझदारी को विस्तृत आसमान देती है। नेपाली भाषा में लिखी गयी सानु लामाजी की कहानियाँ यानी उनकी सृजनशीलता का प्रतीक और प्रकृति के सहवास में मानवीय भावों और भावनाओं का अजीबोग़रीब और अनूठा खेल और विश्लेषण है। मानवी मूल्यों के प्रति गहरा सम्मान और वास्तविकता को अपनी लेखनी के जरिये शब्दों में ढालने की ईमानदार भावना ने सानु लामा को जनता द्वारा भरपूर प्यार दिया है और समाज द्वारा उन्हें बहुत सम्मान भी दिया है। भारतीय परिवार व्यवस्था, उसका ताना–बाना

और जीवन, भारतीय संस्कृति एवं परम्परा का दर्पण यानी सानु लामा का साहित्यिक विश्व! सिक्किम की प्रकृति, उस प्रकृति की वह अभिभूत करने वाली सुन्दरता, सिक्किम के गाँव, ग्रामीण जीवन, उस ग्रामीण जीवन का वह संघर्ष, दुःख, तकलीफ़ें, वेदनाएँ, मासूमीयत, ईमानदारी ये सभी बातें सानु जी को अपनी ओर आकृष्ट करती हैं और उनके सृजन को आवाहन करती है। सानुजी का साहित्यिक संसार कुछ ज़्यादा फैला हुआ या विस्तृत नहीं है। गिना चुना साहित्य उन्होंने सृजित किया है। लघु कहानियों के तीन--चार संकलन, एक उपन्यास, एक यात्रा वर्णन, एक काव्य संकलन, सिक्किम के पारम्पारिक जीवन पर एक किताब, तीन अनूदित किताबें, इतना ही उनका साहित्यिक विश्व है, लेकिन इस साहित्यिक विश्व में सिक्किम की मिट्टी की सोंधी महक़ है, आधुनिकता की सुगन्ध है और इसी में पारम्परिकता का एक इन्द्रधनुषी संगम भी है। नेपाली साहित्य विश्व सानु लामा को हरदम और हमेशा याद रखेगा क्यों कि भारतीय नेपाली परिषद के संस्थापक सचिव के रूप में सानु लामा जी ने जो कार्य किया है, उसे कोई भूल नहीं सकता। इस परिषद के कार्य की वजह से ही नेपाली भाषा को भारतीय संविधान की आठवीं अनुसूची में दिनांक 20 अगस्त, 1992 को भारतीय भाषा के रूप में जोड़ा गया। साहित्य अकादमी के सदस्य और भाषा सलाहक़ार बोर्ड के सदस्य के रूप में भी सानुजी ने कार्य किया है। इतना ही नहीं, नेशनल बुक ट्रस्ट, नयी दिल्ली, इंडिया के सम्पादकीय सलाहक़ार के रूप में भी उन्होंने कार्य किया है।

अब भी इस उम्र में, बढ़ती आयु में भी सानु लामा जी आराम से बैठे हैं, आराम कर रहे हैं, ऐसा आपको दिखायी नहीं देगा। आज भी वे कार्यरत और निरन्तर रूप से कार्यरत रहते हैं। आज भी वे सिक्किम अकादमी के अध्यक्ष, बुद्धाज लाइट इंटरनेशनल एसोशिएशन (BLA) के सिक्किम चैप्टर के अध्यक्ष, सेंटर फॉर इन्वायरमेंटल इन्जीनियरिंग एंड सोशल सर्विसेज के अध्यक्ष तथा विवेकानन्द केन्द्र, चेन्नई के आजीवन सदस्य के रूप में कार्यरत हैं।

यात्रा करना, घूमना सानु लामाजी का पसन्दीदा शौक है। वे घूमते रहते हैं, घूमना उन्हें बेहद पसन्द है। पूरा भारत ही नहीं लेकिन विदेश के 30 देशों की यात्रा भी उन्होंने की है। अपने साहित्यिक योगदान का पूरा श्रेय, वे डॉ. इन्द्रबहादुर राय तथा डॉ. घनश्याम अग्रवाल जी को देते हैं। 'इन दोनों के मार्गदर्शन तथा प्रेरणा की वजह से ही मैं यहाँ तक पहुँच पाया हूँ', यह बताते हुए इस द्वयी के प्रति सम्मान और आदरभाव से उनका दिल भर आता है, जो उनके शब्दों से भी झलकता है। आज की युवा पीढ़ी के प्रति सानु लामाजी का आशावाद बहुत सकारात्मक है। "आज का युवा बहुत ऊर्जावान और अपने कार्य के प्रति समर्पित है।" वे कहते हैं। टी.वी. कम्पूटर, इंटरनेट, मोबाइल की वजह से यह युवा बिगड़ रहा है, यह बात वे बिल्कुल नहीं मानते। इन बातों से इस पीढ़ी को दूर रखना होगा, यह बात भी उन्हें मन्ज़ूर नहीं है क्यों कि ये बातें आज की, वर्तमान की जरूरत है, ये बातें आज की आवश्यकता है और ये बातें इस पीढ़ी की ज़रूरतें बन गयी हैं। ऐसे में इस पीढ़ी को हम सिर्फ़ प्रेरित कर सकते हैं, उन्हें प्रेरणा दे सकते हैं, यह उनका मानना है। नयी पीढ़ी को यह प्रेरणा देने का कार्य पढ़ना ही कर सकता है, यह उनका विश्वास है। वे स्वयं भी नया नया पढ़ते रहते हैं; हर दम नया कुछ पढ़ना, यह सानु लामा जी का मूलमन्त्र है। पढ़ने के लिए वैसा माहौल भी पैदा करना ज़रूरी होता है, और वह माहौल भी बनाया जाना चाहिए, इस बात को लेकर वे ज़्यादा जागरूक हैं। 'आदमी को हरदम कुछ पढ़ते रहना चाहिए' यह आशीर्वाद देते समय सानु लामा जी हरदम स्थितियों की चक्करघिन्नी तथा समझौते के बाज़ार में स्वयं को अन्तिम पंक्ति में खड़े हुए पाते हैं। लेकिन उनकी लेखनी सिक्किम की आबोहवा में घूमती रहती है, वहीं के परिवेश को अभिव्यक्त करती हुई दिखायी देती है।

अपने साहित्यिक योगदान की वजह से 'पद्मश्री' और 'साहित्य अकादमी' जैसे प्रतिष्ठित सम्मान पाने वाले इस लेखक की ज़िन्दगी बिल्कुल सीधी सादी है। अपनी इस सीधी सादी–सी ज़िन्दगी के साथ

सिक्किम की मिट्टी की सोंधी महक़ को अपनी ज़िन्दगी में शामिल कर सानु लामा जी ने अपनी ज़िन्दगी को समाज और स्त्री उत्थान के लिए समर्पित किया है। उनके इस योगदान और समर्पण से सिक्किम की दिशा और दशा को और प्रकाशमयी किया है। समाज और साहित्य को लेकर ज़िन्दगी जीना, इतना आसान नहीं होता, लेकिन सानु लामा जी ने इस बात को सफलता से अपनाया है, यह बात भी उतनी ही सत्य है।

पश्चिमी सिक्किम

पश्चिमी सिक्किम का हेड क्वार्टर है, ग्यालशिंग। पश्चिमी सिक्किम क्षेत्र अधिकतर ट्रेकिंग के लिए जाना जाता है। यहाँ एक दिन के ट्रेक के साथ एक सप्ताह का लम्बा ट्रेक भी आप ले सकते हैं। कंचनजंघा के पैताने पहुँचने का ट्रेक यहाँ काफ़ी प्रसिद्ध है। युकसम से गोईचा–ला–पास का ट्रेक (5000 मी.) भी किया जाता है, जोकि सप्ताहभर का होता है। यहाँ कंचनजंघा वाटर फाल भी है जो पेलिङ्ग से युकसम जाते हुए रास्ते में है। 10,000 फीट की ऊँचाई पर स्थित वारसी रोडेडेन्ड्रॉन अभयारण्य भी दर्शनीय स्थल है, लेकिन यहाँ हिलेय से 4 कि.मी. का ट्रेक कर पहुँचना होता है। ताशिडींग मोनास्ट्री, जोकि दिल के आकार के पर्वत पर स्थित है, यहीं से गुरु पद्मसम्भव ने सिक्किम की पवित्र भूमि को 8वीं शती में आशीर्वाद दिया था। यह सिक्किम की सबसे पवित्र मोनास्ट्री मानी जाती है। यहाँ के 'थॉग वरंगडोल चारटेन' के दर्शन मात्र से सभी पापों का अन्त होता है, ऐसा माना जाता है। यहाँ की पेमायांगत्से मोनास्ट्री भी अपना अलग रुतबा रखती है। सिक्किम की प्रथम राजधानी युकसम भी यहाँ स्थित है। पवित्र खेचो पालरी लेक के जरिये आप तीन लामाओं का अभिषेक देख सकते हैं। पेलिङ्ग से तो आप कंचनजंघा का सबसे सुन्दर और लुभावना दृश्य देख सकते हैं।

पेलिंग

पेलिंग दक्षिण सिक्किम का बहुत ही महत्त्वपूर्ण स्थान है। पेलिंग विशेष रूप से कंचनजंघा के पर्वतीय शिखरों के लिए जाना जाता है। हम जब पेलिंग पहुँचे तब सात–आठ बजे होंगे, लेकिन अँधेरा इतना था कि सामने या आसपास क्या है, कोई इमारत है या कोई चीज़ है, यह दिखायी देना भी मुश्किल था। हमारा होटल इस अँधेरे में कैसे और किस तरह से ढूँढ़ा जाये,•यह हमारी समझ में नहीं आ रहा था लेकिन जैसे–तैसे हमने वह होटल ढूँढ़ निकाला। इस खोजबीन अभियान में हमारे ड्राइवर की भूमिका बहुत ही महत्त्वपूर्ण रही। यदि वह नहीं होता, तो हमारे लिए होटल ढूँढ़ना, एक सपने जैसी बात होती या पूरी तरह से असंभवता की स्थिति होती।

रात में ज़्यादा ढूँढ़ना, आसपास देखना या फिर अपनी पसन्दीदा बातों को खोजना सम्भव नहीं था। यात्रा से हम भी थके हुए थे। गरमा गरम चावल, दाल, तले हुए आलू की सब्ज़ी इतना ही था। आप यक़ीन नहीं करोगे, लेकिन उस खाने में ना तो कोई विशिष्ट मसाले थे ना कोई खास तैयारी थी, लेकिन ठण्ड से बेहाल और भूख से बिलबिलाते हमारे शरीर को वह खाना इतना बेहतरीन और स्वादिष्ट लगा कि हमने दुबारा चावल ले लिए, सब्ज़ी ले ली और भरपेट खा लिया। रात के दस बजे तक हम बड़ी बड़ी रजाइयों को ओढ़कर बिस्तर में थे।

हालाँकि हमें बताया गया था कि पेलिंग के किसी भी होटल की खिड़की या बाल्कनी से कंचनजंघा की सुनहरी शिखरों को सुबह के उगते सूरज के साथ देखा जा सकता है। वह सुन्दरता और उसकी अद्वितीयता इतनी अनूठी होती है कि उसे देखकर आँखों और दिल को ठण्डक मिलती है या यूँ कहिये कि वहाँ आने या उस सुन्दरता के दर्शन से ज़िन्दगी की सार्थकता पाने का एहसास होता है। हमने होटल के बैरे से हमें सुबह जगाने के लिए कहा था, अतः बिल्कुल शान्ति और आराम से हम रजाइयों में निश्चिन्त होकर सो गये थे।

हम बिछौने पर लेट क्या गये, नींद ने हमें कब अपनी आगोश में लिया, हमें पता भी नहीं चला। जब मैं जग गयी, तब मैं ख़ुद को बिल्कुल तरोताज़ा महसूस कर रही थी। लग रहा था, नींद बिल्कुल पूरी हो गयी है और एक नयी ऊर्जा से शरीर और मन भर गया है। घड़ी देखी। सुबह के तीन बजे थे। कंचनजंघा के सुनहरे शिखरों को देखने की बात दिमाग़ में थी। मैंने धीरे से बाल्कनी का दरवाज़ा खोला, थोड़ा–सा! बाहर का ठण्डी हवाओं का रेला–सा उस थोड़े से खुले हुए दरवाज़े की दरार से अन्दर घुस गया। बदन काँप गया और ऊनी कपड़े पहनकर ही बाल्कनी में जाना होगा, इसका एहसास मुझे हो गया। हालाँकि मुझे लग रहा था, इतनी जल्दी इस धुँधलके में उठकर क्या किया जा सकता है, इससे तो अच्छा फिर उस रजाई में घुसकर लेटा जाये या फिर सोया जाये। लेकिन दरवाज़ा बन्द करते हुए सामने से लाल पीले रंग से उजला हुआ आसमान का कोना मेरी आँखों के आगे चमका था, जिसने मुझे इस बात का एहसास दिलाया था कि अब थोड़ी ही देर में सूर्योदय होने वाला है और उस दैवी और अद्वितीय दृश्य से मेरा साक्षात्कार होने वाला है। मैं जल्दी से कमरे में लौटी और मैंने गर्म कपड़े पहन लिए। मुझे पेलिंग का सूर्योदय देखना था, कंचनजंघा की बर्फ़ से ढँकी पर्वत–शृंखलाओं पर प्रस्फुटित होने वाली सूरज की वे सुनहली–रुपहली किरणों को मैं महसूस करना चाहती थी, अपने नज़र के कैमरे में मैं उसे ज़ब्त करना चाहती थी।

ऊनी कपड़े पहनकर, ख़ुद को व्यवस्थित ढंग से ठण्ड से मुकाबला करने हेतु तैयार कर मैं बाल्कनी में आयी। अभी अभी जो अँधेरा दिखायी दिया था, अब इन 10–15 मिनटों में कहीं ग़ायब–सा हो गया था। थोड़ा–सा धुँधलका था, लेकिन सामने कंचनजंघा की चोटी से ऐसा लग रहा था कि कुछ दूध–सा सफ़ेद आसमान लाल पीले, सुनहरे रंगों से आलोकित है और चमकदार तरीके से झाँक रहा है। वह दृश्य इतना लुभावना था कि वहाँ से आँखें हटने का नाम नहीं ले रही थीं। पहले सफ़ेद–सी किरणें, फिर सुनहली आभा में तब्दील हो गयी..। उनमें थोड़ा–सा लाल पीला रंग भी मिला हुआ था।

कंचनजंघा की बर्फ़ीली चोटियों पर मौजूद बर्फ़ पर वे किरणें और अधिक शुभ्रता लेकर परावर्तित हो रही थीं। धीरे–धीरे वह शुभ्रता फैलने लगी। उस शुभ्रता को सुनहरा किनारा था। वह सुनहरापन धीरे–धीरे ऊपर उठने लगा। आसमान में भी वह ललछौंहापन फैल रहा था। इतने में अचानक लगा कि बादल घिर आये हैं। मैं घोर निराशा और अवसाद में जाने वाली थी कि फिर से वही दुधिया रोशनी और ललछौंहापन चमकने लगा। सुनहरी, लाल, पीली आभा लेकर आसमान उजला होने लगा। जैसे ठण्ड से कँपकँपाती कंचनजंघा पर किसी ने गर्म, ऊष्मा देने वाली सुनहरे, लाल रंग की रजाई ओढ़ी हो। शब्द कम पड़ रहे थे। यह स्थिति हमारी ज़िन्दगी में भी कभी कभार आती है। जहाँ शब्दों का साथ नहीं मिलता। भावनाएँ असीमता से उमड़ती रहती हैं। सुन्दरता इतनी अद्वितीय कि उसका वर्णन करने के लिए शब्द ही नहीं सूझते। दिल सिर्फ़ यही चाहता है कि उस सुन्दरता को आँखों में उतारकर सामने दिखायी देने वाली सुन्दरता को सिर्फ़ देखते रहे! मैं भी वही कर रही थी लेकिन लग रहा था, उस सुन्दरता का मेरी आँखें भी पूरी तरह से रसपान नहीं कर पा रही हैं। न ही मेरा दिल उसे अपने में उतारने में कामयाब हुआ है। बस्स! वहाँ कंचनजंघा की बर्फ़ से आच्छादित हिम–शृंखलाएँ थीं और रातभर उन हिम–शृंखलाओं के पीछे अपने किरणों के गर्म और ऊर्जावान घर में आराम करने के पश्चात् सूरज नई ऊर्जा और सुन्दरता के साथ अब धरती पर उतरने के लिए नये उत्साह के साथ उन हिम–शिखरों के पीछे से झाँकने लगा था। धरती से उसका यह मिलन ठीक उसी तरह का था जैसे कोई परिवार प्रमुख अपना कामकाज निपटाकर शाम को घर लौटता है। वह शाम को लौटता है जब कि सूरज सुबह लौटता है, फ़र्क़ बस्स इतना ही है।

सिक्किम का सूरज धीरे से कंचनजंघा की चोटी से ऊपर आ रहा था। उसकी सफ़ेद, सुनहरी किरनें कंचनजंघा की बर्फ़ीली चोटी पर इस तरह चमक रही थीं, जैसे सफ़ेद शफ़्फ़ाफ़ता पर कोई रोशनी का रेला छोड़ दिया गया हो और फिर उसकी चमक इतनी तेज़ और

चमकीली हो कि आपकी आँखों को भी वह तेज़, वह चमक झेलना आसान न हो। मैं सिर्फ़ उस चमक, उस तेज़स्विता और सुन्दरता को देख रही थी। सुन्दरता का रसपान करने में मैं इतनी व्यस्त रही कि होटल का बैरा दो–चार बार चाय के लिए बेल बजाकर लौट गया, इसका भी एहसास मुझे नहीं हुआ। सच कहती हूँ, जिस प्रदेश में हिमालय की महानता मौज़ूद हो, उसकी सुन्दरता स्थित हो, वहाँ और कौन–सी चीज़ मायने रखती होगी? हालाँकि सिक्किम में हिमालय इतना नजदीक होता है कि शायद इसी वजह से अन्य प्रदेशों की तुलना में वहाँ सूरज अपनी कम उपस्थिति देता है।

सुबह की इस बेहतरीन सुन्दरता ने पूरे दिन की अच्छाई का आगाज कर दिया। पेलिंग वैसे भी सिक्किम का शहर नुमा गाँव है। यह बहुत तेज़ी से शहर का रूप धारण करने की दिशा में दौड़ रहा है। हालाँकि सिक्किम में दौड़ना आसान नहीं है। बहुत दमसास, शक्ति और जीवटता की ज़रूरत होती है, यहाँ! क्यों कि यह यहाँ वहाँ की जगह नहीं है। यह सिक्किम का गाँव है, जहाँ की ऊँचाई, ऊबड़–खाबड़ता आपकी हर क़दम पर परीक्षा लेती है। गंगटोक में होटल तक पहुँचने के लिए भी ऊपरी चढ़ाई को पार करते हुए साँस फूलती है, फिर यह तो पेलिंग है। कितनी भी तेज़ी से शहर का रूप लेने की दिशा में पेलिंग दौड़ता होगा, उसकी दौड़ को यहाँ की ऊँचाई लगाम डालती होगी। लेकिन पेलिंग में पर्यटकों की आवाजाही लगातार चलती है। एक शान्त और प्रदूषण मुक्त राज्य के रूप में सिक्किम की ओर आने वाले पर्यटकों की संख्या धीरे–धीरे बढ़ती जा रही है और इसी क्रम में गंगटोक के साथ साथ पेलिंग भी धीरे–धीरे शहर बनने की दिशा में बढ़ रहा है। पश्चिमी सिक्किम का यह एक महत्त्वपूर्ण शहर है जो सुविधाओं से भी भरपूर है इसलिए पर्यटकों की पसन्दीदा जगह भी है। गंगटोक से पेलिंग सिर्फ़ 125 कि.मी. कि दूरी पर स्थित है लेकिन जैसी सिक्किम की भौगोलिक स्थिति है, उसके मद्देनज़र यहाँ पहुँचने के लिए आपको 5–6 घण्टों से भी ज़्यादा समय लगता है। हालाँकि यहाँ पहुँचते समय रास्ते की ऊबड़–खाबड़ता

और धक्कों के साथ अनेक दर्शनीय स्थलों से रूबरू होने का मौक़ा भी हमें मिलता है।

पेलिंग से हमें युकसम की ओर जाना था। युकसम यानी सिक्किम की प्रथम राजधानी! यही वह जगह है जहाँ सिक्किम की ऐतिहासिकता के अनुसार तीन ज्ञानी लामाओं ने 1641 ए.डी. में सिक्किम के राजा (चोगील) और राज्य की स्थापना के साथ साथ ज्ञान भी दिया था। युकसम की ओर जाते समय बीच में हमें कंचनजंघा वॉटरफॉल देखने का मौका मिला। यह एक अनूठा वॉटरफॉल है, जिसके तुषार आपको दूर–दूर तक भी भिगो देते हैं। बहुत ऊँचाई से यह वॉटरफॉल (जल प्रपात) नीचे आता है और गाड़ी से आगे बढ़ते हुए रुक कर आप इस वॉटरफॉल की सुन्दरता का आनन्द ले सकते हैं। पानी इतना साफ़–सुथरा और सफ़ेद होता है कि देखते ही बनता है और इसकी शीतलता का कोई सानी नहीं। आप यदि इसके नीचे भीगना चाहते हैं तो अपने स्वास्थ्य के बारे में, सेहतमन्दता को लेकर सुनिश्चित होकर ही इस जल प्रपात के नीचे भीगने का आनन्द उठाइये। यहाँ के नागरिक इस जलप्रपात के नीचे भीगने का आनन्द उठाने के लिए सहायता करते हैं। वे मानवी श्रृंखला बनाकर यात्रियों का हाथ पकड़कर उन्हें वॉटरफॉल के नीचे भेजने में सहायता करते हैं। यहाँ का पेलिंग हैंगिंग ब्रीज (एशिया का दूसरा ऊँचा ब्रीज) भी देखने लायक है। प्राकृतिक सुन्दरता को लेकर सिक्किम का कोई भी हिस्सा लीजिए, आपको अपनी अपेक्षाओं से भी ज़्यादा बेहतर सुन्दरता यहाँ के हर क्षेत्र और प्रदेश में मिलेगी।

सिक्किमी समृद्ध परम्परा का वाहक है पेलिंग। यहाँ की पेमायाङ्ग्त्से मोनास्ट्री सिक्किम की सबसे पुरानी मोनास्ट्री है जो 1705 में ल्हात्सन चेंपों (जिसने प्रथम चोगील का राज्याभिषेक समारोह माउंट कंचनजंघा की देख–रेख में सम्पन्न किया था) द्वारा बनायी गयी है। यह मोनास्ट्री, निईंगम्पा पन्थ अर्थात् तान्त्रिक पन्थ की मुख्य केन्द्र है। यह तान्त्रिक पन्थ आठवीं शती में स्थापित किया गया था। इस मोनास्ट्री के आसपास तान्त्रिक बुद्धिस्ट विषय–वस्तु से सम्बन्धित

तथा दर्शाने वाले अनेक भित्तीचित्र दिखायी देते हैं। बुद्धिस्ट स्वर्ग अर्थात् जंगल में संगथोपालरी से जुड़े अनेक बड़े–बड़े चित्रों ने दूसरी मंज़िल का एक पूरा चेम्बर व्याप्त कर लिया है। इन चित्रों की सुन्दरता आपको दाँतों तले उँगलियाँ दबाने के लिए मज़बूर करती है।

पेलिंग में कंचनजंघा आपके सामने होता है। कहीं से भी देखिये, अपने पाँच बेमिसाल, ख़ूबसूरत, चमकते शिखरों की चोटियाँ लेकर कंचनजंघा आपको सम्मोहित करता है। हालाँकि हम जब पहुँचे थे शाम को तब तो आसमान स्याह बादलों से अटा था। लेकिन अब सुबह का यह दृश्य बिल्कुल स्वर्गीय और स्वर्णिम था। समय का पता ही नहीं चला कि क्या और कितने बज गये हैं क्योंकि उस दृश्य का सम्मोहन ही इतना विशिष्ट था की समय का पता ही नहीं चला। सफ़ेद बर्फ़ से ढँका पूरा माहौल और उगते सूरज कि स्वर्णिम आभा से चमकती वे सफ़ेद शफ़्फ़ाफ़ बर्फ़ीली चोटियाँ–क्या होती है सुन्दरता? क्या होता है स्वर्गीय अहसास?

तीन कि.मी. की चढ़ाई वाला बड़ा ही कठिन ट्रेक कर राबडेंत्से खण्डहर तक पहुँचना था। बाम्बू और पाईन के घने जंगलों से होकर इन खण्डहरों तक पहुँचना था। बीच–बीच में थकान से आपको उभरने के लिए 'सिर्फ़ 500 मीटर की दूरी' जैसे बोर्ड टँगे थे।

17वीं शती में सिक्किम के दूसरे चोगिल, तेनशिंग नामग्यिाल ने अपनी राजधानी युकसम से यहाँ लायी थी। कहानी बताती है कि तेनजिंग नामग्यियाल अर्थात् तेनशिंग नामग्यिाल के पुत्र त्सुदफुद ने 1780 में अपने पिता के राज का विस्तार करने हेतु उसे अपने हाथ में ले लिया। नेपाली फ़ौज ने राबडेंत्से पर आक्रमण किया तब तेनजिंग को तिब्बत में शरणार्थी के रूप में सहारा लेना पड़ा। सीनो–नेपाल समझौते के बाद त्सुदफुद–तेनजिंग के पुत्र को सिक्किम भेज दिया गया और चोगिल के रूप में उसे वहाँ स्थापित किया गया। परन्तु नेपाल की सीमा से यह हिस्सा बहुत नजदीक होने की वजह से राबडेंत्से को असुरक्षित माना गया और फिर एक बार राजधानी को दूसरी जगह–तुमलोंग में स्थानान्तरित किया गया।

हालाँकि इन खण्डहरों की Archaeological Survey of India द्वारा बेहतरीन ढंग से देखभाल की जाती है तथा इन्हें सुरक्षित भी रखा गया है। यहाँ से अर्थात् खण्डहर के ऊपरी हिस्से से आपको पूरी वैली के साथ कंचनजंघा का मनोहारी दर्शन होता है।

खेचोपालरी

हम जब खेचोपालरी पहुँचे तब सुबह के दस बज गये थे। चाय पीने का मन किया इसलिए खेचोपालरी लेक की मछलियों के लिए बिस्कुट्स ख़रीदकर हम एक छोटे से ढाबानुमा होटल में गये। चाय के लिए कहा और देखा कि एक ख़ूबसूरत–सी सिक्किमी औरत सिक्किमी पारम्परिक पोशाक में वहाँ बैठकर नाश्ता कर रही थी। उसकी आँखों ने मुझे उसकी ओर खींच लिया। उसकी आँखें बिल्कुल हरी–हरी और पारदर्शी थीं। बिल्कुल पारदर्शी, जैसे आप उसमें सब कुछ देख सकते हो, आर–पार! वह खेचोपालरी लेक का दर्शन करने आयी थी। हम उससे बात करने की कोशिश करने लगे लेकिन भाषाई समस्या थी। वह सिर्फ़ मुस्करा रही थी। हाँ! उसने हमारे साथ फ़ोटो लेने में बिल्कुल आनाकानी नहीं की। उसके साथ फ़ोटो खींचकर हमने उसे 'बाई बाई' किया और मुख्य पगडण्डी से चलते हुए तथा आसपास के पेड़–पौधों, फूलों को देखते हुए हम खेचोपालरी लेक तक पहुँचे। गहरे जंगल से घिरा यह लेक एक अजीब–सी अनुभूति देता है। खेचोपालरी यानी 'आनन्दमयी स्वर्ग की पहाड़ी' (पर्वत)। यहाँ के बौद्धधर्मियों का मानना है कि यह लेक देवी तारा के पदचिह्न के आकार का है। इस लेक के किनारे अनेक बौद्ध भक्त पूजा करते हुए दिखायी देते हैं। यहाँ, इस लेक में मछलियों की भरमार है। कहा जाता है कि इस लेक की मछलियों को ना पकड़ा जाता है और ना खाया जाता है। ये मछलियाँ लामा द्वारा पाली गयी हैं, अतः पवित्र मानी जाती हैं और यहाँ आने वाले पर्यटक इन मछलियों को उनका खाना और बिस्कुट्स खिलाते हुए दिखायी देते हैं। मज़ेदार बात यह है कि ये मछलियाँ उनके खाने की ओर

उतना आकृष्ट नहीं होतीं जितना कि वे बिस्कुट्स की ओर आकृष्ट होती हैं। जहाँ से उन्हें बिस्कुट्स डाले जाते हैं, वहाँ उन बिस्कुट्स को पाने के लिए मछलियों के झुण्ड आते हैं, वे एक–दूसरे के साथ, उन बिस्कुट्स को पाने के लिए झगड़ते हैं और मुँह में बिस्कुट्स दबाकर भाग जाते हैं। काले पानी के बीच वे काली मछलियाँ पूरी तरह से दिखायी तो नहीं देतीं लेकिन पानी के ऊपर आये उनके मुँह और पानी में तेज़ी से उठती लहरें, उनके आने, खाने, झगड़ने का आगाज कराती हैं। कुल मिलाकर खेचोपालरी में इन मछलियों को खिलाने, उनके झगड़े का आनन्द उठाने की बात ही कुछ और है। छोटे–छोटे बच्चों के लिए तो उन मछलियों को खिलाने का आनन्द बड़ा अवर्णनीय और बेहद मज़ेदार साबित होता है। खेचोपालरी के इर्द गिर्द आप किसी बाम्बू के पत्तों के बीच या फिर पेड़ों के सिरे पर रेड पांडा (सिक्किम का राष्ट्रीय प्राणी) को मज़ेदार हरकतें करते हुए देख सकते हैं। वह अपने आसपास से बेख़बर अपनी ज़िन्दगी और माहौल के मज़े लूट रहा होता है।

खेचोपालरी लेक के किनारे आप भिक्षुओं को पूजा में मगन देख सकते हैं। अनेक सिक्किमी या बौद्ध लोग वहीं पर पूजा करने हेतु उनके सामने बैठे हुए दिखायी देते हैं।

खेचोपालरी के किनारे, वहीं के पत्थरों को एक के ऊपर एक बिठाकर कुछ रचनाएँ की हुई दिखायी देती हैं। इन रचनाओं को अपने मन मुताबिक किया जाता है और इन्हें पवित्र माना जाता है।

•••

पंडीम बाग से पेलिंग का नज़ारा अलग था। कंचनजंघा की शिखरों से बादलों के झुण्ड एक–दूसरे को आगे धकेलते हुए कंचनजंघा के शिखरों से नीचे उतर रहे थे। जैसे बच्चे एक–दूसरे को आगे ठेलते हुए, धक्के देते हुए चलते हैं, धींगामुश्ती करते हैं, ठीक उसी तरह से बादल भी मस्ती में थे, मस्ती कर रहे थे। बादलों को उस तरह से देखने का मज़ा ही कुछ और था।

युकसम जाना यानी उच्च एल्टिट्यूड का ट्रेक करना। सिक्किम की पूर्व राजधानी–युकसम धार्मिक और पवित्र शहर के रूप में जानी जाती है। यहाँ का 300 साल पुराना डुबड़ी गोम्पा प्रसिद्ध है, जो कि पहाड़ी पर फैला हुआ है और यहाँ एक बार अवश्य जाना चाहिए।

14850 फीट की ऊँचाई पर बसा मुगुथाँग बेहद ठण्डा होता है। यहाँ के घर तिब्बती शैली के होते हैं। यहाँ ज़्यादा बस्तियाँ नहीं हैं। या यूँ कह सकते हैं कि यहाँ लोगों की ज़्यादा बस्तियाँ नहीं हैं। यहाँ कुछ गिनी–चुनी झोंपड़ियाँ हैं और उनमें जो गिने चुने लोग रहते हैं वे महीनों स्नान नहीं करते। बहुत ठण्ड की वजह से यहाँ कोई भी चीज़ें खराब नहीं होतीं। यहाँ याक और भेड़ें ही पाली जाती हैं और पायी जाती हैं।

गेइजिंग और पेलिङ्ग को जोड़ने वाले मुख्य मार्ग पर रंगीत नदी के किनारे पर बसे हुए लेगशिप को पश्चिम सिक्किम में प्रवेश करने का दरवाज़ा कहा जाये तो गलत नहीं होगा। लेगशिप की खासियत यहाँ का हाइड्रो–इलेक्ट्रिक बाँध है। इस बाँध की वजह से बहुत बड़ी झील का निर्माण हुआ है, जहाँ स्थानीय लोग पिकनिक आदि के लिए आते हैं। रंगीत के इसी किनारे सिक्किम का बहुत प्रसिद्ध महादेव मन्दिर अर्थात् किरातेश्वर महादेव मन्दिर खड़ा है। इस मन्दिर के पीछे से ही रंगीत अपने बिल्कुल निर्मल पानी के साथ बहती है।

स्थानीय पौराणिक कहानी बताती है कि यह वही स्थान है, जहाँ महाभारत के दौरान अर्जुन ने तपस्या की थी। अपने भक्त, अर्जुन की तपस्या से प्रसन्न होकर महादेव यहाँ किरात के भेष में अर्थात् शिकारी के भेष में प्रकट हुए थे। उसी किरात भेष की वजह से ही शंकर महादेव को यहाँ 'किरातेश्वर' (शिकारी भगवान) कहा जाता है।

सदियों पहले यहाँ पत्थर से शिवलिंग निकला था और उसी की आज यहाँ पूजा की जाती है। यहाँ यह मान्यता है कि जिस किसी चीज की आप यहाँ इच्छा करते हो, वह आपको प्राप्त होती है। विशेषतया जिन्हें सन्तान नहीं है, उन्हें सन्तान प्राप्ति होती है।

यहाँ श्रद्धालुओं की भीड़ हरदम रहती है, विशेष रूप से बाल चतुर्दशी मेले में यहाँ ज़्यादा भीड़ उमड़ती रहती है।

कंचनजंघा की बेहतरीन और सुन्दर पर्वत–शृंखलाओं से घिरा हुआ पश्चिम सिक्किम जितना सौन्दर्य को परिभाषित करता है, उतनी शिद्दत से वह धार्मिकता तथा पवित्रता का भी बखान करता है। यहाँ रंगीत का रंगीन किनारा है तो खेचोपालरी की पवित्रता भी है। यहाँ राबडेंत्से की ऐतिहासिकता है तो किरातेश्वर की पौराणिकता भी है। यहाँ ग्यालशिंग की ट्रेकिंग के साहसी अभियान अपनी ग्रामीणता के रंग में रँगे हुए हैं जबकि पेलिङ्ग की शहरीकरण की दौड़ भी आपको यहाँ दिखायी देती है। कुल मिलाकर अपने विविध रंगों की इन रंगीनियों को लेकर पश्चिम सिक्किम का हर एक हिस्सा आपको बुलाता रहता है। "आइये, आपका स्वागत है।..." कहता रहता है।

दक्षिण सिक्किम

दक्षिण सिक्किम का हेडक्वार्टर है, नामची! सिक्किम में यह क्षेत्र संस्कृति के दीवानों के लिए जाना जाता है। सिक्किम की ज़्यादातर मोनास्ट्रीज आपको दक्षिण सिक्किम में दिखायी देंगी। गंगटोक से 76 कि.मी. की दूरी पर केवजिंग में बॉन मोनास्ट्री है। वर्तमान में भारत में सिर्फ़ दो बॉन मोनास्ट्रीज हैं, जिसमें से एक हिमाचल प्रदेश में है और यह दूसरी सिक्किम में है। यहाँ के प्रार्थना हाल में 20 भिक्षु एक साथ प्रार्थना कर सकते हैं। बॉन देवताओं के अद्वितीय चित्रों से यह मोनास्ट्री सजी हुई है। यहाँ का टेमी टी गार्डन काफ़ी प्रसिद्ध है। टेनडोंग पर्वत, रवांगला के साथ आप यहाँ जोरथांग की यात्रा भी कर सकते हैं तथा मैनाम पर्वत का ट्रेक भी कर सकते हैं। यहीं पर सिक्किम की धार्मिक यात्रा नये सिरे से शुरू होती है। समुद्रुपत्से स्थित गुरु पद्मसम्भव की ऊँचाई पर स्थित प्रचण्ड मूर्ति, जहाँ से आप पूरे नामची का लुभावना दृश्य देख सकते है। विभिन्न देशों से आये थंगका तथा भेंट वस्तुओं से भरी गुरु पद्मसम्भव की वह इमारत, सम्पूर्ण भारत की धार्मिक आस्थापना तथा संस्कृति का केन्द्र बना सिद्धेश्वर धाम, ये कुछ महत्त्वपूर्ण स्थान हैं, जिन्हें देखे बिना आप दक्षिण सिक्किम से विदा नहीं ले सकते।

गुरु पद्मसम्भव की 135 फीट की मूरत के निर्माण का कार्य 1997 में शुरू किया गया था। गुरु पद्मसम्भव–गुरु नांग–जिंद–जिलनॉन, यहाँ अपने शान्तिस्वरूप और रुद्रस्वरूप, दोनों रूपों में मौजूद है।

दक्षिण सिक्किम के समुद्रुपत्से में स्थित यह प्रतिमा विश्व की सबसे ऊँची प्रतिमा मानी जाती है। 22 अक्तूबर, 1997 को दलाई लामा ने इस निर्माण की नींव डाली और पारम्परिक बौद्ध मान्यताओं के अनुसार तथा उसी अनुपात और नाप में इस प्रतिमा का उसी पारम्परिक बारीकियों के साथ महामहिम वज्रयान के गुरु मेफाम रिन्पोचे द्वारा लिखित 'थेकचा' के अनुसार निर्माण किया गया था और इस निर्माण का तथा इसके धार्मिक पहलुओं का सिक्किम के उच्चतम निइंग्मापा लामा क्याबजे दोद्रूपचेन रिनपोचे द्वारा निरीक्षण/पर्यवेक्षण किया गया था। यह प्रतिमा आपको दूर से बहुत दूर से दिखायी देती है क्यों कि आसमान के नीचे खुली हवा में इस प्रतिमा का निर्माण किया गया है। लेकिन इस प्रतिमा–गृह के नीचे हिमालयन क्षेत्र से आये हुए अनेक लोगों द्वारा भक्ति से अभिभूत होकर दान की गयी अनेक मूल्यवान, दुर्लभ प्रतिमाओं को संग्रहीत कर दिया गया है। यह बहुत बड़ा संग्रहालय है। इस प्रतिमागृह के नीचे बहुत बड़ा प्रार्थना गृह भी है। प्रथम मंजिल का प्रार्थनागृह आम आदमी के लिए खुला है जबकि कमल मन्दिर हॉल ध्यानधारणा हेतु उपयोग में लाया जाता है।

एक हज़ार से ज़्यादा मज़दूर, अभियन्ता, स्थापत्यविदों, प्रतिमा निर्माणकर्ताओं की अनगिनत फ़ौज तथा 6 सालों के अविरत श्रम और परिश्रम ने इस असम्भव कार्य को पूरा किया और 28 नवम्बर, 2003 में यह परियोजना रिनपोचे द्वारा सिक्किम के मुख्यमन्त्री महोदय को सुपुर्द की गयी।

सिक्किम के महान तान्त्रिक गुरु के रूप में गुरु पद्मसम्भव को जाना जाता है। इन्हें कमल (पद्म) से उत्पन्न माना जाता है। सिक्किम में बौद्ध धर्म की स्थापना करने का श्रेय भिक्षु गुरु पद्मसम्भव को जाता है। उन्हीं के सिक्किम आगमन ने यहाँ बौद्ध धर्म की नींव डाली। सिक्किम में इन्हें गुरु रिन्पोचे के नाम से श्रद्धा से पूजा जाता है। सिक्किम को इसी वजह से 'लैंड ऑफ पद्मसम्भवा' (Land of Padma Sanbhava) भी कहा जाता है। तिब्बत में पहली मोनास्ट्री, साम्ये में इनके द्वारा स्थापित की गयी थी। कहा जाता है कि वे

तिब्बत से 747 ई. में अपनी दो पत्नियों तथा कई शिष्यों के साथ सिक्किम आये थे। निइंग्मापा सेक्ट के अनुयायी गुरु पद्मसम्भव जी ने यह भविष्यवाणी भी की थी कि एक दिन सिक्किम पूर्णतः बुद्धमय, बौद्धमय हो जायेगा।

हालाँकि गुरु पद्मसम्भव के बारे में कितनी ही अलग किंवदन्तियाँ सुनी, पढ़ी गयी हैं, लेकिन तिब्बती बौद्धधर्म के अनुसार इन्हें 'द्वितीय बुद्ध' माना जाता है और यह बात तिब्बत, नेपाल, भूटान और भारतीय हिमालयीन राज्यों में भी स्वीकार्य है। कहा जाता रहा है कि धनकोशी सरोवर में 'कमल' से, जिसे भारतीय अध्यात्म और धर्म में बहुत ही महत्त्वपूर्ण स्थान है, आठ वर्षीय बालक के रूप में गुरु पद्मसम्भव का उदय उड़ीसा के ओड्डीयन राज्य में हुआ। तिब्बती लोगों को 'तान्त्रिक बुद्धिज़्म' की दीक्षा देने का महत्त्वपूर्ण काम गुरु पद्मसम्भव ने किया। बुद्धिस्ट धर्मग्रन्थों का संस्कृत से तिब्बती भाषा में अनुवाद करने का महत्त्वपूर्ण कार्य भी उन्होंने किया। तिब्बत के स्थानीय राजा की पुत्री मंदारावा को गुरु पद्मसम्भव ने तान्त्रिक बुद्धिज्म की शिक्षा दी और वह उनकी प्रथम पत्नी के रूप में जानी जाती है जबकि येशे त्सोग्याल, उनकी शिष्या या सहचरी, उनकी दूसरी पत्नी के रूप में पहचानी जाती है।

गुरु पद्मसम्भव के बारे में बहुत–सी बातें, आख्यायिका, कहानियाँ अलग–अलग तरीके से सामने आती हैं। लेकिन उनकी सीख, उनका तन्त्र, उनका कार्य हमेशा के लिए बौद्ध धर्म की थाती बन गया है। समुद्रुत्सुपे में उनका यह जो स्मारक बनाया गया है, वह अपने आपमें अनूठा और दर्शनीय है। यहाँ का प्रार्थना–गृह, गर्भगृह आपको एक अलग सुकून और शान्ति का एहसास दिलाता है।

भारत में हिन्दू धर्म की मान्यता में चार धाम यात्रा, मोक्ष प्राप्ति के एक मार्ग के रूप में अपनायी और मानी जाती है। पुरी–उड़ीसा का जगन्नाथ मन्दिर, बद्रीनाथ–उत्तराखण्ड का बद्रीनाथ मन्दिर, द्वारका–गुज़रात का द्वारकाधीश मन्दिर तथा रामेश्वरम–तमिलनाडु का रामनाथ स्वामी मन्दिर ये वो चार धाम हैं। दक्षिण सिक्किम की सोलोफोक

पहाड़ी पर सिद्धेश्वर धाम नामक एक कॉम्प्लेक्स बनाया गया है, जहाँ ये चारों धाम एक साथ प्रतिकृतियों के रूप में निर्माण किए गये हैं। 'नामची' से यह सोलोफिक पहाड़ी सिर्फ़ 5 कि.मी. दूरी पर है। इस धार्मिक–सह–सांस्कृतिक विरासत का निर्माण इसलिए किया गया कि शारीरिक तथा वित्तीय रूप से भारत भर में फैले इन चार धामों या बारह ज्योतिर्लिंगों की यात्रा न करने वाले लोग, यहाँ एक ही स्थान पर इन सभी तीर्थयात्राओं का आनन्द उठा पायेंगे।

यहाँ आसनस्थ शिव की 108 फीट ऊँची प्रतिमा का निर्माण किया गया है और वृत्ताकार रूप में बारह ज्योतिर्लिंगों का भी निर्माण किया गया है। इन चारों धामों के साथ शिरडी के साईंबाबा भी उनकी धूनी के साथ यहाँ मौजूद हैं तथा भक्तों के कल्याण में प्रार्थनारत दिखायी देते हैं।

16.5 फीट ऊँची किरातेश्वर शिव की प्रतिमा तथा नन्दी (शिव का वाहन) की विशाल प्रतिमा और शिव प्रतिमा के पास अपने अनूठे स्वर और नाद से सबको आकृष्ट करने वाला पीतल का घंटा, ये भी आकर्षण है, सिद्धेश्वर धाम के! सोमनाथ, मल्लिकार्जुन, महांकालेश्वर, ओंकारेश्वर, वैद्यनाथ, भीमाशंकर, सेतुबंध रामेश्वर, श्रीनागेश्वर, विश्वेश्वर, श्री त्र्यंबकेश्वर, केदारेश्वर व घृश्नेश्वर इन बारह ज्योतिर्लिंगों का भी आपको यहाँ दर्शन होता है। इसके साथ ही पूरी धार्मिकता का भी यहाँ दर्शन होता है। यहाँ का सर्व धर्म प्रार्थना गृह तथा उसके छत पर की गयी विशिष्ट और सुन्दर नक़्क़ाशी आपका ध्यान अवश्य खींचती है।

28,958 हेक्टेयर में फैले इस धार्मिक और सांस्कृतिक स्थल का मन्दिर परिसर, तीन द्वारों से दर्शकों और भक्तों के लिए खुलता है। पहला किरातेश्वर द्वार 16.5 फीट की किरातेश्वर की प्रतिमा तक आपको पहुँचाता है। यह किरातेश्वर प्रतिमा बायें हाथ में धनुष और दायें हाथ में तीर लेकर खड़ी है। पीठ पर तीर कमान हैं और चेहरे के साथ नाग भी दिखायी देता है। किरातेश्वर की कमर में बड़ी–सी कटार बँधी हुई है। यह प्रतिमा बड़ी रोबदार है। यहाँ का दूसरा द्वार है,

नंदिकेश्वर द्वार, जो हमें चार धामों की प्रतिकृतियों तक पहुँचाता है। यहाँ से नन्दी की उस बड़ी प्रतिमा और शिरडी के साईंबाबा तक भी आप पहुँच सकते हैं। तीसरा सिद्धेश्वर द्वार है जो हमें शिव की उस विशाल प्रतिमा और प्रार्थना–गृह तक पहुँचाता है। शिव की उस विशाल प्रतिमा के सामने ही नीचे बारह ज्योतिर्लिंगों का दर्शन अलग अलग रूप से किया जा सकता है।

सिक्किम में मौसम बदलने के बारे में कोई भी अनुमान आप लगा नहीं सकते। यहाँ पल भर में धूप खिलेगी तो दूसरे ही पल बारिश होने लगेगी। यहाँ पल भर में गर्मी से पसीना छूटने लगेगा तो दूसरे ही पल ओलावृष्टि होगी। सबसे अहम बात यह थी कि हमारी इस दूसरी सिक्किम यात्रा ने हमें प्रकृति के हर रंग से रूबरू किया। शुरुआत तो कोलकाता से जलपाईगुड़ी की यात्रा में ही हुई थी। ट्रेन के जिस वातानुकूलित डिब्बे में हमारा आरक्षण किया गया था, उसी डिब्बे में शॉर्ट सर्किट हुआ और दो घण्टों के बाद भी जब उसे ठीक नहीं किया गया तब हम सब लोगों को उस डिब्बे से अपने सामान के साथ दूसरे डिब्बे में लाया गया और उस डिब्बे को गाड़ी से अलग कर फिर गाड़ी में दूसरा डिब्बा जोड़कर गाड़ी को जलपाईगुड़ी के लिए छोड़ा गया। इस पूरी प्रक्रिया ने तीन घण्टों का समय लिया। गाड़ी तीन घण्टे देरी से जलपाईगुड़ी पहुँची थी। फिर वहाँ से सिलीगुड़ी और सिलीगुड़ी से गंगटोक के लिए हमारी यात्रा शुरू हुई थी। लेकिन यह देरी प्राकृतिक तकलीफ़ से नहीं हुई थी जबकि यह मशीन के बिगाड़ का परिणाम था।

लेकिन दक्षिण सिक्किम के रवांगल से गंगटोक लौटने की हमारी यात्रा भी बड़ी यादगार रही। हम रवांगल से गंगटोक लौट रहे थे। रवांगल यानी 7000 फीट ऊँचाई पर मिनाम और तेनडोंग पर्वतों के बीच में बसा छोटा–सा नगर। हालाँकि यह नगर पर्वत की चोटी पर स्थित है इसलिए जंगलों के बीच बसा हुआ है। प्राकृतिक सुन्दरता की मिसाल है रवांगल। यहाँ प्राकृतिक सुन्दरता के रूप में जंगल है, बर्फ़ से लदी–फ़दी पर्वत की चोटियाँ हैं, उन चोटियों से बहने वाले

झरने भी दिखायी देते हैं। इसके आसपास लेपचा और भूटिया लोगों के गाँव भी फैले हुए हैं। यान्गाँग, तिनकिताम, केवजिंग, बारफंग और बकहीं जैसे अनेक गाँव यहाँ इर्द–गिर्द फैले हुए हैं। जहाँ आप जा सकते हैं, गाँव वालों से घुलमिल जाने की कोशिश कर सकते हैं। केवजिंग में तो आप स्थानीय चीज़ों की अच्छी ख़रीददारी भी कर सकते हैं। यहाँ सिक्किम में बनी हुई चीज़ें आपको अच्छे दामों में मिल सकती हैं। रवांगल, सिक्किम की ऐतिहासिकता को लेकर चलने वाला छोटा–सा शहर है। यहाँ आधुनिकता और पारम्परिकता का अनूठा संगम है। कल ही हमने नामची से गुरु पद्मसम्भव का दर्शन किया था और उस एहसास से, उसके शान्तिपूर्ण, पवित्र माहौल ने हमें एक अनूठे सुकून से भर दिया था।

रवांगल भी वैसे मोनास्ट्रीज की उपस्थिति से सम्पन्न नगर है। वहाँ से गंगटोक के लिए निकलते हुए थोड़ी देरी हो गयी थी। हमने ड्राइवर से कह दिया था, ''आराम से चलो, यदि रात को भी हम गंगटोक पहुँचते हैं तो कोई समस्या नहीं।" गंगटोक में हमारी होटल बुकिंग पहले से की गयी थी।

हमारी यात्रा शुरू हो गयी। आराम से यात्रा चल रही थी। जहाँ आवश्यकता होती, हम गाड़ी रोक देते थे, फ़ोटोग्राफ़ी करते थे और फिर चल देते थे। दोपहर 2.30–3.00 बजे का समय था, गंगटोक वैसे 30–32 कि.मी. की दूरी पर होगा। हम बाहरी सुन्दरता को देखते हुए यात्रा कर रहे थे और अचानक देखते देखते आसमान स्याह बादलों से घिर आया। हमें भी लगा, अब बारिश शुरू होगी। धीरे–धीरे वह आसमानी स्याही पूरे माहौल में भरने लगी। गाड़ी की खिड़कियाँ, दरवाज़े बन्द थे, लेकिन बाहर तेज़ी से चलती हवाएँ, उड़ते पत्ते और धूल से यह पता चल गया था कि बाहर ज़ोरदार हवाएँ चल रही हैं। शायद तूफ़ान आयेगा। ड्राइवर ने कहा, "तूफ़ान का अन्देशा है, हमें जल्दी चलना होगा। अन्यथा हम अटक जायेंगे।" हमने भी उसकी हामी में हामी भर दी और उसे कहा, ''जो भी उचित हो, वह करें।''

ड्राइवर ने गाड़ी की गति बढ़ा दी थी। हवाओं का ज़ोर भी बढ़ गया था। बड़े बड़े, ऊँचे–ऊँचे पेड़ हवा के साथ आड़े–टेढ़े डोलने लगे थे। लग रहा था कि उन्हें किसी तान्त्रिक शक्ति ने अभिमन्त्रित किया है और वे उस शक्ति के आदेशानुसार डोल रहे हैं। धूल का बड़ा–सा रेला रास्ते के दोनों ओर से उड़ने लगा था। पेड़ों के सूखे पत्ते भी उस रेलों पर सवार होकर बह रहे थे, चले जा रहे थे। ड्राइवर के चेहरे पर भी अब चिन्ता की रेखाएँ उभरने लगी थी, "मैडम, पता नहीं, पहुँच पाते हैं या नहीं... नहीं तो यहीं रुकना पड़ेगा। इस तूफ़ान में हम फँस भी सकते है।" गाड़ी को तेज़ी से भगाते हुए उसने कहा। माहौल में जो उथल–पुथल हो रही थी, उसे गाड़ी के भीतर से देखकर अब हमें भी चिन्ता सताने लगी थी। हवाओं का जोर बढ़ गया था। पेड़ एक–दूसरे से टकरा रहे थे और उस टकराने से चिनगारियों को भी पैदा होते हुए हमने देखा। अब तो स्थिति कुछ ज़्यादा ही डरावनी लगने लगी थी। हो सकता है, इस तूफ़ान में हम भी घिर जायेंगे। माहौल झूम रहा था और लग रहा था कि पूरे माहौल को किसी अनाम शक्ति ने लपेट लिया है और वह उसे पेल रही है। हवाओं का जोर अब और बढ़ गया था। अब तो पेड़ ऐसे झूम रहे थे जैसे कोई शराबी अपने शरीर पर नियन्त्रण न कर पाने की वजह से कभी इस ओर तो कभी उस ओर लुढ़कता है। अब तो हमारा तनाव भी बढ़ रहा था। क्या इस तूफ़ान से हम बच पायेंगे? इसी एक सवाल के साथ हम चुपचाप खिड़कियों से बाहर देख रहे थे। आपस में बातचीत करने का भी मन नहीं कर रहा था। बाहरी उत्पात के मद्देनज़र कहाँ और किस बात की ओर ध्यान दिया जाये, यही हमारी समझ में नहीं आ रहा था। तूफ़ान अपनी जवानी पर था। अब तो हर तरह के पेड़, ऊपर के वायर्स, रास्ते की धूल और ज़मीन पर गिरे सूखे पत्ते भी उसमें शामिल हो गये थे। जैसे शादी की बारात में कुछ युवा बेताल होकर, बेहोशी के आलम में नाचते हैं, वैसे पेड़ हवाओं की तेज़ गति और आवाज़ के साथ झूमकर नाच रहे थे। पेड़ों का झूमना इतनी बुरी तरह से हो रहा था कि उनमें से कौन–सा पेड़ कब हमारी गाड़ी

पर गिर जाये, इस दहशत से हम चुपचाप बैठे देख रहे थे। हमारा सारथी, तेज़ी से ड्राइविंग कर रहा था, रास्ते पर एकाध दूसरा वाहन दिखायी दे रहा था, लेकिन वह भी हमारी तरह इस तूफ़ानी पैच को पार करने की जद्दोज़हद में था। जानवर भी यहाँ से वहाँ भागते नज़र आ रहे थे। हमारा चालक, मनीराम रास्ते पर गलती से या यूँ कहिये तूफ़ान की मार से लुढ़कते हुए आये जानवर को भी बचाने की सफल कोशिश कर रहा था। पता नहीं, हमने कितना अन्तर पार किया। एक एक पल भारी गुज़र रहा था। हवाएँ वैसे ही पगलाई–सी, बेहोशी के आलम में बह रही थीं, पेड़ झूम रहे थे, धूल रेले में जा रही थी, पत्ते हवा पर सवार होकर बह रहे थे और हम भी हमारी तेज़ गाड़ी के साथ भाग रहे थे। हमें गंगटोक पहुँचना था, इस तूफ़ानी बवंडर से निकलना था। इतने में मनीराम ने अचानक गाड़ी को उछाल दिया। हमारी समझ में कुछ आने से पहले गाड़ी ने सचमुच छलाँग लगायी थी और हम आगे की सीट पर गिरते गिरते ख़ुद को सँभाल रहे थे। हम ख़ुद को सँभालकर मनीराम को कुछ बोलते, इतने में बड़ी–सी आवाज़ आयी। रज्जो–मेरी बहन ने पीछे देखा और वह देखती ही रह गयीं। मैंने भी स्वयं को सँभालते हुए पीछे देखा और मेरी आँखें फटी की फटी रह गयी। पीछे दो पेड़ एक साथ टूटकर रास्ते पर आ गये थे। उस पलभर का अन्तर यदि मनीराम ने गाड़ी को उछालकर पार नहीं किया होता तो शायद वे पेड़ हमारी गाड़ी पर ही गिर जाते थे। हम कुछ कहते, इतने में मनीराम ने स्वयं को सँभालते हुए फिर से गाड़ी को तेज़ी से भगाना शुरू किया था।

अब तो सही मायने में हमारी घिग्गी बँध गयी थी। शायद अब गंगटोक लौटेंगे या नहीं, इस सोच ने हमें घेर लिया था, लेकिन हमारे हाथों में कुछ भी नहीं था इसलिए हम शान्ति से दिल को मुट्ठी में थामे बैठे रहे। हिमालय में कैलास पर आसीन शिवजी को हम याद कर रहे थे। साथ में गुरु पद्मसम्भव•से कल ही मिलकर आये थे, वे यादें भी थी। हमने आँखें ब्रन्द कर ली थीं। मनीराम के ड्राइविंग कौशल को लेकर हमारा भरोसा अब बढ़ गया था। साथ में, मनीराम हमें सकुशल

गंगटोक पहुँचा देगा, यह विश्वास भी अब मन में पुख्ता हो गया था। गाड़ी दौड़ती रही और तूफ़ान भी साथ में चलता रहा। चलते चलते हमें लगा कि अब तूफ़ान का जोर कम हो रहा है। गाड़ी दौड़ रही थी और हम अब ऐसी जगह पर पहुँच गये थे कि वहाँ सिर्फ़ शान्ति थी। तूफ़ान का कहीं नामोनिशान नहीं था। तूफ़ान थम गया था या नहीं, इसका पता नहीं लेकिन हम तूफ़ान को पार कर गंगटोक के रास्ते पर दौड़ रहे थे। अब तूफ़ान पीछे छूट गया था। अब तक हवाओं, धूल, मिट्टी, पत्तों, पेड़ों के पगलाये नृत्य का जो माहौल था, वह भी पीछे छूट गया था। अब चारों ओर असीम–सी शान्ति दिखायी दे रही थी। कुछ पल पहले ही हम किसी बवंडर से घिरे थे, यह कहना भी अब उचित नहीं लग रहा था क्यों कि उसका कोई नामोनिशान यहाँ आसपास दिखायी नहीं दे रहा था। अब गंगटोक वहाँ से 20–22 कि. मी. की दूरी पर था और बाहर अँधेरा भी हो गया था। इस अँधेरे ने हमारे भीतर एक असीम मनीराम को भर दिया था। मैंने मन ही मन सभी देवताओं के साथ आशीष के प्रति भी आभार व्यक्त किये और सिर पीछे टिकाकर आँखें मूँद लीं। मनीराम गाड़ी को भगा रहा था और हम गंगटोक की दिशा में बढ़ रहे थे।

तेन्डाँग पर्वत

दमथंग के ऊपर जहाँ से नामची पूरी तरह दिखायी देती है, 8530 फुट की ऊँचाई पर एक समतल, सपाट भूमि है। यह जगह चारों ओर से हरे भरे पुराने जंगलों से घिरी है और उसे 'तेन्डॉग पर्वत' नाम से जाना जाता है। पुराने जमाने में यह बौद्ध भिक्षुओं तथा लामाओं का वैरागी स्थान था, जहाँ वे शान्ति तथा सुकून से ध्यानधारणा में सालों साल बिताया करते थे। यहाँ का यह पवित्र और पावन जंगल, उनके लिए एक असीम शान्ति लेकर आता था।

तेन्डॉग पर्वत की अपनी कहानियाँ और किंवदन्तियाँ हैं। सिक्किम की अपनी लेपचा जनजाति, प्रकृति के साथ इतनी घुल मिल गयी है कि उन्होंने हर पर्वत, पहाड़ी, नदी, दर्रा, झरने को ही नहीं बल्कि

हर पौधे को भी अपनी ओर से अलग–अलग नाम दिये हैं। उनकी मान्यता के अनुसार उनके पूर्वजों में जो प्रथम पुरुष फुड़ोंगथिंग और प्रथम स्त्री नाजांग न्यू, को उनके 'इरबू–मू' निर्माणकर्ता ने नवीन बर्फ़ के बॉल से निर्माण किया था। यहीं वजह है कि वे स्वयं को रोंगकुप–अर्थात् बर्फ़ीली चोटियों के बच्चे मानते हैं। कंचनजंघा तथा तीस्ता और रंगीत इन दो नदियों के साथ लेपचाओं की हर कहानी, संस्कृति और धार्मिक अनुष्ठान भी जुड़ा हुआ है। लोकगीतों और नृत्य के जरिये वे इन पर्वत–शृंखलाओं की कहानी बड़े सुन्दर और दिलचस्प तरीक़े से बयान करते हैं।

एक किंवदन्ती बताती है कि दमथंग से 8000 फुट ऊपर तेन्डोंग पर्वत ने लेपचाओं को बाढ़ की विभीषिका से बचाया था और दूसरी किंवदन्ती बताती है कि हिमालय पर्वत उस वक़्त छोटा था और तीस्ता और रंगीत का वहाँ से जन्म भी नहीं हुआ था तब नाहो और नाहोर लेक का भारी भूकम्प की वजह से बड़ा नुकसान हुआ था, तब सर्प राजा, पारीबू और टूटफ़ो (पंछी) ने इन दो नयी नदियों को उनके संगम (पोजोक) तक मार्ग दिखाया था। लेकिन दुर्भाग्य से तीस्ता और रंगीत ने पीछे की ओर यानी अपने उद्‌गम–स्थल की ओर बहना शुरू किया तथा पूरे मांयेल लियांग को डुबो दिया। तब स्वयं को बचाने हेतु सभी लोगों तथा प्राणियों ने प्रार्थना करते हुए तेन्डॉग पर्वत पर चढ़ना शुरू किया। इतबू रम–लेपचाओं के भगवान ने तीतर के रूप में तेन्डॉग पर्वत पर प्रकट होकर उन्हें दर्शन दिया तथा लेपचाओं को बचाया। तेन्डॉग पर्वत पर चढ़ना वैसे कठिन तो है, लेकिन अब नये शुरू किये गये ट्रेकिंग ट्रेल ने इस बात को आसान बनाया है।

सिक्किम में कहानियों, किंवदन्तियों का एक कारवाँ चलता है। हालाँकि यह कारवाँ शुरू में छोटा रहा होगा, लेकिन सदियों की यात्रा ने इस कारवाँ में अनेक कहानियों, किंवदन्तियों को जोड़ा है। ये कहानियाँ रोचक भी हैं और दिलचस्प भी हैं, लेकिन इन कहानियों के पीछे सबसे अहम बात होती है, आस्था और विश्वास की, श्रद्धा और भक्ति की। सिक्किम के परिवेश में ये बातें कूट कूट कर भरी हैं।

इसलिए दक्षिण सिक्किम में भी आप इसी विश्वास, श्रद्धा और आस्था को पाते हैं। फिर वह समुद्रुपत्से से अद्भुत रूप से गुरु पद्मसम्भव का शान्तिस्वरूप या रुद्रस्वरूप दर्शन करना हो, सिद्धेश्वर धाम में प्रार्थना या पूजा अर्चना करनी हो, तेन्डॉग पर्वत या रवांगला की प्राकृतिक सुन्दरता देखनी हो, बॉन मोनास्ट्री में शीश नवाना हो, पवित्र शहर युकसम में दुबड़ी गोम्पा के दर्शन करने हो, आसनस्थ शिव की 108 फीट ऊँची प्रतिमा के दर्शन करने हों या फिर बारह ज्योतिर्लिंगों से भेंट करना हो या फिर लेपचाओं की संस्कृति, परम्पराओं को जानते हुए उनसे घुल मिल जाना चाहते हो... श्रद्धा, विश्वास, आस्था और भक्ति का दामन थामकर ही आप इस प्रवाह में उतर सकते हो। फिर जो मज़ा आयेगा, जो अनुभव आप करेंगे वह ज़िन्दगीभर की यादगार बन जायेगा। हमने भी दक्षिण सिक्किम को अपने यादों के पन्नों पर उतार लिया था। हमारी आस्था और श्रद्धा ने हमें अनेक अनुभवों से पार कर सिक्किम के और नज़दीक ला दिया था। दक्षिण सिक्किम से होकर हम जब गंगटोक पहुँचे तब दिल भरा–भरा और मन संतृप्त था।

हिमालय के साथ-साथ...

हिमालय–हिम का आलय अर्थात् बर्फ़ का घर। सिक्किम में यह हिमालय हर क़दम पर आपके साथ चलता है। हर क़दम के साथ ही नहीं हर नज़र, हर लम्हे, हर पल के साथ हिमालय वहाँ मौजूद होता है। कभी वह बिल्कुल पास, समतल भूमि के रूप में आपके क़दमों के नीचे रास्ते के जरिये मौजूद होता है, कभी आँखों की ऊँचाइयों के सामने दिखायी देता है तो कभी अपनी धवल ऊँचाइयों के साथ यत्र–तत्र–सर्वत्र मौजूद होता है। उसकी धवलता जितनी पावन, पवित्र, निरामय दिखती है, उतनी ही ज़्यादा रहस्यमयी लगती है। उस धवलता में असीम शान्ति है, निस्तब्धता है, सफ़ेद मौन है और एक अभिव्यक्त नहीं की जा सकती ऐसी अव्यक्त, अनकही बात है। यहाँ का एकान्त, यहाँ की धवल शान्ति, यहाँ की स्वयं में लिप्त प्रकृति की अनकही दास्ताँ बहुत कुछ कह जाती है। क्यों कि हिमालय यहाँ एक कहानी जैसा मौजूद है; लेकिन यह कहानी यानी सबको बताने या कहने की बात नहीं है। यदि आपको इस कहानी को जानना, समझना, सुनना है तो आइये, आप यहाँ हिमालय की वादियों में विचरण करें, यहाँ बैठे रहें, कुछ देर इन ठण्डी हवाओं के साथ बतियायें, बर्फ़ के साथ रूबरू होकर गुफ़्तगू करें, ऊँचाइयों के साथ नज़र मिलाकर बात करें, गहराइयों में दिल दिमाग़ को झोंककर और गहरे उतर जायें...। पहाड़ियों की ऊँचाइयों के साथ गर्दन उठाकर तन जायें और फिर धीरे–धीरे गर्दन झुकाकर उस धवल हिमाद्री के

सामने नतमस्तक हो जायें, झुक जायें, 'ॐ नमो नगाधिराज' कहकर उसकी प्रार्थना की जाये, तब शायद इस हिमालय की कुछेक बात आपके दिमाग़ तक पहुँच जायेगी। आप उसके व्यक्तित्व और महानत्व के बारे में कुछ तो सही, समझ जायेंगे, जानेंगे, समझेंगे। बहुत ही उम्दा और शफ़्फ़ाफ़ व्यक्तित्व है हिमालय का–जिसे देखने, समझने, जानने के लिए उसके पास, उसके नजदीक जाना बहुत ज़रूरी है। हालाँकि वहाँ पहुँचना भी आसान नहीं होता। दुर्गम पहाड़ी रास्ते, घुमावदार मोड़ों, दरिचों, कन्दराओं से गुज़रकर आपको उसके पास जाना पड़ता है, तब जाकर कुछ बातें, आपके साथ वहीं पर पहुँच जाती हैं, तब जाकर कुछ उसके एहसास आपके दिल तक पहुँच जाते हैं।

मुझे तो हिमालय किसी तपस्वी, साधु जैसा महसूस होता है। सफ़ेद दाढी मूँछों से सजे तथा दृश्यमान साधु को आप हिमालय में देख सकते हैं। उसकी शान्त, सजल मुद्रा, आपको एक असीम शान्ति का अनुभव देती है। उस मुद्रा में आप अनेक बातों, एहसासों को अनुभव कर सकते हैं। वह धवल वस्त्रांकित होता है, लेकिन यह अबकी बात है। पिछली बार जब सिक्किम गयी थी तब हिमालय कुछ अलग से रूप में मिला था। उस वक़्त हिमालय सफ़ेद बर्फ़ की चद्दर से ढँका हुआ नहीं था, बल्कि काली, पीली, लाल मिट्टी और पत्थरों से अटा हुआ था। उसके बदन पर कोई हरियाली नहीं थी, लेकिन कहीं कहीं पौधों या घास के गुच्छे के रूप में कठोरता पर कुछ नये अंकुर उग आये हैं, ऐसा लग रहा था। पीली–सी मिट्टी और पत्थरों के बीच से पानी के छोटे बड़े स्रोत नीचे की ओर, ज़मीन तक पहुँच रहे थे। कभी कभी वे स्रोत अपने साथ मिट्टी–पत्थर लेकर नीचे आते थे तो कभी कभार मिट्टी–पत्थर का बड़ा–सा मलबा लेकर भी नीचे उतरते थे। तब हमने कितनी बार गाड़ी को रोककर उस मलबे या मिट्टी, पत्थरों को नीचे आकर ज़मीन पर रुकने के लिए समय दिया था।

कंचनजंघा एवं सिक्किम

सिक्किम 27.5 उत्तरी अक्षांश से 20.9 अक्षांश एवं 87.59 पूर्वी देशान्तर से 88.56 पूर्वी देशान्तर के मध्य में स्थित है। आयताकार रूप में इसका विस्तार उत्तर से दक्षिण की ओर लगभग 110 कि.मी. तथा पूर्व से पश्चिम में लगभग 62 कि.मी. है। लगभग 7096 वर्ग कि.मी. के इससे राज्य का सम्पूर्ण विस्तार दुर्गम पर्वतों से आच्छादित है। माउंट कंचनजंघा, विश्व की तीसरी सर्वाधिक ऊँची चोटी (लगभग 8586 मीटर) का, सिक्किम के जन–जीवन पर विशेष प्रभाव है। कंचनजंघा (Kanchandzunga) का अर्थ है 'हिम के पंचरत्न' (five Treasurers of Snow)। कहा जाता है या यूँ कहिए, माना जाता है कि कंचनजंघा पर्वत की पाँच शिखरों में पाँच अमूल्य ख़ज़ाने के कोश निहित है, जो लवण (नमक), खनिज एवं रत्न, अन्न, अजेय कवच तथा पवित्र धर्मग्रन्थों के रूप में हैं। सिक्किम के लोगों के लिए कंचनजंघा उनका ईश्वर है, उनका समर्थनकर्ता, उनका संरक्षक, उनकी प्रेरणा, उनकी आस्था और श्रद्धा का प्रतीक है, उनका भरोसा और विश्वास है। वर्ष 1999 में एक ओस्ट्रियन पर्वतारोही दल ने कंचनजंघा की ऊँचाई को नापने का जब प्रयास किया तब सिक्किम के अथाह जनसमूह के विरोध के चलते उन्हें अपना यह काम स्थगित करना पड़ा। सिक्किमी जनता का विश्वास है, भरोसा है कि जब तक कंचनजंघा है, तब तक वह सिक्किम का हर संकट, दैवी आपदा से वहाँ के निवासियों की रक्षा करेगा। कंचनजंघा सिक्किम की माँ है, मातृदेवता है और उसकी सुरक्षा देवता भी है। सदियों से सिक्किम के लोगों को, वहाँ के निवासियों को हिमालय की पर्वत–शृंखलाओं ने सहेजकर और सँभालकर रखा है। परिणामस्वरूप आज भी वहाँ के लोगों तथा वहाँ के जन जीवन पर बाहरी प्रवृत्तियों, लोगों का उतना असर नहीं हुआ है, जितना कि हम–आप पर हुआ है। यहाँ के लोग अपने प्राचीन विश्वास के भरोसे जीवन यापन करते हैं। उनका खाना, पहनावा, उनका संगीत, जीवन सब कुछ उस प्राचीन विश्वास पर

चलता है तथा तदनुरूप ढाला जाता है। रंगों से बहुत प्यार करते हैं, सिक्किम के लोग। हालाँकि मिट्टी–पत्थरों के रंग, बर्फ़ का सफ़ेद शफ़्फ़ाफ़ रंग और हरियाली (कहीं–कहीं) का हरा रंग, इन रंगों के अलावा यहाँ अन्य रंग बहुत कम दिखायी देते हैं। लेकिन यहाँ के लोग अपने जीवन की रंगीनियों को भी इस प्रकृति के रंगों से अपनाते हैं। यहाँ के फूलों के रंग, ऑर्किडस या रोडेडेंड्रॉस यहाँ बहुत सुन्दर रंगों में दिखायी देते हैं। उन रंगों की छटाएँ भी इतनी विविध होती हैं कि आप उन रंगों को अलग अलग बाँट नहीं सकते। शायद यहाँ का बर्फ़ीला माहौल और परिवेश यहाँ अनेक विदेशी और अनूठे फूलों को सँवारता है। उनके रंगों से सिक्किमी लोगों का जीवन रंगीन बन जाता है। इन अनूठे फूलों के रंग, यहाँ की वे रंगीन तितलियाँ और उनके वे बेहद हसीन और रंग–बिरंगे रंग तथा अदाएँ सिक्किमी लोगों के जीवन को बेहद ख़ूबसूरत बनाते हैं। ये लोग इसी तरह से अपने जीवन को ख़ूबसूरत बनाने की कला सीख गये हैं। जहाँ जीवन में ज़्यादा रंग ना हो तब क्या किया जाये? रंगों को खोजा जाये? ठीक। वही करते हैं सिक्किमी लोग! यहाँ का कोई भी घर देखिये; छोटा–सा होगा, लकड़ी का होगा फिर भी उसके सामने फूल के पौधे होंगे, उसके इर्द–गिर्द छोटे बड़े गमले होंगे। यदि नीचे जगह नहीं होगी तब घरों के छतों पर भी छोटे–छोटे गमले होंगे, जिनमें तरह तरह के लाल, नीले, पीले, हरे, जामुनी, गुलाबी रंगों के फूल खिले होंगे। फूलों की यह विविधता सिक्किम को 'फूलों का राज्य' यह शीर्षक भी देता है। यहाँ इतने विभिन्न प्रकार के फूल खिलते हैं कि उनकी प्रजातियों/जातियों की गणना करना मुश्किल है। लगभग 4000 से भी ज़्यादा जंगली फूलों की प्रजातियाँ यहाँ खिलती हैं। अनूठे और औषधीय पेड़ पौधे तो हिमालय की ख़ासियत हैं। यदि हिमालय में ये चीज़ें मिलती हैं तो उनका सिक्किम में होना भी निश्चित है। रोडेडेंड्रॉस का खिलना और 700 से भी ज़्यादा अनूठे ऑर्किड्स का सिक्किम में होना और खिलना, अपने आप में बहुत बड़ी बात है और यह बात सिक्किम के रंगीन माहौल को अधोरेखित करती है।

आपको सिर्फ़ सिक्किम की उन रंगीनियों को देखना होगा, उसका एहसास करना होगा, अनुभव लेना होगा। तितलियों की प्रजातियाँ भी यहाँ बड़ी संख्या में पायी जाती हैं। उनमें विविधता है, अनूठापन है और तितलियों जैसा आकर्षण भी है।

हिमालय से निकली हुई तीस्ता और रंगीत इन दो नदियों ने सिक्किम को उपजाऊ ज़मीन, पानी, बिजली, हायड्रो पॉवर प्रोजेक्ट सब कुछ दिया है। ये नदियाँ सिक्किम का जीवन है और उन्होंने सिक्किम के जीवन को और विकसित करने के अपने अनूठे प्रयास और प्रक्रिया को जारी रखा है। जीवनदायिनी इन नदियों की मदद से यहाँ की ज़िन्दगी उन घुमावदार रास्तों से होकर भी अपनी तेज़ी से चलती है।

नथुला दर्रे से मानसरोवर की ओर...

और अब एक नया आयाम भी सिक्किम के साथ जुड़ गया है। यह नया आयाम नथुला दर्रे से होकर जाने वाली कैलास मानसरोवर की यात्रा के साथ जुड़ गया है। इस नये आयाम ने सिक्किम की सुन्दरता, पवित्रता, पावनता को और गहरा बना दिया है।

हिमालय को वैसे भी भगवान शिव का घर माना जाता है और इसी हिमालय के मान बिन्दु कैलास मानसरोवर को सभी तीर्थयात्राओं की जननी माना जाता है। सिक्किम में हिमालय हर स्थान, हर कोण से दिखायी देता है। बर्फ़ से आच्छादित हिमालय की चोटियों पर जब सूरज की किरणें खेलने लगती हैं तब वहाँ की सुनहरी आभा देखते ही बनती है। चाँदनी रात में जब चाँद की शीतल किरणें इन पर्वत–शृंखलाओं को प्रकाशित करती हैं, तब लगता है, चाँदी का रस इन पर्वत–शृंखलाओं से झर रहा है। इन्हीं पर्वत–शृंखलाओं को पार करते हुए सदियों से तीर्थयात्रियों के जत्थे हर साल कैलास मानसरोवर की यात्रा पर निकलते हैं।

हर वर्ष अलग अलग रास्तों से कैलास मानसरोवर की यात्रा पर लोग निकलते हैं। कड़ी परीक्षाओं तथा कठिन, दुर्गम रास्तों को

पार करते हुए, तकलीफ़ों को झेलते हुए अपने आराध्य के दर्शन हेतु यात्रीगण यात्रा करते हैं।

वर्ष 2015 में 16 जून को, कैलास–मानसरोवर की यात्रा का एक और रास्ता खुल गया, सिक्किम के नथुला पास से जो कि 14,400 फीट की ऊँचाई पर मौजूद है और यह रास्ता भारत को चीन के तिब्बत स्वायत्त क्षेत्र से जोड़ता है। इस रास्ते ने कैलास–मानसरोवर के पवित्र विश्व के दरवाज़े खोल दिये। चीन और भारत सरकार ने 18 सितम्बर, 2014 को नथुला को कैलास–मानसरोवर यात्रा हेतु अतिरिक्त मार्ग के रूप में स्वीकार किया। वर्तमान में सीमा व्यापार जिस मोटरेबल रोड के जरिये किया जाता है, वही यह रोड़ है जो, उत्तराखण्ड के लिपुलेख और नेपाल की तुलना में ज़्यादा सुरक्षित माना जाता है।

चवालीस वर्षों के लम्बे इन्तज़ार के बाद नथुला अर्थात् सिल्क रूट, 6 जुलाई, 2006 से सीमा व्यापार हेतु खोल दिया गया है। 1962 के भारत–चीन युद्ध के बाद यह रूट बन्द कर दिया गया था। पूर्वोत्तर के लिए, विशेषतया सिक्किम के लिए यह एक बड़ी उपलब्धि और सफलता है।

नथुला कॉरिडॉर से शुरू की गयी कैलास मानसरोवर यात्रा, 15 दिनों की होगी। जिसमें यात्रियों को न्यूनतम दो दिनों के लिए गंगटोक में रहना पड़ेगा और उसके बाद नथु–ला पास को पार कर शिगात्से, तिब्बत के इस दूसरे बड़े शहर के लिए जाने से पहले 17 मील और शेरथांग में जलवायु अनुकूलन हेतु जाना पड़ेगा। उसके बाद वे कैलास–मानसरोवर यात्रा के लिए आगे प्रस्थान करेंगे।

कैलाश मानसरोवर यात्रा के लिए सिक्किम की ओर से राह खुल जाने की वजह से सिक्किम ने अपनी धार्मिक आस्था को अधिक मज़बूत कर लिया है। यहाँ अब आने वालों की संख्या बढ़ेगी, परिणामस्वरूप पर्यटन भी बढ़ेगा। इस नये आयाम के साथ सिक्किम में पर्यटकों की आवाजाही भी बढ़ेगी। लेकिन सिक्किम जैसा भी है, भविष्य में जैसा भी होगा, हरदम मेरे दिल के करीब रहेगा।

पता नहीं इस भूमि में क्या ऐसी बात है जो मुझे हरदम अपनी ओर खींचती रहती है।

सिर से बँधी डोर के सहारे पीठ पर लदा लम्बा, बड़ा–सा टोकरा और उस टोकरे में लदा वज़नदार सामान, जिसमें सब्ज़ियाँ, धान, चाय की पत्तियाँ, लकड़ियाँ कुछ भी हो सकता है या फिर डोरियों के सहारे बँधी हुई ईंटें, सिमेंट की बोरियाँ, पत्थर या निर्माण के लिए आवश्यक सामान को ढोता, ठिगना, उजला कद, जिसकी बिल्कुल छोटी छोटी–सी आँखें, चपटी नाक और दमकता रंग, उजला चेहरा, आपको आकृष्ट करता है। यह है सिक्किम का निवासी, फिर वह लेपचा, भूटिया या नेपाली कोई भी हो सकता है। हमारी गाड़ी का ड्राइवर आमीर सुब्बा भी सिक्किम का बाशिन्दा था। हँसमुख, मिलनसार और शालीन! सिक्किम की यात्रा पर मेरे साथ आयी मेरी बेटी कहा करती थी कि 'आमीरजी जब हँसते हैं, तब उनकी आँखें बिल्कुल बन्द हो जाती हैं। उन्हें हँसाइये मत, नहीं तो बन्द आँखों से वह एक्सीडेंट करेंगे।' लेकिन सिक्किम की हमारी पहली आठ दिन की यात्रा के दौरान आमीर हँसता, मुस्कराता रहा, उसकी आँखों की जगह एक सीधी रेखा हमने हरदम देखी, लेकिन न तो आमीर ने कोई एक्सीडेंट किया और न ही अपनी ड्राइविंग से हमारी धड़कनें तेज़ कीं।

सिक्किम के हर बन्दे ने हमें यही भरोसे और विश्वास का एहसास दिलाया। सब लोग यूँ ही शालीनता और नम्रता से पेश आते रहे। मैं यहाँ सिर्फ़ आमीर सुब्बा की बात नहीं कर रही हूँ बल्कि सिक्किम की प्राकृतिक सुन्दरता, वहाँ के लोग और वहाँ की परम्परा और संस्कृति के साथ सिक्किम की मिट्टी की सोंधी महक को अपनी लेखनी के जरिये अभिव्यक्त करते सिक्किम के साहित्य अकादमी अवार्ड विजेता और पद्मश्री लेखक सानु लामा भी उसी शालीनता, नम्रता और सादगी से हमसे मिले थे। यही नहीं, गेजिंग में हमारे स्वागत में विशेष सिक्किमी खाना परोसने वाले हमारे सहयोगी किरण भुजेल भी उसी सादगी से भरपूर थे। सिक्किम ऐसे ही सादगीपूर्ण

जीवन और लोगों का राज्य है। सदियों से यह सादगी और शालीनता इस मिट्टी के कण कण में बसी है जबकि यहाँ की आबोहवा आये दिन और पल पल में बदलती रहती है।

धूप छनती रहती है, अचानक दो मिनटों में बादल छाने लगते है, थोड़ी देर में बिजली कड़कने लगती है और स्याह आसमान से धुआँधार बारिश होने लगती है। फिर घण्टे या आधे घण्टे में बारिश थम जाती है, बादल छँटने लगते हैं। आसमान फिर से साफ़–सुथरा, नीला, सफ़ेद हो जाता है और फिर से धूप छनने लगती है। पहाड़ों से घिरी धरती, हरियाली से दमकती भूमि, सीढ़ीदार खेत, गोभी के गड्डों जैसे गोल मटोल बच्चे, पानी के स्रोतों से अलंकृत ज़मीन और पहाड़ियाँ और प्रकृति की इन्हीं विभिन्न छटाओं को भगवान के रूप में पूजते यहाँ के सीधे–सादे, परिश्रमी लोग! प्रकृति की सुन्दरता का अलौकिक नमूना है, सिक्किम!

जीवन यहाँ लहराता है।
हाँ, जीवन यहाँ लहराता है,
उन गोभी के गड्डे जैसे स्कूल जाने वाले, लटकने वाले गोल गालों के बच्चों की मुस्कान में।
जीवन यहाँ लहराता है, हिमालय की उन पर्वतमालाओं के साथ, जो हर दो–चार मीलों के बाद अपना रंग बदलती हैं।
जीवन यहाँ लहराता है, उन पर्वतमालाओं से नीचे बहने वाले पानी के स्रोतों से–ये स्रोत पता नहीं,
कहाँ–कहाँ से आकर तीस्ता में शामिल हो जाते हैं।
जीवन यहाँ लहराता है, पीठ पर लदी हुई लम्बी–सी टोकरी में बहुत–सा बोझ लेकर पहाड़ चढ़ने वाली उस भूटिया औरत के साथ।
जीवन यहाँ लहराता है, ईंटों से लदी हुई पीठ, आगे झुककर बोझ को कम करने का बहाना ढूँढ़नेवाले उस नेपाली मज़दूर बूढ़े के साथ।

जीवन यहाँ लहराता है, लेपचाओं की कर्मठता पर या फिर सर्पीले रास्तों पर टूरिस्ट टैक्सी चलाने वाले उस ताशी नामक युवा के साथ।

ज़िन्दगी यहाँ लहराती है, क्योंकि यहाँ की हर औरत कुछ न कुछ काम करती हुई दिखायी देती है।

ज़िन्दगी यहाँ लहराती है, तेज़ चलती हुई हवाओं के साथ/गिरती हुई, झरती हुई बर्फ़ के साथ/मिट्टी, पानी, पत्थरों के साथ/हिमालय के विराट, कटे हुए प्रस्तरों के साथ/बहती हुई जलधाराओं के साथ, जो बिल्कुल आपको अपना चेहरा दिखाती है/टेढ़ी–मेढ़ी, लहराती हुई सड़कों के साथ।
ज़िन्दगी यहाँ लहराती है, धान के खेतों में, जो धान पहाड़ियों के पैताने में छोटे–छोटे खेतों में उगता है।

ज़िन्दगी यहाँ लहराती है, याक के लहराने वाले बालों के साथ।
ज़िन्दगी यहाँ लहराती है, बेबाकी से बात और व्यवसाय के हर गुर को बयां करती युवा सिक्किमी लड़की के साथ।
ज़िन्दगी यहाँ लहराती है, ऊबड़–खाबड़ रास्तों के साथ और उन पर चलती गाड़ियों के साथ।
ज़िन्दगी यहाँ लहराती है, जंगल में चटख लाल रंगों में खिले बुरांसी के फूलों के साथ।
ज़िन्दगी यहाँ लहराती है, गंगटोक के बाज़ार में
ज़िन्दगी यहाँ लहराती है, यूमथांग वैली के फूलों में
ज़िन्दगी यहाँ लहराती है, यांगत्से की मोनास्ट्री में
ज़िन्दगी यहाँ लहराती है, बुद्ध की हँसी में, शिव जी के आशीर्वाद में!
ज़िन्दगी यहाँ लहराती है, हाँ ज़िन्दगी यहाँ लहराती है, हमारे साथ हरदम चलने वाली तीस्ता के हरे–भरे पानी के साथ।

सचमुच सिक्किम के कण कण में ज़िन्दगी लहराती है। मीलों चलते जाइये या गाड़ी से जाइये, यहाँ ऐसी भी जगहें हैं, जहाँ कोई ज़िन्दा प्राणी दिखायी नहीं देगा। बावजूद इसके ज़िन्दगी यहाँ लहराती है। इस ज़िन्दगी को हिमालय का समर्थन है, ताक़त है। इस ज़िन्दगी में बुद्ध की शान्ति शामिल है और इस ज़िन्दगी को शिव का आशीर्वाद है, जो इसी हिमालय में रचा–बसा है।

कहते हैं, नहीं कहा जाता है,
कैलास पर तुम विराजमान हो
और यह कैलास, हिमालय में है,
शायद यही वजह है, जैसे–जैसे मैं हिमालय के नजदीक आती गयी
तुम हर जगह दिखने लगे हो–
प्रकृति की असीम शान्ति में तुम्हारा ॐ
प्रकृति की विराटता में हरे पत्तों पर नाचता तुम्हारा ताण्डव
और पहाड़ों की उत्तुंग ऊँचाई को नमन करता हमारा शीश।
तुम पत्तों में हो, बाम्बू के रेशे में हो,
तुम उन टेढ़ी मेढ़ी सड़कों पर हो,
घुमावदार, सर्पीले रास्ते, तुम्हारे गले से लिपटे, उन सर्पों की तरह
तुम्हारा डमरू हवाओं के साथ बजता
तुम्हारा भस्म, तीस्ता की रेत में फैला हुआ
तुम्हारा व्याघ्रचर्म वहाँ उग आयी घास में
तुम्हारी जटाओं में विराजमान गंगा, हिमालय से बहनेवाले हर स्रोत में
यानी जहाँ भी देखूँ, तुम्हारा अस्तित्व
जहाँ भी देखूँ वहाँ तुम ही तुम।
कैसे कर पाते हो, तुम यह सब
इतनी सहजता से, आसानी से ...?

कितनी बार ज़िन्दगी
यहाँ का साथ छोड़ने पर
मज़बूर हुई होगी

लेकिन फिर भी आज भी ज़िन्दगी यहाँ हँसती, मुसकुराती है, जीवट के साथ आगे बढ़ती है। तुम्हारा यहाँ होना, जीवन को नया जीवन प्रदान करना ही काफ़ी है। तुम्हारे अस्तित्व के साथ घुलता यहाँ का माहौल। तुम्हारे साथ चलता यहाँ का परिवेश,

तुम ही हो यहाँ हर जर्रे में,
हर कण–कण में मौजूद
ज़िन्दगी को जीवन देते हुए।

सिक्किम की हमारी यात्रा अब की बार, हमारी समझ के अनुसार हमने पूरी की थी। बावजूद इसके मुम्बई के लिए प्रस्थान करते समय कुछ तो छूट जाने का एहसास पग–पग पर हमारा साथ दे रहा था। इस एहसास ने मुझे बेहद परेशान कर दिया था। 'क्या छूटा जा रहा है?' मैं ख़ुद से बारम्बार यही एक सवाल कर रही थी लेकिन जवाब था कि दूर दूर तक नज़र नहीं आ रहा था।

जब हवाई जहाज़ में सवार हुए तब अचानक याद आया कि अब हम सिक्किम से, हिमालय से दूर जाने वाले हैं। इस याद ने यह भी एहसास दिलाया कि हमसे हिमालय अब पीछे छूटता जा रहा है।

हवाई जहाज़ ने उड़ान भरी और हिमालय की वे सफ़ेद, बर्फ़ीली वादियाँ मेरी नज़र के सामने तैरने लगीं। सिक्किम की भूमि और उसके आसमान से हम दूर जा रहे थे। कहते हैं, जहाँ आसमान और ज़मीन का मिलन होता है, जहाँ पृथ्वी और आकाश मिलते हुए दिखायी देते हैं, उस स्थान को क्षितिज कहते हैं। दृष्टि की पहुँच की अन्तिम सीमा यानी क्षितिज। वैसे क्षितिज यानी पृथ्वी का अन्तिम छोर भी माना जाता है। उसके आगे फिर सिर्फ़ आसमान होता है। लेकिन यह क्षितिज पृथ्वी पर हमें कहीं भी दिखायी देता है, जहाँ आसमान ज़मीन पर उतरता है, जहाँ ज़मीन आसमान से मिलने हेतु उठती है।

दोनों के मिलन का यह दृश्य बड़ा अद्भुत होता है, जो आपको अभिभूत कर देता है, एक अद्भुत एहसास से भर देता है। इस एहसास में अनेक भावनाओं, रंगों का समामेलन होता है। सिक्किम में हमने यह क्षितिज देखा था, हिमालय की उच्चतम चोटी और आसमान के मिलन के साथ। इस उच्चतम क्षितिज के दर्शन के बाद और दूसरा उतना उच्चतम क्षितिज हमें कहीं दिखायी देने वाला नहीं था। वह अन्तिम क्षितिज है, भारत के उस छोर का और उस क्षितिज के बाद भारत के लिए उस ओर कोई दूसरा क्षितिज दिखायी देना, सम्भव ही नहीं बल्कि नामुमकिन है।

हवाई जहाज़ आसमान में मुम्बई की दिशा में उड़ने लगा था। सिक्किम–यानि अन्तिम क्षितिज के उस अलौकिक प्रदेश से हर पल हमारी दूरियाँ बढ़ती जा रही थीं और पता नहीं क्यों आँखों की कोरें कुछ छूट जाने के एहसास से, बिछड़ने की बात से गीली हो रही थीं। सुकून, शान्ति, अद्भुतता, अलौकिकता, पवित्रता, पावनता, धार्मिकता, शालीनता, अध्यात्म, दर्शन, हिमालय...इन सबसे हमारी दूरियाँ बढ़ रही हैं, ऐसा लग रहा था। सफ़ेद शफ़्फ़ाफ़ बर्फ़, नीला आसमान, शिव का डमरू, पानी के सोते और प्रकृति का विराट और उतना ही व्यापक चित्र पीछे छूट जाने का एहसास दे रहा था। मैंने खिड़की से पीछे की ओर देखा, हाथ जोड़ दिये और फिर सर को पीछे टिकाते हुए आँखें मूँद लीं। हिमालय मेरी गीली आँखों के सामने तैरने लगा था।

❑❑